广元十古

Guangyuan Ancient Relics

广元十古

政协广元市委员会／编

中国文史出版社
CHINA CULTURAL AND HISTORICAL PRESS

图书在版编目（CIP）数据

广元十古 / 政协广元市委员会编 . -- 北京 : 中国文史出版社 , 2018.9

ISBN 978-7-5205-0788-2

Ⅰ . ①广… Ⅱ . ①政… Ⅲ . ①名胜古迹—介绍—广元 Ⅳ . ① K928.707.13

中国版本图书馆 CIP 数据核字 (2018) 第 259408 号

责任编辑： 梁玉梅

出版发行：中国文史出版社

社　　址： 北京市海淀区西八里庄 69 号院　**邮编：** 100142

电　　话： 010-81136606 81136602 81136603（发行部）

传　　真： 010-81136655

印　　装： 北京地大彩印有限公司

经　　销： 全国新华书店

开　　本： 16 开

印　　张： 25.75　**字数：** 356 千字

版　　次： 2019 年 2 月北京第 1 版

印　　次： 2019 年 2 月第 1 次印刷

定　　价： 128.00 元

《广元十古》编委会组成人员名单

广元十古，蜀道精华

张廷皓

说到广元古城、古镇、古村、古街、古道、古关、古树、古崖、古驿、古渡等十大类文物古迹，就不能不提到天下闻名的古蜀道。古蜀道，是指越秦岭过巴山，连接八百里秦川和天府之国的道路。它包括位于陕西境内的陈仓道、褒斜道、傥骆道、子午道和四川境内的金牛道、米仓道、阴平道、荔枝道，全长约 1000 公里。

提到蜀道，又不能不提到剑门蜀道。因为至今保存完好，能一窥当年蜀道线路文化风采的，只有广元境内以剑门关为中心，包括金牛道、米仓道、阴平道在内的剑门蜀道。2015 年初，四川省正式将“蜀道申遗”申报名称统一为“蜀道世界自然与文化遗产”，并初步确定申报区域面积为 3700 多平方公里，其中 2000 多平方公里在广元市境内。

蜀道要想加入《世界遗产名录》，必须符合联合国教科文组织遗产委员会的六项标准中的一项或几项，方可获批。蜀道至少满足了其中四项标准，即代表人类创造智慧的杰作；在建筑、文物等方面，展现了人类价值观念在一定时期的重要交流；能为现存或已消失的一项文化传统提供唯一或独特的证据；一种建筑物、建筑风格能展示人类历史重要发展时期。除了蜀道线路本身的价值就是范例外，广元“十古”就是最好的佐证。

说蜀道是人类创造智慧的杰作之一，一点也不夸张。以剑门蜀道为例：汉中通往蜀地，被龙门山、米仓山、大巴山所阻，且地质结构非常复杂。在反复的对比中，巴蜀先民选择了沿嘉陵江南北方向修路，避免了龙门山地震断裂带的威胁，避开了米仓山的陡峭，利用嘉陵江两岸山体的地势地貌，越险山，跨江河，建成了金牛道。而凌空架起的栈道，如明月峡栈道，就是蜀道中最具有代表性的工程，它对力学原理的应用，它达到的科学水平，不亚于现代一些工程。没有高超的智慧，没有精湛的工艺，没有惊人的胆量和勇气，是无法完成这一举世罕见的工程的。

再说昭化古城附近西周城墙遗址的发现，将昭化古城的历史向前移动到 3000 年前。2014 年 8 月 27 日，四川省文物考古研究院宣布在广元昭化古城的考古调查中，首次发现了西周时期的古城遗址、古关口遗址和秦汉时期墓葬群。古城共发现三段城墙，其中长 125 米的南城墙保存最好。四川省考古院院长高大伦表示，这是四川先秦时期夏商周考古最重要的发现，因为古蜀国的城址，如今除了三星堆，这是唯一一座。它对研究周文化和巴蜀文化是怎样融合、融合后的文化特征表现在哪些方面等很有帮助。更重要的是，它证明蜀道形成的历史应该在 3000 年以上，而不是 2300 年。

古驿铺是古蜀道的重要机构和标识，它不仅为官员和军队行走提供方便，也为来往客商特供食宿方便，还是信息传递的中转之所，在交通不发达的古代，其作用不可小觑。可惜，在全国范围内，有名的又能保存至今的古驿站、古驿铺遗址还真是屈指可数。但在今天的剑门蜀道沿线，还可看见唐朝以来驿站、驿铺的痕迹。广元朝天区的筹笔驿处，还留有一石碑；位于昭化区大朝乡的高庙铺，还保留着明清时代的铺址与驿路；从今天的广元到陕西的汉中，一直沿用古驿铺名的乡镇还真不少，如转斗铺、中子铺、神宣驿、沙河驿等。

剑门关作为蜀道一个极其重要的关节点，不能不说。纵观中国历史上的雄关险隘，知名者不少，如居庸关、山海关、娘子关、雁门关、平型关、宁武关、紫荆关、武胜关、嘉峪关、函谷关、潼关、大散关等。这些关中，多与古代汉民族抵御外侮有关，有的据险而立，有的依长城而建，有的是疆界地理标志。把剑门关放在它们中间比较，可以看出既有共性、又有个性的特点。剑门关立于三国诸葛亮之手，同样承受了历代战争烽火的洗礼，同样承担着安全保卫的职能，但也有其独特的风格特点。剑门关修建在峡谷两山之间，远看犹如一线天，近看好似一扇门，关楼立于其间，门上加门，仿佛加上了双保险，再加上山势陡峭、山岭逶迤，有真正意义上的“一夫当关，万夫莫开”。和众多关口相比，其雄伟险峻和安全防卫性能更高一筹。

总之，蜀道，特别是剑门蜀道，是一部承载3000多年的经典史书，它记载了3000多年的交通史、军事史、科技史、生态史、发展史，也承载了蜀地人民的奋斗精神和创造精神，融合历朝历代的交替更迭、兴亡成败的历史经验。而广元“十古”，就是这一漫长历史的缩影，是巴蜀先民智慧的结晶，堪称蜀道精华。

文化是一个国家、一个民族的灵魂。文化兴，国运兴；文化强，民族强；没有高度的文化自觉和自信，没有文化的繁荣兴盛，就不可能实现中华民族的伟大复兴。中华优秀传统文化是中华民族赖以生存和发展的精神命脉，广元市政协的同事们将广元“十古”汇集成书，便于读者阅览翻检，在保护和弘扬传统文化、留住乡愁上做了又一件大好事。我对作者们的努力和辛劳表示由衷的敬意和感谢！全书整体很好，分卷合理，各卷所选均具代表性，文字表达生动简明，有很强的可读性，我相信本书一定会使读者穿越到以往的蜀道和剑门！

（作者系中国文化遗产研究院原院长、研究员，中国文物学会副会长）

广元十古，古游天堂

魏小安

文物古迹游，相对于自然风光、休闲度假、娱乐康养、乡村风景等热门旅游产品，在世界范围内，既是传统性项目，又是朝阳产业，可以说方兴未艾。到中国，不到长城非好汉；到巴黎，没见识埃菲尔铁塔的风采，就如同没到过法国；到埃及，不见金字塔会抱憾终生；到柬埔寨，没看到吴哥窟，就跟没到过柬埔寨一样……

了解一个国家的荣耀，认识一个民族的骄傲，往往要从文物古迹中去找答案。同样，一个地方的历史文化古迹，就是这个地方的文化标志、文化灵魂，就是这个地方的文明基因，就是这个地方赖以生存发展的内生动力之源。文物古迹游之所以长盛不衰，并且处于方兴未艾的状态，正是文物古迹自身的魅力所在。

旅游，不只是富裕后的行为，也不只是休闲娱乐的需求，更是一种精神追求。秀才不出门，便知天下事，说的是阅读的作用。但也不尽然，有些东西，耳闻不如眼见，眼见不如亲历。比如对名胜古迹的了解，从书本上得知是一回事，亲自到现场、到实际的环境感受又是一回事。

李白留下的“蜀道难，难于上青天”，让天下人都知道蜀道的艰难与行走不易。但余秋雨先生亲历蜀道上的剑门关后，得出的结论是：我们现在有一个非常大的国家，就与很多很多的通道连在一起有关，而所有通道最有诗意的就是这个蜀道，就是这个剑门关；现在能和蜀道千年长存的，其实就是诗，而不是那些将军、那些战争……这就是当代文化大师亲历蜀道后得出的结论，他在艰难的蜀道中品出了不同的味道，这也是李白、杜甫、陆游等一代又一代文豪想说而未说出的东西。

书中介绍的历史与故事、文物与古迹，与眼睛看到的、亲自感受的，味道肯定不同。这也是文物古迹游之所以吸引游客的地方。以铜为鉴，可以正衣冠；以人为鉴，可以知得失；以史为鉴，可以知兴替。通过文物古迹游了解历史，对比古今，增加知识，扩大视野，从而达到修心养性、提升素质的目的。对忙于生计、无暇读书的一类人来讲，通过文物古迹游，既休息又学习，鱼和熊掌能兼得，何乐而不为呢？所谓行万里路如同读万卷书，就成为当今人们乐于“古游”最好的注解。

中国在倡导、规范“古游”上起步虽晚，但力度大，进步快。从2014年起，由全国休闲标准化技术委员会、中国旅游协会休闲度假分会主办的中国“六古旅游”论坛先后在苏州同里、广元剑阁举办了两届，探讨“六古”发展的新路径、新模式。特别是在剑阁，来自全国各地的旅游专家对古城、古镇、古村、古街、古道、古关“六古”旅游有了全新的认识。“六古”在全国的分布比较零散，在地方上多呈单一性存在。唯有广元，是“六古”集大成者。古城有昭化古城、青溪古城等，古镇有木门古镇、姚渡古镇等，古村有苦竹寨、大获城等，古街有昭化区柏林沟镇的魁星街、剑阁县秀钟乡大路河场的马克思街等，古道有金牛道、米仓道、阴平道等，古关有剑门关、葭萌关等。“六古”这样集中在一地，全国罕有，广元堪称“六古”集大成者。

更让专家惊叹的是，除“六古”外，广元的古树、古崖、古驿、古渡也为全国罕有。古树除有活化石之称的红豆杉树外，以号称“三百里程十万树”的翠云廊最为有名，近万株古柏树形成群落，簇拥在千年古蜀道上，蔚为壮观；古崖以皇泽寺、千佛崖等摩崖造像时代久远，要追溯到南北朝时期，而且都是全国重点文物保护单位；古驿更不用说了，历史达3000年以上的古蜀道，因朝代不同，从成都到西安上千里之间，驿站、驿铺比比皆是，筹笔驿、大朝驿至今名声还在；至于古渡，古官道金牛道沿嘉陵江、白龙江顺势而设，大小渡口数不胜数，昭化古城外的桔柏渡就是历代诗人笔下赞不绝口之渡。有专家把这“四古”与“六古”相并，称之为“广元十古，全国独有”。

这一评价，实至名归，一点也不夸张。广元“十古”，历史悠久，种类繁多，资源稀缺，展示集中，保存完整，价值不菲。蜀道正在申遗，广元“十古”不仅佐证了蜀道的历史文化价值，而且依附于蜀道的申遗，其“古游”价值将得到进一步提升，炙手可热。广元市政协在这个背景下，对广元“十古”进行了重点梳理，并在此重点上对其他有价值有特色的文物古迹进行了发掘整理，使广元“十古”显得更为厚重。如广元的古桥中，昭化区磨滩镇的“龙桥群”，就让人刮目相看，难得、难见，物以稀为贵，一定会激发古游者的兴趣。广元保存下来的古寺庙、古院落、古墓葬等文物古迹众多，不乏亮点。旺苍保存下来的明代铁佛寺铁铸的佛像，数量多，形象生动，难得一见；觉苑寺保存下来的壁画，艺术价值高，欣赏价值大；许多古院落，建筑风格独特，反映了时代的变迁，比如魁星街一条街，就包含了从明代、清代、民国直到现代的建筑，特色鲜明。

总之，走进广元看“古游”，广元就是古游天堂。古城、古镇、古村、古街、古道、谷关、古树、古崖、古驿、古渡、古牌坊、古石刻、古戏楼、古寺庙、古院落、古墓葬、古塔、古桥梁、古战场、古祠堂等古历史遗址。想看什么古迹，有什么古迹，广元就是成就你古游的梦想之地。剑门蜀道，女皇故里，再加上古游天堂，广元有多吸引人，难以想象。

（作者系世界城市旅游联合会首席专家）

目录

第十章　古渡

下篇　其他重点文物遗存

第十一章　古牌坊

第十二章　古楼

第十三章　古寺庙

第十四章　古院落

第十五章　古墓葬

第十六章　古塔

第十七章　古桥梁

第十八章　古战场

第十九章　古祠堂

第二十章　古历史遗址

第二十一章　红军文物遗存

第二十二章　其他文物建筑

附录　广元“十古”价值

广元市区位与风景名胜

甘肃省
沙州镇
木鱼镇
青川县
(乔庄镇)
青
唐家河 国家级自然保护区
国家4A级旅游景区
青川县城战国木牍文化生态园
国家4A级旅游景区
蒿溪回族乡
乐安寺
川
阴平古道
省级风景名胜区
青溪镇
青溪古城
国家4A级旅游景区
东河口地震遗址公园
国家4A级旅游景区
大院回族乡
县
房石镇
关庄镇
凉水镇
竹园镇
绵阳市
盐店镇
剑
剑阁县
城北镇
普安
东宝镇
柳沟镇
武连镇
阁
开封镇
县
王河镇
元山镇
甘肃省
陕西省
青海省
广元市
四 川 省
西藏自治区
重庆市
云南省
贵州省

、旅游景区分布示意图

陕西省
巴中市
南充市
广元市
朝天区
(朝天镇)
利州区
昭化区
(元坝镇)
旺苍县
(东河镇)
苍溪县
(陵江镇)
朝 天 区
利 州 区
昭 化 区
旺 苍 县
苍 溪 县
水磨沟
国家4A级旅游景区
龙门阁（雪溪洞）区
国家4A级旅游景区
剑门蜀道国家级风景名胜区
明月峡景区 国家4A级旅游景区
曾家山
国家4A级旅游景区
米仓山国家级自然保护区
鼓城山—七里峡
国家4A级旅游景区
省级风景名胜区
米仓山大峡谷
国家级风景名胜区
天曌山
国家4A级旅游景区
剑门蜀道国家级风景名胜区
千佛崖
国家4A级旅游景区
皇泽寺
国家4A级旅游景区
剑门蜀道国家级风景名胜区
昭化古城景区
国家4A级旅游景区
平乐旅游区
国家4A级旅游景区
中国红军城
国家4A级旅游景区
木门景区
国家4A级旅游景区
柏林古镇
国家4A级旅游景区
亭子湖
市级风景名胜区
苍溪·梨文化博览园
国家4A级旅游景区
红军渡·西武当山
国家4A级旅游景区
青林乡
大滩镇
中子镇
曾家镇
羊木镇
沙河镇
三堆镇
盘龙镇
大石镇
荣山镇
昭化镇
国华镇
英萃镇
双汇镇
五权镇
金溪镇
高阳镇
三江镇
普济镇
白水镇
嘉川镇
黄洋镇
尚武镇
卫子镇
磨滩镇
王家镇
张华镇
木门镇
柏林沟镇
太公镇
东溪镇
高坡镇
龙王镇
江口镇
石马镇
木马镇
虎跳镇
永宁镇
三川镇
漓江镇
岳东镇
文昌镇
五龙镇
鸳溪镇
唤马镇
运山镇
歧坪镇
龙山镇
杨村镇
鹤龄镇
白驿镇
元坝镇
白桥镇
羊岭镇
云峰镇
王渡镇
东青镇
香沉镇
八庙镇
金仙镇

《广元十古》景

甘肃省
绵阳市
姚渡镇
姚渡镇
姚渡渡口
沙州镇
沙州镇
木鱼镇
青川县
(乔庄镇)
青
川
县
观音店乡
郝家坪战国墓葬群
两河村(中国传统村落)
阴平道
蒿溪回族乡
乐安寺
青溪镇
市历史文化名镇
青溪古城
房石镇
关庄镇
大院回族乡
凉水镇
老街
苦竹寨
剑阁县
(下寺镇)
剑门关
剑门关镇
竹园镇
剑
汉阳镇
汉阳镇
盐店镇
剑州古城
城北镇
普安镇
大路河场
秀钟乡
拦马墙
东宝镇
柳沟镇
阁
鹤鸣山
青岭村(中国传统村落)
龙源镇
武连镇
剑门蜀道遗址
觉苑寺
武连镇
开封镇
县
王河镇
演圣镇
元山镇
古城
古关
古镇
古树
古村寨
古驿铺
古街
古崖
古道
古渡

点分布示意图

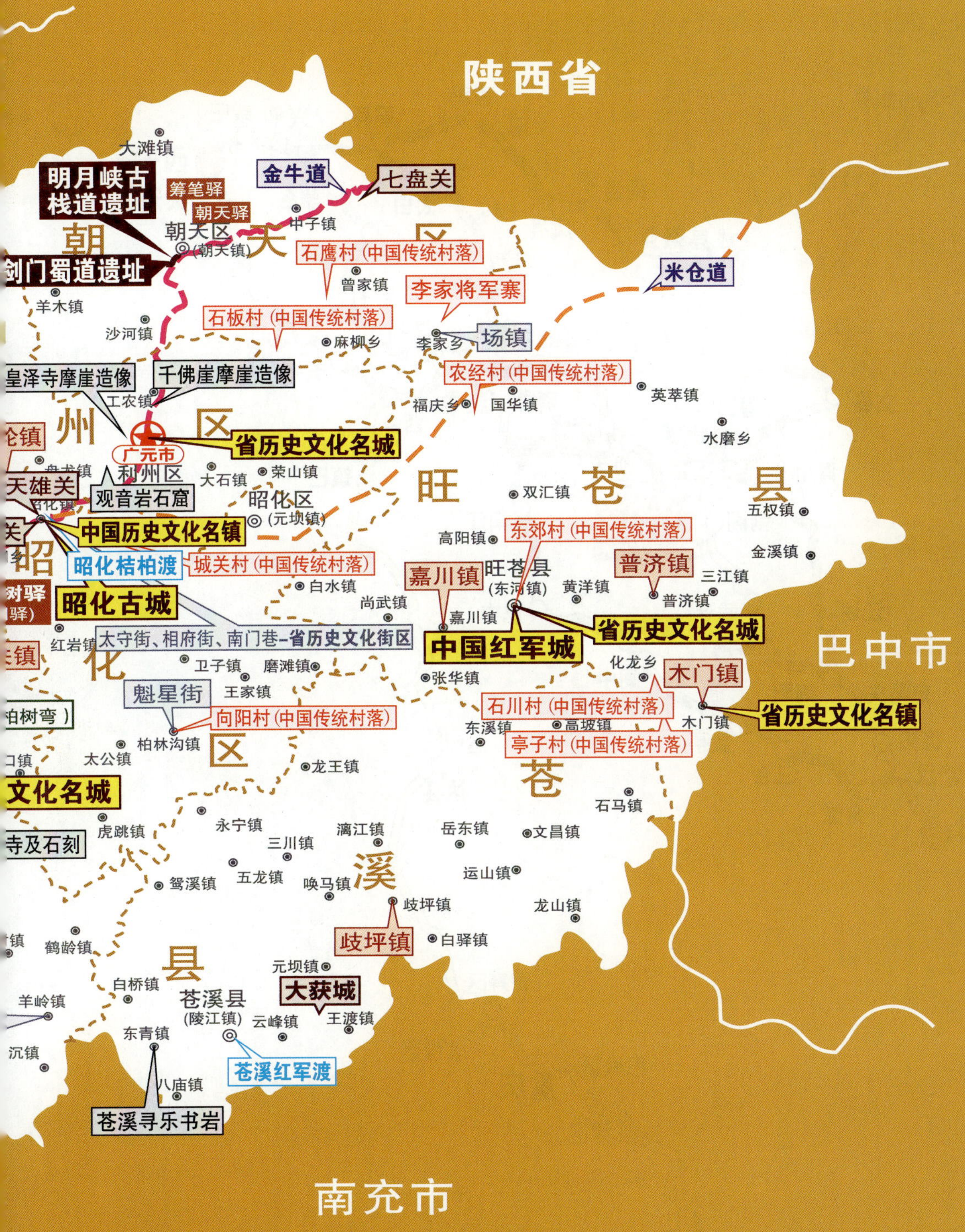

陕西省
巴中市
南充市
明月峡古栈道遗址
筹笔驿
朝天驿
金牛道
七盘关
大滩镇
朝天区
(朝天镇)
中子镇
朝
天
区
剑门蜀道遗址
石鹰村（中国传统村落）
曾家镇
李家将军寨
米仓道
羊木镇
石板村（中国传统村落）
沙河镇
麻柳乡
李家乡
场镇
皇泽寺摩崖造像
千佛崖摩崖造像
农经村（中国传统村落）
工农镇
福庆乡
国华镇
英萃镇
州
区
省历史文化名城
广元市
水磨乡
利州区
大石镇
荣山镇
天雄关
观音岩石窟
昭化区
(元坝镇)
旺
苍
县
双汇镇
五权镇
中国历史文化名镇
高阳镇
东郊村（中国传统村落）
金溪镇
昭化桔柏渡
城关村（中国传统村落）
嘉川镇
旺苍县
(东河镇)
普济镇
黄洋镇
三江镇
白水镇
普济镇
昭化古城
尚武镇
嘉川镇
省历史文化名城
红岩镇
太守街、相府街、南门巷—省历史文化街区
中国红军城
化
卫子镇
磨滩镇
化龙乡
木门镇
张华镇
魁星街
王家镇
石川村（中国传统村落）
省历史文化名镇
向阳村（中国传统村落）
东溪镇
高坡镇
木门镇
柏林沟镇
亭子村（中国传统村落）
区
太公镇
龙王镇
苍
文化名城
石马镇
虎跳镇
永宁镇
漓江镇
岳东镇
文昌镇
寺及石刻
三川镇
运山镇
溪
鸳溪镇
五龙镇
唤马镇
歧坪镇
龙山镇
歧坪镇
白驿镇
鹤龄镇
县
元坝镇
白桥镇
大获城
苍溪县
(陵江镇)
羊岭镇
云峰镇
王渡镇
东青镇
沉镇
苍溪红军渡
八庙镇
苍溪寻乐书岩

蜀道分

甘肃
陕西
四川
重庆
临潭
岷县
宕昌
武都
文县
祁山
祁山道
成县
徽县
两当
白水江镇
略阳
宝鸡
陈仓道
凤县
眉县
褒斜道
太白
江口
武兴
褒城
兴平
咸阳
西安
(长安)
骆各
傥骆道
佛坪
洋县
城固
子午道
宁陕
子午
勉县
南郑
汉中
西乡
金牛道
宁强
七盘关
朝天
广元
白水关
葭萌关
昭化
剑门关
碧口
姚渡
青川
阴平道
剑阁
米仓道
南江
巴中
镇巴
荔枝道
江油
武连
梓潼
苍溪
阆中
白马关
绵阳
德阳
广汉
成都
金堂
三台
盐亭
达州
达县
长寿区
涪陵区
巴南区
重庆
江津区
合江

示意图

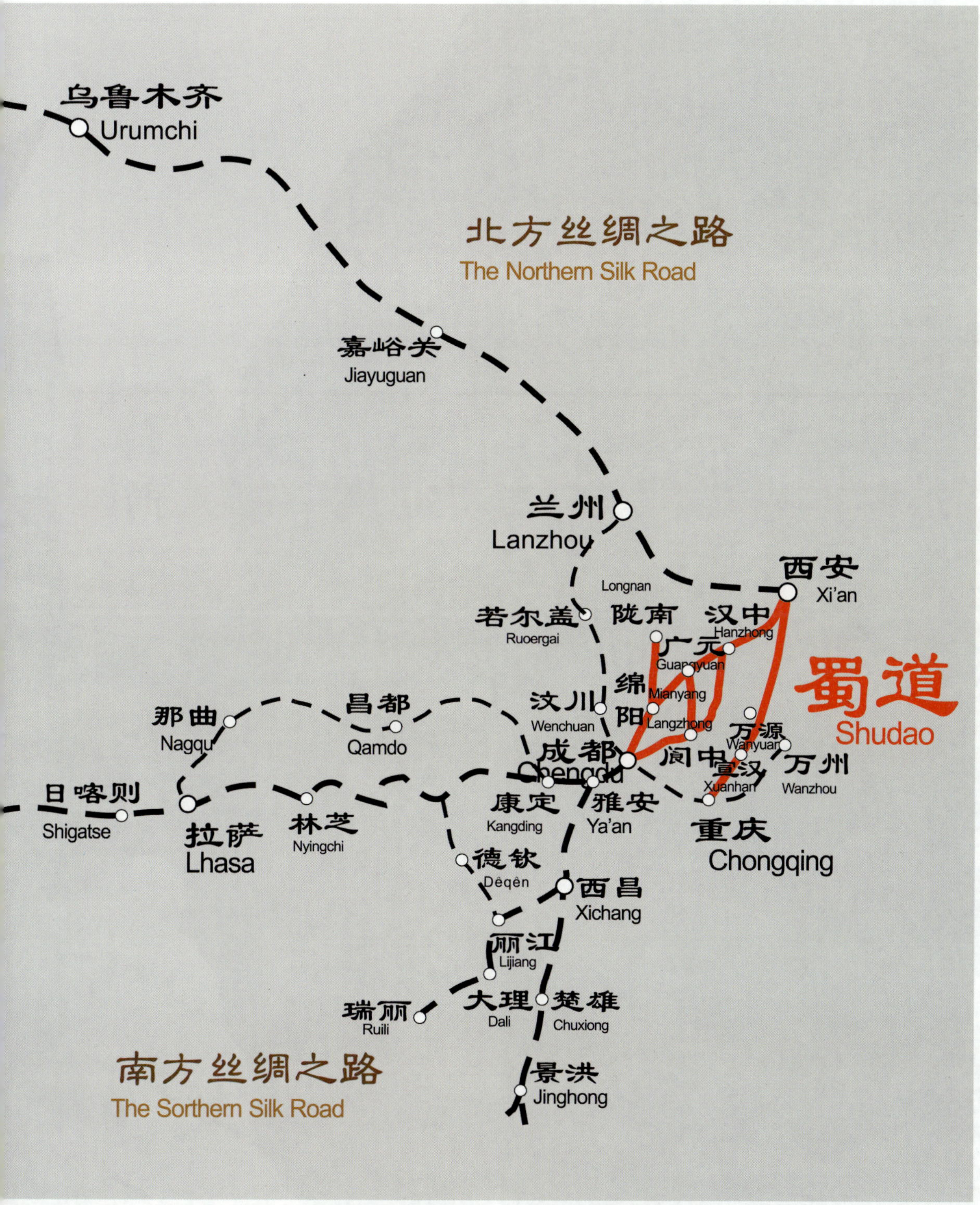

乌鲁木齐
Urumchi
北方丝绸之路
The Northern Silk Road
嘉峪关
Jiayuguan
兰州
Lanzhou
Longnan
西安
Xi'an
若尔盖
Ruoergai
陇南
汉中
Hanzhong
广元
Guangyuan
绵阳
Mianyang
蜀道
Shudao
汶川
Wenchuan
那曲
Nagqu
昌都
Qamdo
Langzhong
万源
Wanyuan
成都
Chengdu
阆中
宣汉
Xuanhan
万州
Wanzhou
日喀则
Shigatse
拉萨
Lhasa
林芝
Nyingchi
康定
Kangding
雅安
Ya'an
重庆
Chongqing
德钦
Dêqên
西昌
Xichang
丽江
Lijiang
瑞丽
Ruili
大理
Dali
楚雄
Chuxiong
南方丝绸之路
The Sorthern Silk Road
景洪
Jinghong

剑门关雄姿

广元十古 上篇

■ 昭化古城

第一章

古城

概述

广元古城知多少？我们不妨从广元的历史变迁中看端倪：

据《蜀典》记载，春秋战国时，为蜀王领地。开明氏蜀王第五世尚，“别封其弟于汉中，号苴侯”。以葭萌（今昭化区昭化镇）为都邑。在当时的四川，地域知名度仅次于巴和蜀。

公元前316年，因“苴蜀相攻击”，秦惠文王趁机伐蜀并苴，在苴侯都邑（今昭化区昭化镇）设葭萌县。东晋太元十五年（390年）于市城区置兴安县、赤化乡境置益昌县。在此以前，区境属汉寿县、晋寿县地。刘宋初，益昌县为清水坍陷，移治昭化镇城。刘宋元嘉十七年（440年）后，氐人杨难当分白水县南于三堆镇西置平兴县，属白水郡。北周于市城置利州总管府，所属利州统晋寿、新巴、东洛郡。隋开皇三年（583年）罢诸郡，存利州，直领兴安等八县；隋开皇十八年（598年）改州治兴安县为绵谷县；隋大业三年（607年）废总管府，利州，改置义城郡，郡领绵谷等七县。

唐武德元年（618年）又改义城郡为利州，州仍领绵谷等七县，属复置利州总管府；唐武德三年（620年）分绵谷县，北境置金牛县（属褒州）及南安州和所辖三泉、嘉牟两县（均在陕西境内）；唐武德七年（624年）升利州总管府为都督府，贞观六年（632年）罢；唐天宝元年（742年）又改利州为益昌郡，领辖绵谷等六县；唐乾元元年（758年）复改益昌郡为利州，辖县未变。蒙古宪宗三年（1253年）立利州治，设都元帅府；至元三年（1266年）又于利州立陕西四川行中书省（至元十七年还治京兆）；至元十四年（1277年）罢帅府，升利州为广元府广元路，取扩充元朝疆土之意。明洪武四年（1371）废广元路存广元府；明洪武九年（1376年）降广元府为广元州属保宁府，以绵谷县省入；明洪武十三年（1380年）复置绵谷县；明洪武二十二年（1389年）降广元州为广元县，又将绵谷县并入，后直至清代，均属保宁府。

可见，广元境内自古作为州置、县置的地方真不少，葭萌（今昭化区昭化镇）、兴安（今市城区）、益昌（今利州区赤化镇）、汉寿（今昭化区昭化镇）、晋寿（今昭化区昭化镇）、绵谷（今市城区）、利州（今市城区）、广元（今市城区）。另外，苍溪的禅林乡，剑阁的汉阳镇、武连镇，青川的沙州镇，旺苍的嘉川、普济、木门等乡镇，古时都设过县治。历经沧桑，如今许多古县城不复存在，而经数千年不变，建城历史最久，城貌依旧，算得上古城的，当首推昭化古城。（傅尹）

古城广元

古城广元，位于四川盆周山地北部边缘、川陕甘接合部的嘉陵江上游。东晋孝武帝太元十五年（390年）置兴安县；隋代，因县境“群峰叠翠、山谷绵延”，改县名为“绵谷县”；唐高祖武德元年（618年）在此置利州；元初，为显示“疆域广大，天下一统”改利州为广元府；明初降府为州、为县，设治旧地为今广元市利州区嘉陵办事处。

古城广元，东依凤凰山，西望乌龙山，嘉陵江穿城而过，北有石柜关，南有南山隘，襟山带河，坐关拥险，古称“蜀道重镇，川北门户，接壤秦陇。虽弹丸一城，实咽喉之区”。在中华历史长河中走过了漫漫1700多年历程的广元，经历了岁月的磨砺、时光的洗礼，最终由当年的蕞尔之区变成古金牛道上的通都大邑。

千年的风云变幻、千年的沧海桑田，古城广元有过辎轩络绎、岁稔余丰的升平时光，也有过兵燹连连、百姓流离的苦难岁月。初唐时期，唐王朝在利州设都督府，武则天之父武士彟任利州都督镇守蜀门；盛唐时候，利州金牛道上冠盖往来，飞马传檄，显示了大一统帝国的强盛和繁荣。五代十国，北方战乱频频，前蜀、后蜀政权相对稳定，利州古城成为众多士人向往的地方。宋代的利州，商贾云集，百货齐聚，是川陕接合部的经济商贸中心、物资集散之地，朝廷甚至把制造钱币的“绍兴监”设在这里，年产钱30万贯，支撑帝国财政；南宋时候利州设四川宣抚使署，成为抗金前线指挥部，即便后来宣抚使署迁往南郑，但保障后勤供给的转运使司仍设在利州。元代，朝廷在广元设都元帅府，负责保障川东北广大疆域的安宁。明清时代的广元，交通更加便利，沿嘉陵江溯水而上可达陕西略阳，顺江而下可通巴渝，甚至远达荆湘。其时，广元城市辐射嘉陵江、白龙江流域的广大地区，真正成为川陕甘交汇地带的中心。

古城广元，在战火中设治，建县不久即筑城设防，墙高沟深，雉堞环绕，十分壮观。到了13世纪中后期，蒙、宋双方在四川拉锯征战四十余年，广元首当其冲，古城毁于战火，断壁残垣，残破不堪。明代，重新恢复修建城垣，“城高二丈，周九里，计一千六百二十丈”。清代，古城以钟鼓楼为中心，有东、南、西、北街及小西街、上下河街等12条大街，街宽4米，街中心2米铺石板，两侧另铺碎石。民国时期，主要街道街面拓宽至6米，其路面全部铺用石灰、瓦渣、白胶泥搅拌而成的“三合土”。另有小街、深巷，一色的石板路面、青瓦粉墙，宜人居住。

古城广元，山水钟灵、人才辈出。清官名宦纪不胜纪，经文纬武之士不绝于史书典籍。武则天、苏颋、韦抗、颜真卿、王建、韩擒虎、陈鹏、司马池、司马光、刘君用、刘崇文、曾逢吉等一大串闪光的名字，如群星璀璨，闪耀在历史的天空。他们之中，或龙飞登极，君临天下；或朝廷股肱，辅佐明君；或牧州管县，治理一方；或两袖清风，青史传名；或课劝农桑，系民温饱；或办学育人，启迪民智。用不同的方式展示他们的人生追求，抒发他们的壮志豪情，为这片热土留下了可歌可泣的感人故事，为华夏历史书写了瑰丽篇章。

李白、杜甫、李商隐、温庭筠、苏轼、苏辙、陆游等众多文章魁首、诗坛名宿，或途经，或流寓来到广元，在青山绿水间感受山水的灵气，沐浴淳朴的民风，心灵得到净化，思想境界得到升华。他们或吟诗，或作赋，或填词，或为文，以真挚的情感表达了对这方土地、这方百姓的热爱之情，留下了大量的诗词文章。这些不朽的文艺作品使广元大地增辉、山河壮色，成为祖国文化的瑰宝。

古城广元，经历了王朝更替、江山易主的历代大变革，经历了兵火战乱、涅槃再生的苦难，依然顽强地屹立在蜀道嘉陵江畔。如今的广元古城，是四川省历史文化名城，历史遗迹随处可见：唐代古刹皇泽寺、武则天圆雕石刻像、始于北朝的千佛崖摩崖造像、古金牛道广元石栏桥段道路遗迹、古问津驿旧址、五代广政碑、元代广元府记碑、古利州南渡以及佛光寺、西禅寺、利州江潭、来雁塔等一大批历史文化遗存，闪耀着文明的光辉，述说着昔日的辉煌。

新中国成立后，特别是改革开放以来，广元人民在中国共产党的领导下，挺立时代大潮头，与时俱进迎风浪，短短的40年间，一座现代化的新城崛起在嘉陵江畔。当年仅有4平方公里面积、6万人口的山区小县，变成了拥有 32 平方公里面积、30 余万人口的新兴城市。昔日“难于上青天”的蜀道广元段，如今像一幅立体交通的图画，展现在蜀门大地的青山绿水间：高速公路穿行在崇山峻岭，高铁纵横越河跨江穿大山，银鹰翱翔天桥飞架连五洲，通江达海寻常事，千里蜀道不再难。“国家森林城市”“国家卫生城市”“中国优秀旅游城市”“国家新型工业化基地”“中国温泉之乡”的命名，使广元成为中国西部最具竞争力城市之一。

（陈正鹏 陈光 文 / 图）

昭化区昭化古城

昭化古城，自唐虞开始，4000 多年的历史文明有史可鉴。尽管历史悠久，但古城文明受现代文明的冲击较小，是迄今为止国内保存较好的一座古代县城城邑和保存完好的唯一一座三国古城。水毁后的秦葭萌古城遗址清晰可辨，大量的三国古遗址诸如古驿道、葭萌古关、费祎墓、武侯祠、费敬侯祠、战胜坝、天雄关、牛头山、姜维井、桔柏古渡、关索城、鲍三娘墓等国家、省市级保护文物，风貌依旧，保存完整，实属全国少有。昭化古城，一座中国建制的活化石之城。

古城至今已有 2300 多年历史，是中国古代最早推行郡县制管理的县治地之一，是名副其实的“巴蜀第一县”“蜀国第二都”。同时，昭化古城由战国时期的苴侯国都邑到秦汉、三国时蜀汉的重要县，到唐、宋、元、明、清川蜀古驿道上的重要县，再到民国、新中国的昭化县，在同一地方完整经历了中国地方政权不断的建置历史，全国甚为罕见。2004 年 7 月，上海同济大学、中国历史文化名城研究中心主任阮仪三教授考察昭化古城时对古城建筑评价为：八字门头，立架垂拱，青石柱础，木柱玄栋；三面围廓，门扉窗棂，雕琢精良，图饰古朴，有商贾豪宅，存历史故事风情。

战国时，昭化区境域为蜀王领地。蜀王开明尚封其弟为苴侯，以葭萌（今昭化土基坝，时名“吐费”）为都邑，领地包括今天的陕西汉中。秦惠文王更元九年（前 316 年），秦趁蜀王伐苴之机进攻蜀国并灭蜀国、苴国，后又以葭萌为治地建置葭萌县。东汉献帝建安二十二年（217 年），刘备改葭萌县置汉寿县。西晋武帝太康元年（280 年），改汉寿县置晋寿县。东晋太元十五年（390 年），改晋寿县置益

■ 昭化古城之太极山水图

昌县；同时，析晋寿县北境置兴安县。西魏废帝元钦三年（544 年），改益昌县为京兆县。北周孝闵帝元年（557 年），京兆县复为益昌县。隋初，兴安县东南建有绵谷镇（治今广元市利州区嘉陵办事处）。隋开皇十八年（598 年），以绵谷镇居交通要道，又是兴安县治所，遂改兴安县为绵谷县。后唐庄宗同光三年（925 年），改益昌县为益光县。北宋太祖初复改益光县为益昌县；开宝五年（972 年）再改益昌县为昭化县。元世祖至元十四年（1277 年），取《易经》“大载乾元”及元“德威广播，疆土广大”之意，置广元府路。明太祖洪武四年（1371 年），仍置广元府。洪武九年（1376 年），降广元府为广元州，省绵谷县入州，属四川承宣布政使司。洪武十年（1377 年），又省昭化县入广元州。洪武十三年（1380 年）十一月，复置绵谷县和昭化县。洪武二十二年降广元州为广元县（废绵谷县），仍置昭化县，属保宁府。清沿明制，广元县、昭化县仍置，属川北道保宁府。

昭化古城位于白龙江、嘉陵江、清江三江交汇处，其嘉陵江水在此洄澜，太极天成，有“天下第一山水太极”自然奇观

城区被命名为中国历史文化名镇。

古城东去七公里处，有鲍三娘墓。鲍氏系关羽第三子关索之妻，武力过人，随军征战，死后葬于此地。该墓于 1914 年被法国考古学家色加兰、拉底格盗过，其拓墓片现存巴黎博物馆。但墓室尚存，石砌坚致，室内幽黑屈曲。墓前竖有石碑一通，上书“蜀汉将军关索之妻鲍氏之墓”，这是一座稀有的汉代古墓。

昭化古城东门外，嘉陵江和白龙江的汇合处，就是蜀道上有名的桔柏古渡。昔日是白天万人拱手、夜晚千盏明灯。古城西门外，与费祎墓紧相为邻还有一座丁公祠。丁公，就是丁宫保父子，宫保于光绪二年在成都做过四川总督。四川名菜“宫保肉丁”，就是因他而得名的。丁宫保的父亲丁建业在昭化做过县令，宫保就出生在这里，据说他的奶娘就是现在宝轮镇梨树村的人。丁宫保当了四川总督以后，在昭化修了丁公祠，碑记尚存。

（傅尹 / 文　谢谦 / 图）

之美誉。古城四面环山，三面临水，山清水秀，人杰地灵，古遗址、遗迹众多，民风古朴。古城建筑群布局合理，现存的四条大街、五条小巷均用当地青砂石板按三横两纵、中间高两侧低的瓦背风格随坡就势而成，且街巷之间“丁”字相连，具有“道路交错相通，城门不相对”的军事防御特色。大街小巷均有着良好的空间格局和亲切宜人的尺度。古街两侧保留着完整的明清建筑，多为穿斗木结构、小青瓦、古朴的川北风味民居。其中的太守街、相府街、南门巷已经被列入四川省级历史文化街区，整个

昭化古城城门

由于地形地势的原因，昭化古城城墙随形就势而筑，呈葫芦状，而并非严整的方形。街道与里弄或纵或横，根据地形随意变通，不拘轮廓的方整和道路网络的均齐，自然而有序地徐徐展开。丁字形的相互连接，高低错落，有利于排水。街道有一定的坡度，铺以青古板，置以下水道，遇到暴雨洪水则自然流出城外，科学合理。

现古城东门曰“瞻凤”，取其有凤来仪之吉。北门曰“拱极”，取其“譬如北辰而众星拱之”之义。西门曰“临清”，取

■ 昭化古城墙

其“临江清流”之义。南门曰“临江”，曾遇水漫，后闭之不开。清道光县志引《旧县志》：“但南门一带低而近江，又值清白嘉陵三水之冲，夏日水涨浩瀚如海，幸而三水先后涨歇，犹未为大害。及夫三水齐涨，则北之安昌坝，西之曲回坝，东之土基坝、板筵坝俱为水区横流之势。”因此，昭化古城只开三座城门，是其独特之处。其实从八卦风水的角度来看，南方之门为“景门”，主虚假之事。一说古城开南门而不利。城中绅士之女流多出现“红杏出墙”的烦扰。由于城池地势低落，前方山上涧溪流水来朝。古云，吉方之水宜朝，不吉之水宜去。封闭南门也是为了避免笔架山上朝水的直射洗涮。

史载，城墙原为土筑，于明正德年间包筑以石，覆以串房，四面起楼。东门曰瞻凤，南门曰临江，西门曰临清，北门曰拱极。城壕四围积水于其中。崇正二年于正北增筑一台，名曰“金线系葫芦”，巍然壁立，登临其上，俯视四面，了若指掌。既弥补点化了风水，又为军哨所用，可谓一箭双雕，两全其美。由于雨蚀，城墙曾有几次坍塌几次重修补修。最为彻底的是清代乾隆三十六年的拆修。这次拆修加筑城垛，外围石砌，里面石脚砖身。东门曰迎凤；西门曰临川，曾改名为登龙；北门名未变；南城无门。

从东门出通达帝京，西门出到达成都府城。在长期的历史长河中，古城的居民形成了特有的风俗。吉庆之事自西门出东门进，沮丧之事和出兵则自北门出。东方属木，主生发，紫气东来，进城必须从东门。西方属金，主刚毅肃杀，出城从西门。北方属水，主收藏。南方属火，主炎上，而古城濒临嘉陵江水，水火相克，自是不利。这些进出城门的规矩都是与五行生克的理论有关的。《老子》：“兵者不祥之器，非君子之器，不得已而用之，恬淡为上。”战争与凶事等都属阴，为不祥之事，所以北门出之。北方主藏，自然与丧事相附。

（任国富／文　赵辉／图）

剑阁县剑州古城

剑州古城，位于今剑阁县普安镇，它是古代金牛道上著名的古城镇，自古以来人文荟萃，经济繁茂。自南朝宋大明（457—464）中始侨置南安郡，至今已有1500多年历史。其后历经南齐、梁、隋、唐、宋、元、明、清各朝代，相继置安州、普安郡、剑州、隆庆府，南宋后复名剑州，民国2年（1913年）废州改名剑阁县。1950年3月属剑阁专署。

四山环绕的剑州古城，北有涓涓东流闻溪河，东南有秀丽的鹤鸣山。原山陕公路傍城东过闻溪河，那横跨闻溪河上的公路桥原是平板石板，名武侯桥，因唐宋时剑州人民纪念诸葛亮率兵北伐路过此桥而取名。城东门残存的古城墙为明正德年间剑州知州李璧主持修筑。周长1582米，现只存528米。那青石垒砌，中心夯土，高5米、厚3米的城墙，仍然有着当年城墙的雄姿。古城原城门六座，东门曰“迎思”，西门曰“德胜”，南门曰“化成”，北门曰“汉阳”，东北门曰“青阳”，西南门曰“鹤鸣”。现只存南门、西南门。南门，门洞深4.5米，宽3.45米，双扇木门外护铁皮，乳钉突凸，昔日戈矛相搏，只需紧闭城门，便可固守。门洞青石拱成，题额“秀分阆苑”，两旁石柱上有野鹿衔花、吉祥花纹的浮雕，门洞上方高筑箭楼，重檐歇山式的屋顶上铺盖着筒形陶瓦、飞檐翘角。昔年古风，一览无余。进南门，即是巍峨的钟鼓楼。鼓楼19.5米，重檐逐层收缩，形似宝塔，凌空翘角飞檐，气势俊秀。楼三层，被七根四方形的巨大石柱、九根通圆木柱撑托，行人车马皆能穿行楼下。钟鼓楼是古城之中心，东西与街道相接，北与火神庙紧紧相依，登临鼓楼，一览众街，全城风貌尽收眼底。

从钟鼓楼东行数百米，便可进入著名的二贤祠。它是人们褒扬剑州知州李璧、杨如震二人“拓城池，毁淫祀，建义仓，立仕学，罢繁苛，设养济院，修路植柏”的惠政而建造的。祠内正殿及两边厢房保存完好。李璧、杨如震二人的铜像，现保存在县文物管理所。紧靠二贤祠的，是明清建造的兼山书院。这些古建筑已被列为县级文物保护单位。它们是研究我国古建筑艺术和历史的重要实物资料。

从钟鼓楼往西出西门一里许，便可见到翠竹环绕的龙泉井，为椭圆形石坑，直径2米，泉水清冽，冬暖夏凉，其味甘美。距龙泉一里处有沤月泉，巨石上镌刻着楷书“沤月”二字，石崖下4米处便是沤月潭。古时，林茂蔽日，有“苍穹无明月，月影映潭中”的奇景。古人在此处建造了沤月亭，今只存遗址。西南门外有安乐泉，

■ 剑州古城旧景

“安乐”二字尚在。据传安史之乱时，唐明皇被迫入蜀逃难，爱妃殒命，闷闷不乐，行至此地，用山泉煎茶，饮之安乐，故赐名“安乐泉”。清人乔钵曾题诗云：“当日琅珰过剑前，何安何乐号山泉？风流帝子多情事，只少杨妃手自煎。”泉水至今清凉，仍为市民饮用。

剑州城西门外，汉阳山麓有宋代始建的南禅寺。城南门外烟街上有圣寿寺，寺庙遗址尚在。明代的城墙，幽深的古寺，典雅的钟鼓楼，鳞次栉比的瓦舍高楼，古朴的十字街，漫步剑州古城街头，宛若置身明代的市井之中。

剑州古城，1991 年 4 月 16 日经四川省人民政府批准，公布为省级历史文化名城，并加以保护。

2000 年以后，由于现代经济社会的迅猛发展及 108 国道高速公路绕道，剑州古城普安无论是城市建设、商贸还是交通等，多方面的发展都受到限制。2003 年 9 月 28 日，剑阁县政府所在地由普安镇迁往下寺镇，结束了其近 1600 年的作为郡、州、府、县治所的历史使命。

（何兴明 / 文　曾正强 / 图）

剑州钟鼓楼古建区

钟鼓楼

剑州钟鼓楼是剑州古城的地标象征，古称市楼。它矗立于普安古城东西交接处的南城门对面，北与火神庙紧紧相依，为川北地区保护最好、唯一的过街式明代风格的钟鼓楼。据现存史料显示，这座巍峨的钟鼓楼是由明清时代的剑州谯楼演进而来，于民国 17 年（1928 年）由原州署地迁址到现在这个位置而重建的。它历经岁月风雨而巍然屹立，成为古城的坐标。

剑州钟鼓楼占地 115.2 平方米，通高 19.5 米，三层一底加楼顶。顶层高 3.5 米，其内原吊一口大钟；第二、三层各高 3.65 米，四周安装雕花镂空的带格门窗；底层高 5.2 米，有八根方形台柱（其中有七根石柱，一根木柱），均高 6.8 米，四边宽 0.75 米。另有八根 12 米长的圆形木柱纵横排列，架设木桥梁，托起三层四角飞檐楼阁式建筑，稳如泰山。底层无墙体，东、西、南三面通行，“其东西向为古蜀道经剑阁进东门、穿过钟鼓楼去成都的必由之路；其南距南城门仅 15 米；其北紧接火神庙，庙内原有塑像”。楼顶高 3.5 米，是筒形质陶瓦，房脊有瑞兽、浮雕等装饰，翘角凌空。整个建筑重檐逐层向上收缩，形似宝塔，气势挺拔俊秀，颇为壮观。

剑州钟鼓楼除具有极高的建筑艺术和文化价值外，还发挥了古时报时报警的突出作用，凸显出厚重的劳作文化、生存文化，体现了古楼与人的密切关系，是古城文明的一部分。同时，剑州钟鼓楼的景观文化内涵丰富。一方面，古楼文化含蓄而深沉，可以透过它高高的框架，去感受和把握它的历史文化底蕴，品味它的建筑风格与艺术。另一方面，它是剑州古城的象征，登上楼顶，极目远眺，能获得极大的视觉冲击和观赏满足。

（吴成）

火神庙

据《剑州志》载：“火神庙，在州署前与南门正对，康熙五十六年（1717 年）知州杨滋尧建。”此庙位于钟鼓楼北侧石头梯坎上，与南门正对，与其下钟鼓楼一层处的土地庙相连。康熙六十一年（1722 年）州署曾在火神庙前修建讲经楼（宣讲教化之所）。火神庙为小三间带厢房各两间的三合院立木翘角房屋，内塑火神爷。20 世纪 50 年代，庙里的塑像及祭祀设施被拆除，改成居民住房，但庙的总体构架尚存。

火神又称火神爷，是民俗信仰的神祇之一。据传，火神姓罗，为周朝人，周武王的大臣姜太公受道教神元始天尊之命掌管封神大权，他封罗为火神。而中国民间信仰和传说中最著名的火神为祝融。由于中国各民族都有祭祀火神的风俗，地区不同，历史文化不同，对火神的认识和解释各不相同，火神形象和来历也差异甚大。但基本的解释是，火神受上帝之命巡视人间，如果发现有人作恶，就用火焚毁其家，以示惩戒，并以神圣之火祛其罪恶。而人们对火神祈祷的主要目的，就是祈求火神不要烧毁他们的房子。

剑州火神庙所塑的火神，赤发金冠，面如蓝靛，背火葫芦，样子十分凶恶。在州城中心建火神庙，可能还有一层意思，就是祈求火神保佑全城房屋免遭火灾。火神节为每年四月十五日和六月二十二日。

（吴成）

古城墙

始建于南朝，经明代三次大规模重建、拓修和清代相继维修的剑阁古城墙，是剑阁古城的一个重要标识。

据1992年版《剑阁县志》载，剑阁古城墙始建时间为南北朝时期。“南朝刘宋大明中期（约460年）于此（即普安）置南郡（县）时，始在汉阳山南麓紧邻闻溪河的坡地上，垒土为垣，建立城池，以资防守。唐时，普安郡城，已成军州重镇。”可见，剑州在宋元以前之南北朝时期，便在普安始建城池、筑构城墙了。

时间走到明代成化年间，剑州城进入了大规模修筑、拓展和整修城垣的时代。仅明朝时期，大规模修城筑墙便达三次之多。明成化十年（1474年），剑州城在知州孟璋的主持下，得以较大规模地重建。

■ 剑州古城墙

成化十年三月动工，不到一年便圆满告成，所筑城墙“为址厚丈有二尺，高三仞，周围三里许。为门者四，皆架石为洞，置望楼其上”。城墙厚4米，高8米，周长约1500米，四座石拱门洞上均建有望楼。经重修的城墙，“巍乎其隆，廓乎其敞。居者安堵，过者改观”。

堪称里程碑式的剑州城墙建设，当数明正德十三年（1518年）李璧的第二次大规模拓修。这次修城工程浩大，城西北全是新筑城墙，城东南为加固维修，城墙为外石内砖、中心夯土而筑成，“其崇为丈者二，其奇四尺；厚减于崇六之一；周袤为丈六百，其奇二十有九，益其旧为丈四百三十。旧有门四，益其二为六。楼如其门，濠堙阇堞，视旧加伟”。即城墙高8米，厚6.7米（二丈），周长2097米（629丈，四里多），比当时尚存的旧城墙增加了1433米；老城原来只有四洞城门，新城增至六洞，李璧亲命其名：东门为“青阳”，西门为“得胜”，北门为“汉阳”，南门为“化成”，东北门（小东门）为“迎恩”，西南门（小南门）为“鹤鸣”。每洞拱石城门上都修有堞垛，使箭楼更加雄伟，登高俯瞰，城环如桃状，给人以生气和力量。同时又倚城掘壕，南城筑坝，引龙泉涧曲而南流，经鹤鸣山下，与闻溪河于下游相汇，使州城无洪水之患。

明嘉靖四十五年（1566年），剑州知州高任重肩负起第三次整修剑州城的重任。他采取的措施是，无论新旧，矮墙加高，薄墙加厚，墙已倾斜将要倒塌的全部重修。

李璧大修、高任重整修的城墙，由于采用砖石砌筑，工艺考究，技术、质量过硬，历经近五百年，城墙至今仍巍然屹立。

清代十分注重对城垣的维修保护，差不多每过三五十年，官员就会组织对其修葺加固。最有名的当数乾隆年间的一次整修。据《剑阁县志》载：“清乾隆二十八年（1763年），署任知州李枝昌主持维修城垣。”这次剑州城维修封闭了北城门，只留一座瞭望台；加筑堞垛，重新题刻各城门匾额。东门题“蜀北雄州”，南门题“秀分阆苑”，西门题“文星西拱”，小东门题“闻溪古渡”，小南门题“南熏适予”。经整修后的城门一带，箭楼森然，堞垛均齐，射孔在目，城门紧锁，固若金汤。

今天，箭楼、小南门等处的城墙及城门风貌仍保留原状。

（吴成／文　曾正强／图）

青川县青溪古城

阴平古道上的青溪（原青川县城）古城，位于青川县城乔庄镇以西59公里，距成都市区约330公里。城内回汉杂居，佛教、道教、伊斯兰教、天主教共存，是一座民族宗教文化和谐之城。《华阳国志》载，建兴七年（229年）析阴平道刚氐道辖地新置广武县于青溪，委诸葛亮之参军廖化督其地而屯田戍守。青溪古城是一座年代悠远的边城，有着1700多年的悠久历史。古城面积约300亩，历史上多次成为郡县的治所。

青溪古城是我国古阴平道上的重要关隘，自东汉以来，一直是王室与地方势力相互攻战之地，为历代兵家必争之地。由

■ 鱼洞砭

于青溪所处的地理位置重要，历代王朝都派将把守，修池建廊。据考证，古城始建于北魏正始元年（504年），即晚于青川置县275年历史。先建土城（现北门外阴平山下），后建砖城（现址）。1992年版的《青川县志》记述："马盘郡，县故城，遗址今青溪，建于现河之西北岸，城周二里，有东西南北四街。唐改名清川县城。元为巡检司治地。明洪武四年（1371年），正千户朱铭改土城垣建筑砖城，明末、清初被焚。清顺治十年（1653年），怀远昭义将军特授龙安营参将白丹衷奉命复建城池，历经三载竣工。可见，在持续1500多年的岁月里，历代王朝十分重视对青溪古城的建造。而明清两代更是深谙青溪古城的战略位置，大兴土木，大规模复建、改建、扩建。

清顺治年间建成的古城蔚为壮观：城周九百丈，墙表用糯米灰镶砌石条和大砖；内夯土石，高二丈，深一丈八，顶宽一丈六；南面城墙立于河沿，东、西、北面有宽二丈、深一丈的护城河相连；外城门前备有吊桥；东、西、北三门各建有半圆形外城墙，称瓮城。内外城门洞全以石条镶拱，内城门不与外城门相对，门开侧面，上建箭楼。内城门上建有距地四丈五的重檐城楼，戍守瞭望，显示边陲城郭雄姿。城形如靴，又称"靴城"。

城内外有大小十二街，城内分东、西、南、北四大街和下东街、下南街，街宽一丈八，石板铺面。城外小东街、小西街、小南街、小北街、学街、庙街均为泥石路面。城内四街交汇的十字口，建有木质高大鼓楼，占地面一丈八，横顺相对，高四丈五，两楼一底，三层飞檐，琉璃筒瓦，雕梁画栋，四方悬匾。西为“阴平古道”，北为“北方锁钥”，东书“紫薇高照”，南挂“南山聚秀”。四大街各竖牌坊，上书匾额，东街为“紫薇高照”，西街为“西蜀咽喉”，北街为“北极联辉”，南街为“人杰地灵”。

青溪古城历史悠久，文化积淀厚重，历史文化古迹众多。“西望金牛气，东晖白马鞍，桥高金柳折，泉涌玉华繁，洞口鱼渊跃，关头虎石盘，醍醐不觉晓，雪霁万峰寒”，就是晚清学子袁汝萃描写青溪的八景诗。具体的是指石牛寺、马鞍山、高桥寺、玉花泉、鱼洞砭、关虎石、醍醐塘、九龙包八个景观。

（傅尹 周剑／文　赵辉 段炳华／图）

青溪古城墙

青溪古城墙是我国古阴平道上青溪古城中的重要历史文化工程，地处四川盆地北部边缘，位于摩天岭南部的青竹江西北岸一处山间平坝之中。建兴七年（229 年）析阴平道刚氐道辖地新置广武县于青溪，委诸葛亮之参军廖化督其地而屯田戍守，距今已有 1700 多年的历史。青溪便因守关而建青溪县城，因守城而建青溪城墙。

由于青溪所处地理位置的重要性，历代王朝都派将把守，修池建廊。明洪武四年（1371 年）正千户朱铭改土城建筑砖城，清顺治十年（1653 年）怀远昭义将军特授龙安营参将白丹衷复建城池，历经三载竣工，城周九百丈，墙表用糯米灰浆镶砌石条和大砖，内夯土石，高二丈一，底宽一丈四，深一丈，与护城河相连，外城门备有吊桥，东、西、北三门各建有半圆形外城相对，门开侧面，上建箭楼。内城门上建有距地四丈五的重檐城楼，戍守瞭望，显示边陲雄姿，城形如靴，又称靴城。

青溪古城墙绕青溪古城而建，现存东北及西南段城墙遗址，占地面积 2.8 万平方米，砖石结构，石土木砌基础，砖砌墙体，墙体平均厚度为 4.4 米。东北段遗址长 90 米，高 5.1 米；西南段遗址长 140 米，高 8 米。遗址上采集有“洪武二年造”城砖、铁锅、铁铡刀等遗物。青溪古城墙遗址对研究青溪古城历史具有一定价值。无论是从土城墙—砖土城墙—砖混城墙的演变，还是城墙基础由土基础—石木土基础—石基础的演变，都体现不同时期工匠们的技术要求和水平的精湛和高超。对墙体浆砌、防渗漏、城门设置等细节处理，对古城墙的瓮城、城门、城楼、角楼、戏楼等配套设施的设置和建设无不表现出不同时期的文化特征。2012 年 7 月 16 日，青溪古城墙被四川省人民政府批准列入第八批省级文物（古建筑）保护单位。

（李国海）

■ 歧坪镇全景

第二章

古镇

概述

广元从建苴国起，历朝历代在境内不同地方置县设郡，留下了不少古镇，如剑阁县的武连镇、汉阳镇，利州区的三堆镇、工农镇，旺苍县的嘉川镇、木门镇、普济镇，青川县的青溪镇、沙州镇，朝天区的中子镇、朝天镇，苍溪县的陵江镇、歧坪镇等。

由于历代变迁、时代发展，这些古镇大多被近代建筑所淹没，留下的古建筑不多。其中，保留不多的古街、古院落、古寺庙、古祠堂、古城墙等民国以前的古建筑痕迹，还能让人看到古镇的缩影，看到久远的一丝乡愁。

（傅尹）

苍溪县岐坪镇

岐坪镇位于苍溪县境腹心地带，因地处山间平坝，临坪江（东河）之滨，居要道之歧而得名。西晋太康中（280—289），于巴西郡阆中县境分置岐惬县，县治在今岐坪场，隶梁州巴西郡，为岐坪建县之始。永和三年（347年），巴西郡析置北巴西郡，岐惬县属之。南北朝刘宋永初时（420—422），改岐惬县为宋安县，隶宋熙郡。西魏恭帝三年（556年），宋安县更名岐坪县，隶利州东洛郡；北周时（557—581），废东洛郡，岐坪县改隶利州总管府晋寿郡。

隋代开皇二年（582年），岐坪县改隶利州总管府义城郡；开皇三年（583年），废诸郡存利州，岐坪县属之；大业三年（607年），废利州总管府，直隶义城郡。唐代武德元年（618年），又改义城郡为利州，岐坪县属复置之利州总管府；武德七年（624年），置南平州领岐坪县；贞观二年（628年），废南平州，岐坪县改隶利州都督府益昌郡；开元二十三年（735年），岐坪县改隶山南西道阆州；宝历元年（825年），析岐坪县入奉国、苍溪两县；天复年间（901—903），复置岐坪县，隶山南西道阆州。五代十国前蜀时（907—925），岐坪县隶阆州；后蜀时（934—966），隶阆州保宁军。宋代乾德四年（966年），改保宁军为安德军节度，岐坪县属之；咸平四年（1001年），分西川路增置利州路，岐坪县隶利州路阆州；熙宁四年（1071年），省岐坪县为镇，入苍溪县。

今天的岐坪镇，围绕苍溪作为全国休闲农业示范县的品牌和目标，重点以三井、天新园区为载体，全面打造融休闲、观光、农业与民俗风情为一体的综合性乡村旅游园。岐坪镇共规划建成13个乡村旅游景点，其中宋江晚渡为“苍溪县十景”之一，成为广元乡村旅游的重点乡镇之一。

（傅尹／文　刘徽／图）

剑阁县剑门关镇

剑门关镇位于剑门蜀道的核心部位，东经105°34′，北纬32°12′。它依托闻名天下的剑门雄关而得名。这里是金牛道之要冲，被誉为“蜀北之锁钥，两川之咽喉”，北可进西安，南可达成都，历来为兵家必争之地、军政商旅住宿之所。《大清一统志·古迹》载：“梁时于此置大剑戍，其山峭壁千尺，下瞰绝涧，飞阁以通行旅。”《方舆胜览》载：“大剑城，即秦张仪、司马错伐蜀所由路，又谓之石牛道。”因镇有栅，民所聚居，宋易其名，改“镇”为“城”，足见其繁盛的军政设置。如再向上追溯，晋代常璩《华阳国志》载：“武王伐纣，蜀亦从行。”可见，剑门关的通行至少已有3000年的历史。

在历史上，剑门关古镇不仅设有行旅馆驿，而且曾多次作为行政、军事机构治所。三国蜀汉时，孔明于此设阁尉。武周圣历三年（699年）置剑门县后，其后置方期驿和开始置剑门关（军政领导机构）。宋景德三年（1006年），为京师设置兵马都监主之直隶关，并辖剑门县。宋元符期间（1098—1100），剑门关隶属剑门县，明清后于此设剑门驿。1912年建剑州知州剑门分州，1913年改剑州为剑阁县后，剑门分州更名为剑门分县，此后，改设剑门区、剑门镇、剑门乡，1992年撤区并乡改为剑门关镇至今。

剑门关古镇有两街三路，大剑水穿镇而过，场镇南北长约3.8公里，宽约800米，古镇北口距剑门关楼、姜维城（营盘嘴）和红军血战剑门关遗址等处均不足一公里。古镇有三座石牌坊，分别为：剑门关景区南门内的“剑阁”坊。场镇北入口的“剑门驿”坊，上刻有楹联：“驿绕巴江转，关迎剑道开。”场镇南入口的“闻铃”坊，上刻有楹联：“翠屏千仞合，丹嶂五丁开。”

古镇街道原为石板路面，街道两端有过街楼，镇内外建有文武衙门、接官亭、驿馆、姜维庙等，1935年修筑川陕公路时，街楼被拆并裁截民房屋檐，拓宽街道，改为公路，铺成泥结碎石路面。

“5·12”地震后，街房门面恢复为古民居格调，街面重铺石板，名为龙剑街；108国道则沿古镇东侧新建，形成雄关大道。镇内有个体商贸业和餐饮住宿服务业主400余家。其中“剑门豆腐”为第一特色品牌。

随着剑门关、翠云廊建成5A级景区，古镇进一步焕发青春，先后创建为全国文明镇、全国特色景观旅游名镇、国家文化产业示范街区、四川省森林小镇等。

（李登禄／文 曾正强／图）

剑阁县汉阳镇

汉阳镇位于剑阁县北部，因其位于剑门关镇青树村境内的蜀汉时期汉德县之南而得名，历史文化积淀深厚。

古金牛道、翠云廊及108国道从汉阳镇一字形古街南北穿经，古往今来，有无数的达官士子、文人墨客或在此驻足，或作诗题吟。蜀汉至清末，别属汉德县、南梁州、安州、始州、普安郡、剑州、普安军节度、隆庆府等领地。清代康熙时于境内置汉阳铺和石洞沟铺，北临剑门驿，南近抄手铺。

1935年红军攻克剑门关时，先攻取汉阳防线，然后顺势北下，破剑门关守军。汉阳在民国置联保时为汉阳联保，民国31年（1942年）设汉阳乡。新中国成立后，1952年设立汉阳区，区公所由剑门迁址而来，并辖有汉阳乡。

1989年后，区公所还移剑门，汉阳改设为镇。幅员面积为142.8平方公里，辖18个行政村，1个社区，截至2010年底，全镇在册登记总人口有17369人。

汉阳场曾是剑门、小剑、汉阳、抄手四乡的政治、经济、文化中心，集市繁荣。1984年1月15日凌晨，汉阳场街房失火，由于天气寒冷加之缺水，当时竟出动了广元及附近国营单位消防车数十辆援救，最后计烧毁清末民国时期的青瓦木结构房屋266间。经过政府多方救助，受灾户的合力自救，一年后又恢复了街面建设。

近年来，汉阳镇借助剑门关5A级景区和国道便利，很多群众主动到场上摆摊设店，新建砖混结构楼房，加速推动了汉阳镇经济社会的全面发展。

（张映学／文　曾正强／图）

剑阁县武连镇

剑阁县武连镇历史悠久，早在新石器时代，境内的西河流域正兴乡星火村两岸就有人类栖息繁衍，其地扼秦蜀金牛古道要冲。春秋末战国时，武连为蜀国领地。秦始皇统一中国后实行郡县制，武连为蜀郡葭萌县领地。西汉高祖六年（前 201 年）为益州梓潼郡梓潼县领地。东汉、三国初，蜀汉丞相诸葛亮在此设镇戍守后，此地为兵家必争之地。西晋、成汉、东晋、前秦时代，武连为梁州梓潼郡、县领域。

南朝刘宋元嘉十二年（435 年），始在武连置武都郡、武功、下辩县（郡县同治今武连职业中学处）三政权，上隶益州；二十九年转为实郡。南朝齐（409—502）时，改武都郡为扶风郡，领武功、茂陵（治今梓潼上停铺）两县，新置华阳县（治今剑阁县开封镇），另寄治汉阳、略阳、安定三县。南朝梁天监二年（503 年）改扶风郡更名辅剑郡，隶南梁州（治今剑阁县普安镇），天监四年至大同元年（505—535），其间 30 年，南梁州三郡及属县皆沦为北魏领地，隶魏东益州行台尚书兼刺史（由原治武兴移治今广元市）管辖。大同二年（536 年），南梁州及属郡县复入于梁。梁武陵王萧纪（？—553）据蜀称帝，改南梁州为安州，领原郡县未变。北朝西魏废帝三年（554 年）伐蜀，改安州为始州（仍治今剑阁县普安镇）、南安县为普安县，改辅剑郡为安都郡、武功县为武连县，相沿至今，隶始州管辖。北周时，始州仍辖普安、安都、黄源（今剑阁县王河镇）、潼州（今梓潼）四郡。安都郡茂陵县废，增领胡原县（治今剑阁县香沉镇群英村）自巴西郡（今阆中市）来属，州、郡、县同隶于利州总管府（治今广元市）。

隋开皇三年（583 年），废郡存州。始州领普安、武连、安寿（大业初复名梓潼县）、黄安（黄源改）、胡原（开皇七年更名临津，迁治今剑阁县白龙镇）、永归（治今剑阁县店子乡）、阴平（由龙州来属，治今江油小溪坝阴平村）七县。大业三年（607 年）改始州名普安郡，领县未变。大业九年（613 年），武连县自原老功桥移治今武连场镇地方。唐武德元年，武连县隶利州总管府始州。先天二年（713 年），武连隶剑南道节度使剑州管辖。乾元元年（760 年），隶东川节度使剑州。五代前蜀、后唐、后蜀，武连县均隶属昭武军节度使剑州管辖。

北宋乾德三年（965 年），武连县隶属西川路剑州普安军领辖。开宝六年（973 年）随普安军改隶陕西路。太平兴国六年（981 年）随剑州改隶川陕路。威平四年（1001 年）随州改隶利州路。宋元年

（1078 年），武连县辖柳池（今剑阁县柳沟镇）、长江（今剑阁县开封镇）二镇。南宋隆兴二年（1164 年），武连县上隶利州东路。绍熙元年（1190 年）升普安军节度使为隆庆府，武连县仍隶属之。

元代至元二十年（1283 年），剑州领普安、武连、梓潼三县，上隶四川等处行中书省广元路保宁府领辖。元泰定二年（1325 年），并武连县入梓潼县，设武连驿。

明代，武连驿隶剑州，上隶四川承宣布政使司川北道保宁府。康熙二十九年（1690 年）设梓潼驿，配马 30 匹，马夫 15 名。清雍正五年（1727 年），武连驿同梓潼县脱离剑州，改属绵州直隶州领辖。雍正六年（1728 年）裁减马 8 匹，马夫 4 名，旋复马匹、民夫为原数。清乾隆二十八年（1763 年），诏令武连驿巡检司自绵州改还剑州，上隶四川总督川北道保宁府。

民国元年（1912 年），改武连驿巡检司为武连分州，民国 2 年（1913 年）改剑州为剑阁县，改武连分州为武连分县。民国 3 年（1914 年）改武连分县为德合乡。民国 19 年（1930 年），改团建立明德区。民国 24 年（1935 年）4 月，武连镇隶中华川陕省苏维埃普安县武连区苏维埃政权。

1950 年 2 月，废除旧乡保甲制度，建立武连乡人民政府，1984 年改制社分制，恢复区、乡建制。

（王守义 / 文　曾正强 / 图）

旺苍县木门镇

木门镇处于巴中市南江县，广元市旺苍县、苍溪三县交汇地带，地处古蜀道中的米仓道上，古今是兵家必争之地，曾置县、郡。周围有青龙、凤凰、双桂、双山、丹青梁五山拱卫，有五马奔槽之势。

木门镇黄梁村有座凤凰山，明崇祯元年（1628年）凤凰山修建了云集寺，寺中有副对联云：“化成二古刹，木门两千年。”据《旺苍县志》记载，南朝梁武帝普通六年（525年），这里就设置木门郡和伏强县，郡县同治。隋文帝开皇三年，废木门郡，改伏强县为清化县。唐高祖武德元年(618年）于木门置静州，分清化为清化、狄平（今旺苍县普济镇大营坝）、大牟（今南江长池、正直一带）三县。宋神宗五年(1072年)，清化县并入化城县。木门设置郡县的历史，前后达500多年。

木门地处米仓道要冲，历来为兵家必争之地。据传，东汉建兴年间，蜀汉大将张飞、魏延在米仓道上木门一带，大败魏将张郃，留下了众多的三国遗址和传说，诉说着三国时期这里的金戈铁马、滚滚狼烟。

❶ 火箭河　现在叫金鱼河，拦水发电形成了人工湖，长6公里，碧水清澈，波光潋滟。史载，当年汉将张飞、魏延与曹魏大将张郃鏖战于木门道，布置数千人马在火箭河两岸驻守，魏兵一到，两岸“火箭”齐发，整个河谷变成了火的壕沟，魏兵大败而逃，故名“火箭河”。

❷ 延战街　为木门青龙山脚下一条小街。魏兵从火箭河败下阵来，魏延在延战街拦截与之激战，大败张郃。

❸ 得胜山、射郃坪　木门镇东，柏树河岸，立寨嘴一带，魏兵大败，溃不成军，退守到立寨嘴山腰，汉军将张郃被乱箭射死，故山称“得胜山”，坪为“射郃坪”。

❹ 五营栈　得胜山下柏树河口一带，分上营、下营、东营、西营、中营，魏延、关兴在此曾设五座兵营，以御张郃。

❺ 张飞石　木门镇杏垭村关亭子，有一巨石，张飞与魏延交战，曾立马于此石旁，故名“张飞石”，又名“石沉子”。关亭子、关圣寨乃蜀将关羽留下的遗迹。

木门山川形胜，历代广建庙宇，留下丰富的佛学文化。《木门志》载，境内有木门寺、云集寺、琉璃寺、圆山观、三圣庙等。当年，木门老街上宫庙林立，有文昌宫、禹王宫、梓橦宫、关帝庙、万寿宫、观音阁、道德祠等。

据史料记载，历代文人墨客流连于木门并多有题咏。唐代诗人郗昂被贬谪为清化县尉时，诗人李白曾题赠《送郗昂谪巴州清化》；唐太子李贤流放巴州曾在木门逗留，上官婉儿前去巴州看望太子，曾在木门留下诗作；杜甫陪西川节度使王侍御前往巴州，途经木门时曾写下《陪王侍御同登东山携酒临江》，元代蒲道远、清人石文魁等都在木门留有遗墨。

《木门山歌》《背二歌》《薅秧歌》《锣鼓草歌》《石工号子》等，木门镇中老年人张口就来。“青杠林里木兰花，只见香来不见她。几时把你找到起，捞起锄头连根挖。”木门山歌曾唱到了中央电视台的《乡村大世界》。木门锣鼓、唢呐，享誉川北。明清以来，木门盛行舞龙，黄龙、花龙、黑龙、青龙、火龙，各具特色，正月十五闹元宵烧火龙，历经数百年长盛不衰，形成了独具特色的“火龙文化”。木门竹编历史悠久，从设置郡县，此地便商贾聚集，木门竹编家具、农具即以应市，久盛不衰。

木门美食，遐迩闻名。其中木门醪糟、木门豆瓣、木门卤菜和木门“癞疙包”，并称木门四宝，它集中代表了古镇木门的饮食文化。

特别值得一提的是，1933 年 6 月 28 日，红四方面军在粉碎川北军阀田颂尧的“三路围攻”后，在木门寺召开了入川以来具有深远历史意义的军事会议——木门会议，议题除总结反“三路围攻”的经验外，还检查了红军内部的肃反问题，决定停止肃反，加强团结，为川陕苏区的巩固和发展起到极为重要的作用。会后，红四方面军于 7 月扩编，根据地迅速扩大，成为当时全国第二大苏区。

（何学元）

旺苍县嘉川镇

旺苍县嘉川镇历史悠久，是古驿道上的又一重镇。古嘉川县，旧城址在今广元市旺苍县嘉川镇附近；嘉川县在利州西 150 里，汉葭萌地；南朝宋武帝于此置宋熙郡及兴乐县（420 年）；后魏恭帝元年（554 年），改为嘉川县；隋开皇三年（583 年），罢郡存县，属利州；唐贞观六年（632 年），改属静州，十七年复属利州；元至元十四年（1277 年），并入绵谷县；明洪武四年（1371 年），复置嘉川县，属广元府管辖；明洪武二十二年（1389 年），并嘉川县入广元县。由此可知，古嘉川县从南北朝宋武帝置宋熙郡，明洪武二十二年并入广元县，先后一共存在了 969 年。

据专家考证，嘉川镇米家坝保存着距今 1300 多年历史的基本完整的唐代折冲军府——嘉川府府衙。

嘉川府府衙位于今嘉川镇石龙村八社米家坝，府衙坐北向南，由三道厅堂组成，南北长38米，东西宽28米，占地1064平方米。

衙门呈八字形，东、西墙壁由画像砖砌成，砖上图案清晰可见，有犀牛、麒麟等，做工十分精美。衙门外有一长6米、宽1.5米的甬道，甬道南头是一道巨大的照壁。衙门内有三道厅堂，前两道厅堂是穿堂，第三道厅堂是大堂。每道厅堂两旁是厢房，厢房墙壁均为特制的图案砖组合砌成。大堂之间有一个由石板铺成的天井，中间是甬道连接大堂，厅堂和甬道地面由方砖砌成，有“福”“禄”“寿”“禧”字样和日月争辉、歌舞升平等图案精美的画像砖。府衙内门窗屋檐雕刻华丽，衔条柱石上飞禽走兽，刻工精良。

整个府衙建筑布局严谨，恢宏庄严，除府衙前的照壁和第三道厅堂及杨荣生大堂被毁坏外，其余府兵制均保存完好。嘉川府府衙是古代建筑史上的杰作，它为研究唐代历史、建筑、雕刻艺术和军垦民俗文化提供了实物，是一笔不可多得的文化遗产。

（傅尹／文　付蕊／图）

旺苍县普济镇

旺苍普济镇位于广元市东部，东与南江、巴中为邻。历史上，其西部多为广元管辖，东部多属巴中管辖。普济镇，梁武帝大通六年（534年）于此置池川县，属木门郡管。

隋初罢郡后，并入伏强县。武德元年置地平县，武德六年移静州于此。唐贞观十七年（643年），废静州后划属集州（今南江）。唐永泰元年（765年），改地平县置通平县，宝历元年（825年）县废。从历史记载来看，普济镇多为县治之所在。

（傅尹）

青川县沙州镇

沙州镇历史文化悠久，早在西汉六年（前201年）就在此设置白水县，是青川县历史上著名的蜀中三关（阳平关、瞿塘关、白水关）之一的白水关（位于白龙江畔的五里垭，在白水关一带，考古学家发掘出大量文物，最早可上溯到新石器时代，其中国家一级文物吕不韦戟尤为著名）所在地。镇内交通方便，国道212线穿境而过，镇政府所在地——苟家垭距宝成铁路70公里，距青川县城所在地乔庄镇40公里。沙州镇经甘肃文县通往九寨沟300公里，在不久的将来将成为一条黄金旅游线。

境内白龙湖风景区以阴岛为中心，分为沙洲、刘家峡、龙洞峡、洛阳河、青草

■ 白龙湖

坪、景谷峡和宝珠寺七个各具特色的景区，有“沙洲日出”“碧水丹秋”“双峡环流”“黄峡探奇”“栈桥夜月”“西港飞虹”等10大景观和50多个景点。景区溶洞众多，洞中遍布石钟乳、石柱和石笋，形态各异、变化无穷，有鬼斧神工之妙、虚幻迷离之奇，让人流连忘返；景区人文古迹众多，有三国时代的古战场——白水关遗址、诸葛亮出师祁山的后勤基地“木牛流马山”、魏国勇将邓艾裹毯而下的摩天岭、偷袭江油灭蜀取道的阴平古道、北魏阴平国遗址等，置身其中，恍如身临古战场。景区山体连绵，植被繁茂多样，生活着大量的珍稀动物。

近年形成的白龙湖景区10万亩油橄榄种植基地，进一步优化了景区的生态环境，更为景区增添了亮丽的风景。2004年1月，白龙湖景区被国务院命名为国家重点风景名胜区。

（傅尹 / 文　左长周 王治 / 图）

沙州镇江边村一社老田坝新石器时期遗址

青川县姚渡镇

姚渡原名姚家渡，古名双河场，因地处白河（白龙江）和大团鱼河交汇之口而得名，是三省五县（四川青川、昭化，甘肃文县、武都，陕西宁强）接壤之地，有“鸡鸣闻三省”之称。

这里过去是白龙江上游的航运码头，客籍商号、店铺不少。上至川、陕、甘物资集散地——碧口，下至重庆，常年有数十只商船在这里停泊或装卸货物。因交通方便，附近的山货、药材、农副土特产品也常运到这里销售。每逢赶场日，商贾云集，店铺林立，人流如潮，摩肩接踵，茶坊酒肆座无虚席，曾有“小上海”之称。

姚渡究竟何时设置渡口，已经不可考了。据当地人介绍，比较明确的说法是，在民国时期一个叫作马团练的人，他控制着码头，姚渡渡口就此形成，并执行着民生和商业的航运任务。

姚渡商业的兴旺，与这里的自然地理条件有密切关系。除运输条件外，这里地处三省五县的交界地带，方圆一二百里地（不同省、县）的粮食、山货、药材等农副土特产品，都会运到这里销售。各商帮都兼营收购业务，它们将本地区的大豆、木耳、香菌、猪鬃、生丝以及邻省出产的党参、当归、大黄、黄芪、花椒等运往重庆等外地销售。民国时期的市场价格机制，是类似于无政府状态的随行就市，大商家可以随意压价，也可以哄抬物价。由于交通不便、信息不灵，地区之间的差价悬殊很大，做生意有大利可图。

民国时期姚渡商业如此兴盛，与姚渡的社会安定分不开。当时政府把姚渡商场"斗行""秤行"等纳税事务以承包的方式交由乡长杜礼堂经营，商业越是繁荣，收益越多，盈利就越大。杜礼堂以个人名义，与陕西青木川的魏辅堂、甘肃中庙的赵子厚三家组成联防组织，拥有人枪千余，强力维持一方治安，使姚渡地区奇迹般地匪患匿迹，同时还不允许在商人中派丁抓丁。由此形成良性循环，陕西，南部、南充、岳池、营山等地的大批客籍商人都相继到姚渡长期经商定居，且持续发展。

（倪维新 邱正耘 文／图）

利州区三堆镇

广元市利州区三堆镇位于广元市西北部、距广元城区 40 公里，国道 212 线横穿全境，交通优势明显；西北与青川县观音乡相连，东邻朝天区羊木镇、西北乡。

据传，三堆老街始建于三国时期，临白龙江，依山傍水而建，自然风光秀丽，全长 2.8 公里，为川北古街特色风貌，是古代商品经济高度发展的历史见证，也是我国古代城市建设中"街巷制"的典型，分布有大量的古民居、客栈、茶馆、戏楼、古石桥、古树、古庙宇、古栈道等建筑，是古驿道上的重要驿站。此处的历史建筑有魁星楼、李家茶馆、鸿济宫、三堆寺、宝珠寺、清真寺、戏楼坝、杨家院子、王家院子、纯阳楼、神仙桥、文昌宫、三清庙等，基本保存完好。连片的古建筑群中，三堆老街为老街、中街、下街、新街所串

联起来，全长2.8公里，其中老街、中街、下街始建于明代嘉靖年间，新街建于清代道光年间。三堆老街见证着古镇的繁盛与变迁，亦为古镇商埠文化复兴的主要轴线。建筑物主要为木质结构，以川北四合院落、传统石板街道、传统宫殿式结构为特色。街面为“三合土”拱形路面，现存的古街历史商铺、古院落，如赵家药铺、茧庄绸

铺、李家茶馆、秦巴核桃饼子铺、马家旅社等老字号、老商铺基本保存完好。

三堆镇地处白龙湖国家级自然风景名胜区规划区内，同时处在广元市三江新区规划区内，先后被命名为全国重点镇、四川省百镇建设试点镇，创建为四川省环境优美示范镇和四川省卫生镇。

（刘平元／文 刘志国 姜鹏飞／图）

■ 三堆镇

利州区宝轮镇

宝轮镇属四川北大门广元市利州区所辖。宝轮镇治宝轮院，镇以治地名，故名宝轮镇。镇治宝轮院为广元的卫星城市，协广元扼川北之咽喉。境内嘉陵江、白龙江、清江三江交汇。

宝轮院之名始于佛教寺庙。南北朝期间，佛教逐渐兴盛，各地纷纷修庙塑菩萨。明代前昭化县境重要的佛教寺院就有六处：天隍院、梵天院、马道院、化林院、普林院、宝轮院。

宝轮院建在今日宝轮镇之西，取释迦牟尼教义，“能息灭烦恼，摧伏怨敌，犹如转轮王转动轮宝（神化了的战车），能摧破山岳”；以及《大智度论》卷二十二，“佛转法轮，如转轮圣王转宝轮，手转宝轮，空中无碍；佛转法轮，一切世间天及人中无碍无遮”。于是取“宝轮”二字命名寺院。后来，宝轮院又逐渐由佛教寺庙名演变为地名。

唐诗《阙题》曰，“道由白云尽，春与清溪长。时有落花至，远随流水香”，是宝轮的真实写照！清乾隆丙午年（1786年），《昭化县志》主要有四处记有“宝轮院”：一处是作为辖区，一处是作为寺院，一处是作为场集，一处是作为道路。之后，清道光《重修昭化县志》、清咸丰《广元县志》又都有“宝轮院”的类似记载，证明宝轮院历史悠久。

寺庙宝轮院虽然毁残于战争与洪水，但宝轮院的地名却一直流传下来，直到今日在宝轮院建宝轮镇。古时宝轮镇处于从中原入蜀的“汉晋驿道上”，交通便利，人口集中。《广元县志》将镇治宝轮院定为春秋战国时的“巴蜀人文村落”，春秋战国时为“苴人”聚集地。又因北邻秦，南为蜀，故宝轮院能融中原文化与巴蜀文化于一体，大到政治、经济，小到人际、生产，都在宝轮院相互交织，互为补充，促进了宝轮地方的经济、文化发达，农业、手工业兴旺。南北朝之后，从中原入蜀的主道逐渐由白龙江河谷道衍变为嘉陵江山脊道，宝轮院没有交通的带动，只能为兴盛的佛教文化所代替。

巴人文化、苴国文化、三国文化、红军文化，以及民俗、农耕、佛教等文化在宝轮镇都有丰富的内涵。

（孙先成）

利州区赤化镇

利州区赤化镇以曾建立赤化县苏维埃而取名，镇驻地为白田坝。白田坝因地处清江河岸的冲击平坝，因多囤水田、远视白亮一片而得名。赤化镇位于广元市利州区西（南）部，距广元城区35公里，清江河下游，东南与元坝区的大朝乡为界，东北与宝轮镇毗邻，西北与白朝乡接壤、西南与剑阁县下寺镇（沙溪坝）相接。

赤化镇在东晋末、刘宋初时，曾在白田坝置益昌县。清代属清和里，辖白田坝、张公岭二堡。民国初属宝轮团区。1935年红四方面军建赤化县景家、曹家坝二乡苏维埃。同年红军北上后，属宝轮联保处。赤化县苏维埃是川陕革命根据地广元苏区三个县级苏维埃政权之一，1935年初，由红三十一军所部进入白田坝（今利州区赤化镇）建立。

建立虽晚，时间也不太长，但和其他县苏维埃政权一样，赤化县进行了基层政权建设、武装斗争和打土豪分田地，建立县、区、乡、村四级苏维埃78个。其中，县苏1个、区苏2个、乡苏16个、村苏59个。苏区面积达1504平方公里。培育各级苏维埃干部383人，其中县级5人，区级11人，乡级118人，村级245人。成立了赤化县游击大队、赤卫队、少先队和儿童团等自卫武装组织。

在开展打土豪分田地的斗争中，没收了曹家乡地主李兴财、罗家乡地主韩仁品的粮食2万斤、棉布10匹、铜圆一背篼，送给红军。同时，积极组织动员群众参军扩红，有784人参加红军。

赤化县苏维埃不仅旧址依然如故，还遗留下诸多红色文物和红色记忆。如青江村曹家祠堂的红三十一军医院、青江村村口的红军井、青江村的红军树、红军錾刻的19条永久性标语，其中“坚决赤化陕甘川”与众不同，具有特殊意义和深刻内涵，是赤化县苏维埃留给人们的一项重要红色文物。

（刘平元／文　刘志国／图）

■ 青川县两河村

第三章

古村寨

概述

从2013年起，古村寨被定义为中国传统村落，又名古村落，是指民国以前建村，建筑环境、建筑风貌、村落选址未有大的变动，具有独特民俗民风，虽经历久远年代，但至今仍为人们服务的村落。入选中国传统村落名录的古村寨，如果要进行保护开发，必须编制保护规划，同时相关规划要经过国家部委级机构的审查。这个规划核心内容之一，就是控制过度开发，包括控制商业开发的面积和规模，禁止将生活街区改成商业街，不允许搬迁全部村民、将传统村落建成“博物馆”等开发行为。根据之前的报道，2014—2016年，中央财政按平均每村300万元的标准，提供专项补助资金支持中国传统村落保护。资金补助主要用于传统建筑和历史遗迹保护性修缮、建筑防灾减灾、环境综合整治，以及污水垃圾等基础设施和公用设施建设，整体保护和改善传统村落的历史遗存和人居环境。

根据广元市城乡规划建设和住房保障局提供的广元首批市级历史文化村镇街区古村名单来看，广元主要的古村寨有苍溪县浙水乡三台村，苍溪县东青镇东兴村，苍溪县永宁镇桃花村，剑阁县羊岭镇钟鼓村，剑阁县店子乡联盟村，昭化区梅树乡梅岭村，昭化区柏林沟镇向阳村，昭化区柳桥乡平乐寺村，昭化区昭化镇城关村，昭化区张家乡刘庄村，利州区金洞乡清河村，朝天区麻柳乡石板村，朝天区麻柳乡复兴村，朝天区麻柳乡四坪村，朝天区曾家镇石鹰村，朝天区李家乡老林村，朝天区青林乡永宁寨，朝天区青林乡、转斗乡、中子镇接合部的凤凰寨，朝天区麻柳乡漫天寨等。其中，在国家前四批已经公布公示入选中国传统村落名录中，广元有10个，即第二批的元坝区（2013年3月更名为昭化区）柏林沟镇向阳村、朝天区麻柳乡石板村，第三批的昭化区昭化镇城关村、朝天区曾家镇石鹰村，2016年11月公示的第四批的旺苍县东河镇东郊村、旺苍县福庆乡农经村、旺苍县化龙乡石川村、旺苍县化龙乡亭子村、青川县观音店乡两河村、剑阁县秀钟乡青岭村。

这里，重点对在广元历史上产生影响而至今留有痕迹、名气依然的古村寨做一重点介绍。

为促进传统村落的保护和发展，住房和城乡建设部、文化部、财政部于2012年组织开展了全国第一次传统村落摸底调查，在各地初步评价推荐的基础上，经传统村落保护和发展专家委员会评审认定并公示，确定了第一批共646个具有重要保护价值的村落列入中国传统村落名录。同时，为指导地方做好相关工作，住房和城乡建设部、文化部、财政部印发了《关于加强传统村落保护发展工作的指导意见》，意见要求各地对已登记的传统村落进行补充调查，完善村落信息档案，根据《传统村落评价认定指标体系（试行）》，建立地方传统村落名录。各级传统村落必须编制保护发展规划，确定保护对象及其保护措施。

2013年8月6日，住房和城乡建设部发通知公示第二批中国传统村落名录，包括北京市门头沟区斋堂镇马栏村、北京市昌平区流村镇长峪城村、密云县新城子镇吉家营等915个村落名列其中。2014年11月17日，住房和城乡建设部等七部发通知，公示入选第三批中国传统村落名录的994个村落。2016年12月9日，住房和城乡建设部等七部发通知，公示第四批入选中国传统村落名录的1598个村落。

广元市入选的有2013年8月第二批公布的元坝区柏林沟镇向阳村、朝天区麻柳乡石板村，有2016年1月第三批公布的昭化区昭化镇城关村、朝天区曾家镇石鹰村，2017年1月第四批公布的旺苍县东河镇东郊村、旺苍县福庆乡农经村、旺苍县化龙乡石川村、旺苍县化龙乡亭子村、青川县观音店乡两河村、剑阁县秀钟乡青岭村。

（傅尹）

昭化区柏林沟镇向阳村

2013年8月第二批公布为中国传统村落。向阳村位于柏林沟镇正北面，金谷包山下，辖10个社，432户，1372人，面积为8.44平方公里，现有耕地1484亩。向阳一社为场镇和镇政府所在地，古蜀道穿村而过。村内古街、古树、古庙、古碑、古墓均有分布，其中魁星街、广善寺远近闻名。魁星街一旁的高坡上，巍然屹立着三株拥有千年历史的古黄梁树，高大挺拔，枝叶繁茂，成为鸦雀候鸟的栖息天堂。

街南端岚溪湖面上的古岚桥是村民南下苍、阆的必经之地，该桥始建于明代，初为大孔石平桥，于清乾隆年间遭洪水破坏，之后于乾隆五十年间，由当地做好事的一批能人募捐重修一座三孔石拱桥，被称为善心桥。

在距离柏林沟场镇约5公里的古蜀道上，几处石咀上的岩石形成几个石圈，过去有人在此开店，歇宿客商和骡马，清乾隆二年，县在此设铺司名歇马铺，村民取名为石圈子。另在向阳村陶家拐山嘴和城隍庙山上，利用小崖石壁雕刻有释迦牟尼

佛、弥勒佛、观世音等数尊佛像，分别被称为上佛爷崖和下佛爷崖。

向阳村落建筑以川北民居为主，采用全木、土木、土石结构。

魁星街

柏林沟镇魁星街至今古风犹存，古建民居保存完好，堪称川北民居之标本，街道两旁穿斗结构的古建依旧，有着明清民国不同时代的风格。

魁星街依山傍水，呈丁字形展开，现存古街 240 余米，街道宽 2 米，青石板铺成。蜀道南北驿路穿街而过。古街西南朝向，临水而建，倚山起势，步步登高，多为明清至今不同时期的建筑，民居以木架结构、土木结构、木石结构为主。青石板街道连接着场镇首尾，呈阶梯状显现高低错落，有楼有院，粉墙青瓦，飞檐翘脊，曲径通幽。木刻、砖雕、石雕古朴典雅，栩栩如生，堪称川北明清建筑的上乘之作。

古镇明清古建筑群文化底蕴深厚，为研究明清社会、思想、文化、民俗风情等提供了实证。柱由雕刻精美的石墩托住，檐有祥兽异禽相护，门有单双区别，大户人家双门拱立，普通农户单门独院，风格迥异，有简有繁。与其他地方不同的是，在民居的第一个天井的过厅里，立有四根柱子，柱子上面擎盖着双重屋顶，屋顶飞檐翘脊，雕梁画栋，颇具特色。

魁星街曾经是柏林（沟）驿所在地。宋末元初的四十多年时间里，蒙宋双方为争夺四川，沿金牛道反复厮杀，从汉中入川到成都的古驿道尽毁于兵火，《广元府记》碑载："利州以西浸为榛莽。"这期间，柏林（沟）驿也曾驻扎过宋朝军队。从元初到明末的近三百年时间里，国家的官驿大道改走：广元问津驿—龙潭驿—圆山驿—昭化柏林（沟）驿—施店驿—苍溪槐树驿—阆中锦屏驿……而后去成都。直到明朝崇祯初年，官驿大道又改走剑门关一线，柏林沟驿又被冷落。

在传统的川剧中，有一则脍炙人口的剧目叫《岚桥会》，戏中不亚于《魂断蓝桥》的爱情故事，就取材于魁星街旁岚溪桥上的一则爱情故事。相传明代利州卫指挥史魏铎之子魏奎元在当时的黎山书院攻书，回家途经岚桥，与一姓兰的担水村姑相遇，一见钟情，相约次日三更在岚桥再次相会。不料，三更时雷雨交加，等候在桥上的魏公子被突如其来的山洪卷走。望着在洪水中消失的魏公子，兰小姐悲痛欲绝，跟着跳河殉情。后两人化为一对锦鸡，双飞双栖，常在岚溪出没，于是就有了川剧《岚桥会》。如今，古岚桥已沉入柏林湖底，被一座现代化的大桥所代替，只有枯水季节方能一睹真迹，但魏公子与兰小姐悲壮的爱情故事，却永远不会消失。

古墓也是魁星街一带的特色。境内古墓，传说有蜀汉汉寿亭侯关兴之墓；明正德年间的礼部尚书谭懋和也在礼部供过职的儿子谭龙，在这里同祠而祀；传说为东晋首辅的郑处士卖掉了官爵，卖掉了名号，死后葬于这世外桃源内；这里还有明洪武年间武进士魏铎之墓……

说到古墓，不能不提到古街头处的一处清代双人合葬墓。墓碑上的雕刻分为好几个层次，两边是镂空的浮雕，雕刻大多是戏文里的场面。雕刻刀法细腻，线条流畅，人物形象生动，其中一个裸乳的妇女呼唤灯下苦读丈夫休息的画面，教育后人传宗接代的良苦用心不言而喻，既大胆，又反映出不孝有三、无后为大的封建思想。

（傅尹 / 文　刘文龙　傅尹 / 图）

昭化区昭化镇城关村

2016 年 1 月第三批入选中国传统村落。昭化镇城关村位于昭化古城，北面靠山，三面环水。城关村两个传统村落都位于河谷平坝，东西较高，溪沟遍布，山林茂密，山脉逶迤至嘉陵江边。位于城关村二组的桔柏渡老街，选址于古城城墙外围，是古城的延伸，也是古城主景区的门户区域。村落依附古城发展，选址也与古城格局相关。位于城关村七组的水桶坝村落，是一处典型的山区河谷区域，整个村落坐南朝北，背靠笔架山，面对嘉陵江，顺等高线沿嘉陵江呈带状分布。

城关村的桔柏渡老街的形成分三个阶段。第一阶段，从三国至明末，昭化均是古金牛道上的郡县所在地，属于军事重镇，桔柏渡老街就是随着古城扩大而形成；第二阶段，清朝时期，由于桔柏渡是嘉陵江上的重要渡口，为方便贸易，村民沿古渡修建房屋，村落向渡口延伸；第三阶段，民国时期，外来人口渐渐增多，村落向南北方向扩张。水桶坝片区，第一阶段从明代中期到清末，由山东迁于此地的贾氏祖先在此生活繁衍，聚族而居，形成村落；第二阶段，贾氏家族人口逐渐增多，村落向南发展，并在村落南侧山腰上建思远亭，举行祭祖仪式，纪念先辈；第三阶段，随着经济发展，村落人口增加，村落呈带状延伸。

桔柏渡老街建筑呈横向分布，并顺城墙纵向延伸，出现两种模式。由城墙至桔柏渡老街东街口，建筑呈现喇叭口分布形态。古城对村落布局影响较大。村落内主街道是古城干道太守街的东侧延伸，呈东西向，而巷道基本呈南北向，构建了村落内的纵向交通体系。水桶坝则是结合地势，顺势分布，形成了山—建筑—田—水的完整空间格局。

桔柏渡老街地处川陕咽喉，历史上陕西移民较多，故民居兼有北方民居矮檐厚墙、窄院天井的特色。又因嘉陵江山水气候湿热，也有川北民居的普遍特点，即外封闭、内敞开、大出檐、小天井、高勒角、冷摊瓦等。水桶坝古村落则沿山而行，顺江而建，随弯就弯，筑台为基，吊脚楼，随坡就势，就地取材，因材设计，一律穿斗木结构、小青瓦屋面、八字门头、木雕花窗、青石板铺街，形成具有南北建筑文化风格、布局严谨而又独具特色的川北乡土聚落景观。综合而言，城关村村落民居特色是屋头出角，八字门头；立架垂柱，青础木柱；门扉窗棂，插拱牛腿；天井院落，三面围廊；雕琢精良，图饰古朴；大宅幽雅，小院清秀，是川北保存完整的汉民族历史古村。

城关村历史底蕴深厚，表现突出，内容丰富，历史展示性和感召力极强，明代年间修建的益合堂及水桶坝的思远亭便是其历史价值的体现。周文化、战国文化、三国文化、民俗文化、宗族文化等绚丽多彩的传统文化呈现活态传承，反映着当地经济、社会、文化发展的历史，表达着民间情感、生活理念和文化传统。城关村的建筑和装饰精细、考究，具有川北民居的风格特点。从构架、梁、柱、斗拱等大木装修到窗、樘板、地板与楼面等小木装修，都反映了不同时代的艺术价值。

总之，城关村两个村落特色鲜明，物质文化丰富，历史文化沉淀深厚，村落形态格局、村落风貌保存完整，可谓川北古村落的代表。

（傅尹）

朝天区麻柳乡石板村

2013 年 8 月第二批入选中国传统村落。石板村位于麻柳乡的西北方，东与四坪村相接，南与利州区大石镇高坡村接壤，西与利州区工农镇三棵村毗邻，北与鱼洞乡石卡村交界，共辖 6 个村民小组，182 户，765 人，现有耕地 1500 亩，林地近 6000 亩。石板村是国家非物质文化遗产麻柳刺绣传承地，村内有庙宇、历史战斗遗址、徐向前指挥战斗遗址。村落中多为四合院式院落，村民基本沿袭传统生活方式。民居以绣楼、吊脚楼为特色，体现川北民居风格。

石板村历史文化悠久，是白羊古栈道上的重要站点。宋元时期，战乱中有甘南羌民移民至此，至今石板村一带还保留着羌民生活习俗的影子，从麻柳刺绣中还可以看出少数民族的艺术风格。

石板村形成于 1914 年，当时的保长王东平为了在石板上建街兴场，用石板铺成了近百米长的街道，但因此处属于交通要道，不适宜贸易，场镇终未形成，石板之名却保持至今。1933 年，成立联合乡苏维埃，政府就设在石板上的王东平家。1951 年，石板村属复兴乡管辖，后合并为麻柳乡，村名石板村。

石板村具有丰富的历史文化与深厚的乡土文化积淀。白羊栈道穿村而过，留下了许多历史文化痕迹。川陕苏区时期，红四方面军在石板村建立了苏维埃。据考证，1935 年 1 月，徐向前总指挥在这里的邹家堂屋召开军事会议，使得此地红色文化厚重。石板村天师山顶的洪督观，是当地著名的道观，影响较大。

石板村的建筑很有特色，装饰精细、考究，具有川北民居的风格特点，有较高的艺术价值。从构架、梁、柱、斗拱等大木装修到窗、樘板、地板与楼面等小木装修，反映了不同时代的建筑风格与特色。石板村一直保持着近缘聚居，世世代代将村庄建设与自然环境浑然一体，蕴含科学的生存观，值得分析探究。

石板村作为国家非物质文化遗产——麻柳刺绣的传承地之一，对麻柳刺绣的传承功不可没。刺绣是本地妇女擅长和必备的本领。女孩到六七岁时，便开始学刺绣。等到出嫁时，大多能飞针走线，成为麻柳刺绣高手。麻柳鞋垫、帐帘、枕套、围腰、袖套、手帕、花鞋、笔袋等是麻柳刺绣的主要艺术产品。所绣图案，或为爱情幸福，或为吉祥如意，或为勤劳勇敢，或为耕种打猎，或为娱乐舞蹈，或为花、草、鱼、鸟等，构思巧妙独到，线条粗犷又不失细腻，具有浓郁的生活气息，色调鲜明，对比强烈，针线绵密，享誉海内外。

（傅尹）

朝天区曾家镇石鹰村

2016 年 1 月，第三批入选中国传统村落。朝天区曾家镇石鹰村地处广元市东北部，海拔在 1000—1400 米。山脉大致为东西排列，南北走向。地势崎岖，起伏不平，群山交错，形成谷底和洼地。村域境内主要有大梁山、青龙山，与朝天区临溪乡接壤的毛嘴山、牛头

■ 石笋坪石鹰峰

山、川洞庵至五通沟的寨子岩山。

石鹰村有许多传说故事。牛头山，山上原有石牛，连接秦岭山脉，新中国成立后“破四旧”时期，石牛被损坏，近10年以来又生成一个石牛头。境内青龙岩上有座庙，每年的三月三庙会，香火十分旺盛。毛嘴山，位于石鹰村一、二组交界处，山中有直径1.2米的青冈树一棵，树冠20米，树高20米，其形状像伞，当地百姓称为神树，现在还活着。

石鹰村现存有不少文物古迹，亦拥有享誉国内的风景名胜。如三组的三青庙、川洞庵的川祖庙、老寨子张成军家老堂屋的木质雕刻，还存有清朝道光八年和光绪年间的古墓、宗旨碑、指路碑、逝者金库碑等。

风景名胜有石鹰村三组的国家4A级景区曾家山风景区石笋坪，石笋坪有10余座石笋峰矗立入云，其中石鹰峰峰顶一石状似老鹰，有“巨型石芽”，石笋后山之峭壁奇形怪状，颇为壮观。石鹰村也因石笋坪的石笋顶上有石头老鹰而得名。

村落中的民俗文化主要有锣鼓、唢呐、傩戏、刺绣等。石鹰村的川北乡风民俗浓郁，生产仍是传统方式，种地靠铁铧木犁和黄牛，种植收获靠人力，肩挑背驮；吃的主食有豆花米珍稀饭、苞谷米干饭、腌腊肉、玉米酒；穿的是粗布满大襟、超腰裤；主要乡风民俗有说书唱山歌、杀年猪吃刨汤、薅草锣鼓，迎亲嫁娶骑马坐轿、修房理屋上庄酒、生儿育女满月酒等。

住房多为土木结构的尺子拐、撮箕口、四合院房子，主要特征为人字脊、小青瓦、川斗架、封檐条、吊脚楼、走马转角楼、美人靠、白粉墙、木楼木窗木门面，家具全为实木，或彩绘，或雕琢。

石鹰村已被纳入曾家山旅游景区景点规划，曾家镇控制性乡村规划、新农村建设规划已逐步实施。产业规划将石笋坪确定为蔬菜规划观光体验园，村落被列入干果产业发展重点规划区。

（傅尹／文　赵辉／图）

旺苍县东河镇东郊村

2017年1月第四批入选中国传统村落。以“中国红军城”为核心的东郊村，位于旺苍县东河镇中南部，隶属于广元市旺苍县。该村西起东河，东至南峰村，南接南峰山，北到广普铁路，面积为5平方公里。村内有两条河流，分别为黄洋河和东河。其中自东向西的黄洋河在这里汇入源远流长的东河，贯穿全境，向西流去。东郊村为红色文化旅游重镇，其主导产业为红色文化旅游。

东郊村形成于清代，20世纪30年代初，这里是川陕革命根据地后期中心所在地。新中国成立后，城区建为城关公社（后改为洪江镇），城郊建为东风区（后改为五峰区）。1992年撤区并乡时由原洪江镇、五峰区所辖百丈、五峰、南阳等乡合并为东河镇。东郊村则为该镇重要部分，而中国红军城就处在该村的核心地带。1992年，旺苍县人民政府将红军城旧址群公布为县级文物保护单位；1993年，四川省人民政府

将红军城旧址群公布为省级历史文化名城；1994 年，红军城旧址群被旺苍县人民政府确定为青少年爱国主义教育基地；1999 年，旺苍县人民政府利用原红四方面军新剧团遗址，开办了“红军城史迹陈列馆”，并申报为四川省爱国主义教育基地；2002 年，旺苍红军城旧址群被命名为四川省文物保护单位。

东郊村风貌别具一格，其山、水、林融为一体，自成风格，有着厚重的历史文化底蕴和丰富的红色旅游资源，有着 1600 多年的历史。现存房屋为清末民初时期的建筑，穿斗结构，一楼一底，青瓦屋面，四合院套着四合院。街面青石铺就，庙宇祠堂繁多。经历了漫长红色历史文化的洗礼，村内中国红军城遗址上，文昌宫、清江书院、徐向前驻地旧址、上清宫、红城书院、财神庙等若干富有浓厚川北民居风格的古老建筑，保存完好。

（柏汉华 / 文　付蕊 / 图）

旺苍县福庆乡农经村

2017 年 1 月第四批公布为中国传统村落。农经村地处旺苍县福庆乡场镇。农经村以石家书院、文家大院、贞节牌坊而闻名。村内有伏溪河，从西北至东南穿过。全村森林覆盖率约为 90%，村内植被种类多，珍贵木材及优质树林主要有银杏、柏树、松树、樟木、椿树、桤木、斑竹等。村内动物以野猴、野猪、青麂、獐子、刺猬居多。

农经村村落选址与其整体山水格局、周边地形地貌息息相关。具体表现为农经村四周环山，老百姓为方便耕作和互通有无，傍伏溪河而居。该村地形是一个“两神”镇守之地，前有观音庙，后有立禅寺，环抱农经村的山脉似金钟，当地认为这里是块风水宝地，老百姓纷纷迁移到此。世世代代的变迁，就形成了如今农经村依山傍水的格局。

农经村在新中国成立前属于福庆乡“第一堡”管辖，东南与明星村的仰天窝、坟坪子接界，西北与红光、光辉村的流溪口，天星乡的坟垭、董家山、麻柳垭等地接界。新中国成立后，该大队因地处祝园河坝而取名为祝园大队。1982 年地名普查，因名称重复取名为农经村。

民居呈大写的七字形，沿伏溪河分布，以3—5户为一个院落，院落间相隔100—300米，在平坦缓坡之地分布较为集中。传统民居废弃较少，居住使用率高，保存较为完整。大部分民居房屋粉墙、青瓦，以穿斗排列构造为主。房梁和窗棂大多雕有精美图案，寓意深刻，如“五福临门”“喜上眉梢”等。院落布局合理，主次院落层次分明，建筑风格独特，结构严谨，古旧朴实。

民居建筑的文化内涵在于世代相袭、聚族而居，生活形态呈血缘和睦的家族关系。亲情观念重，讲孝顺、好谊交、重然诺、守信义、讲互助，传统道德意识浓厚。其中，重要而有特色的建筑有：

❶ 贞节牌坊 （详见第180页）

❷ 观音庙宇　清朝嘉庆年间修建，坐落于牌坊坝，大约占地100平方米。在“文革”的“破四旧”过程中，毁坏较为严重。经后人修缮，现还有约20平方米。庙中供有一尊观音菩萨像，在当地的知名度很高，过年过节，香火很旺。

❸ 石家大院 （详见第254页）

❹ 马家、冉家院子　修建于民国初期，具有川北民居的修建特点，小青瓦、人字水、吊脚楼、全木结构，一楼喂养牲畜，二楼居住，至今保存完好。

❺ 立禅寺　位于四坡上顶，建于乾隆十二年，寺内有一个正殿，殿中一尊大佛神像约高一丈二，大佛神像两侧的十八罗汉各具神态，寺院内的四壁和天花板上画满了唐朝的古戏、《封神演义》和《三国演义》的戏剧场景。大佛神像座前有雕刻精巧的石刻香炉一个，殿内同样有大钟大鼓，寺外四棵古柏参天。可惜“文革”中因破除迷信，建筑神像全被毁坏，现只剩四棵大柏树屹立在那里。

农经村的民俗文化也是丰富多彩。端公戏历史悠久，现在能追溯到的是1870年，当时的端公戏规模小，只有一两人参加，后来发展到一班端公戏有一二十人，主要以吹、打、唱等方式进行。表演多以祭祀或祈福所用，表达人们对生活的美好愿景。目前农经村还有大约20人会表演这种端公戏，其中土地脸子、龙神脸子、二郎脸子、七星宝剑、私刀、令牌、牌盒、官符、神鞭、令旗、案子等一直传承。再就是山歌，农经村的山歌曲调属川北风味，内容很接地气，地方特色浓厚，如“爹爹妈妈心不平，把我安在邓家坪。苞谷米儿都不出，洋芋果儿哽死人”。

（傅尹）

旺苍县化龙乡石川村

2017年1月，第四批公布为中国传统村落。旺苍县化龙乡石川村东临旺苍县木门镇农科村，西接化龙乡长乐村，南与化龙乡亭子村接壤，北与化龙乡长乐村相连。面积为5.5平方公里，辖4个农业合作社，461户，1538人。该村属四川北部盆地外围山地区，处米仓山山麓。山地地形，三面环山一面环水，亚热带季风性湿润气候，四季分明，气候温和，水文条件较好，牛角院河从西北至东南由村落旁穿过。

石川村形成时间，据杜氏钟嘴祠碑记载："兄弟分袂，打锅为记，自明世居于此。"又据木门镇农科村杜氏祠堂嘴祠《宗支普》载："我杜氏发源于木林窝（亦称木窝、木窝子），姓无二姓，锅无二锅，询以宗器皆我杜氏之孙也。"可见，村落始于明代，多建于清代。村落建筑是典型的川北民居穿斗结构，年代久远，多有破损。时至今日，石川村仍然有大部分传统建筑，组成了现在的传统建筑村落群。

石川村明清建筑现仅存36套，房屋大部分变形。明清时期至20世纪80年代的建筑保存较完好。民居建筑大多为人字水、青瓦屋顶、穿斗木架构、撮箕口、直排扇、钥匙头，坐北朝南，以中间堂屋为轴线，左右对称，有面阔三间或五间的。堂屋左右为正房，挨正房为转角，小转角称巴壁转，大转角称洪门转。三合院或四合院的左右直下两竖列称厢房；东西厢房各以小堂屋为中心，讲究对称排列，即厢房挨转角一间称小二间；再下为小堂屋，又称横堂屋；再下又称小二间。四合面（亦称四水归堂）靠下小二间又是转角，挨下转角一间称下小堂屋，中间便是大门和过廊。

川东北民居的房前都有阶沿，堂屋正前的阶沿称大阶沿，一般都有北水柱，面阔三间的为两柱，面阔五间的为四柱。阶沿是居民休闲、聊天、议农事、下地收工临时放农具、雨天晾晒和堆码粮食的重要场所。民居建筑对阶沿特别重视，其宽窄不等，一般3—4米，都可逢事设席。阶沿的材质不一，但多以石料采用水磨工艺拼砌。厢房前为小阶沿，宽窄不定。阶沿外的院坝，多用长方形石板拼铺而成，院坝中间以堂屋朝向为中轴线铺设甬道。甬道的石板长宽一致，以“生老病死苦”五字依序为数，从甬道的第一张石板数起，其最后一张石板要落在“生”字上。

石川村民居建筑彰显传统村落的文化内涵。大部分传统民居住房坐西北朝东南，重视风水，顺应天然，又不拘泥于形式。格局依山就势，自然飘逸，整体风格与地形地貌、自然环境和谐统一，体现出建筑风格与人文融合的环境观和生态观。建筑文物最具特色的，除列入四川省文物保护单位的杜家祠堂外，还有其他几处：

❶ 结缘寺　结缘寺位于石川村一社，始建于明末清初，原占地面积为500平方米，历来香火旺盛，在“大跃进”期间被大火烧毁，后于20世纪80年代由本村村民杜长城化缘组织重建，如今寺庙占地面积为150平方米。

❷ 杜胜故居　杜胜，明朝南江清化（今旺苍县化龙乡石川村三社）人，生卒年不详。据《南江县志》下卷《杂记》云：“明威烈将军杜公名胜，墓在禹门场，墓侧里许有杜氏祠堂。将军事迹无考，唯存铜锏兵器，上刻‘杜胜’二字，以此知为将军故物。”史载虽略，但确是史实。杜胜墓至今尚存，杜胜将军旧居至今尚在。故居位于石川村三社，修建于明代，坐北朝南，至今有700多年的历史，四合院结构。其格局为四面建有房屋，通常由正房、东西厢房和倒座房组成，从四面将庭院合围在中间，龙门口为过道直至四合院中，厢房设有审案案庭，东厢房有用石条砌成的银库，至今保存完好。整座四合院占地面积约有800平方米，保存十分完好，为研究川北民居建筑提供了一个典型的样本。

❸ 杜家钟嘴墓群　墓群石碑300余座，占地80余亩，甚为壮观。其中有建于明永乐二年的古墓12座，1992年已列入县级文物保护单位。

❹ 白石岩蛮人洞　是人工开凿的岩洞，三层，分天洞、中洞、地洞。洞中有水，总面积约800平方米，工程浩大，据石刻文献记载：“建于南宋嘉定四年（1212年）十月。”为防御元朝军队，便将之造成一夫当关、万夫莫开的坚固堡垒。如此大规模

的古迹岩洞甚为罕见，对研究古代建筑文化具有较高的考古价值。

石川村的民俗文化丰富多彩。有从事劳动生产期间唱的劳动歌如《薅秧歌》《打夯歌》《采茶歌》等，拥有巴山民歌特有的曲调。村内尚存一工具，叫檫子，用于加工大米。檫子是用木头制成，分上下两层，中间是硬木头做齿，其基本原理与磨子相似。程序是先檫，后碾，再风净，最后用竹筛筛过，方可食用。村中篾编，也是很罕见的生活用品。

石川村盛产竹子，篾编也就成了生活里不可或缺的组成部分。篾编除了供生产生活使用外，还成为手艺人增加家庭收入的途径。篾编主要分为：晒粮食所用的垫子、挡席、撮箕、簸箕、凉席、背篓、提篮等。随着时代的变迁，篾编渐渐淡出历史舞台。但在石川村，老人还继续着蔑编这项古老的传承，编织着他们浓浓的乡愁。

（柏汉华／文　资料图片）

旺苍县化龙乡亭子村

一个乡有两个村入选中国传统村落的，全国无二，旺苍县化龙乡即得此殊荣——除石川村外，另一个村亭子村也在第四批名列。亭子村位于化龙乡东南部，东临木门镇元坝和茶园两村，西接本乡化龙村，南与九龙乡首石和印斗村接壤，北与石川村相连。面积为 4.6 平方公里，辖 10 个村民小组，366 户，1167 人。

亭子村始于明代，续建于清代，有明清建筑 25 套，属典型的川北民居，木质结构，年代久远，多有破损。民国时期至 20 世纪 80 年代，建筑风貌发生变化，穿斗结构，同时以土墙为主，人字顶，屋顶有脊上跑瓦、檐边跑马的说法。亭子村得名源于当地的望族王家。

据王氏族谱记载，当时的贡生王世美，人称王贡爷，于清朝末年组织修建了穿心店至现在亭子塝的石板路、石板桥、字库、亭子等建筑物。

据说，当时穿心店河下有一自然形成的形似石船的巨石，王世美认为这是一尊风水石，因此所修路桥意为纤绳、亭子意为系船桩，将船牢牢地拴住和牵引，意即财源广进、人才辈出。亭子村也因此得名至今。

亭子村民居的建筑结构为四合院、撮箕口、钥匙头、吊脚楼等。大多为人字水、青瓦屋顶，有土墙、穿斗、木质三种结构，坐北朝南。以中间堂屋为轴线，左右对称，有三间或多间的。堂屋左右正房，挨正房的为转角。撮箕口或四合院的左右直下两竖列称厢房，东西厢房各以小堂屋为中心，讲究对称排列，即厢房挨转角一间称小二间，再下为小堂屋，又称横堂屋，再下又称小二间。四合面（亦称四水归堂）靠下小二间又是转角，挨下转角一间称下小堂屋，中间便是大门和过廊。最有名的是王家祠堂（见第324页），其他有特色的建筑也不少。

❶ 化龙垭庙子（化龙观） 湖广移民王文学，先插占化龙垭，于清顺治二年冬将化龙垭的庙子从葛麻藤和荆棘中砍出来。清乾隆十年，由吴正榜培修成四合院木质结构，内立石字库、漆塑神像。正殿大门上的匾语为“圣武神威”四个金光闪烁的大字。庙前的小山上有座石庙，名曰蚕丝庙，虽久经沧桑，但保存完整。庙之周围，有古柏31株，枝高干老，树龄逾千年，直径一米有余，于2010年3月列为县级文物保护单位。

❷ 吴家老屋 吴家老屋位于化龙垭吴家梁，修建于清朝乾隆年间，为木质穿斗结构、雕刻精美的四合院。建筑风格独特，雕梁画柱，栩栩如生，古老而典雅。其主建筑为正房三间，中间为正殿，殿内悬挂三幅牌匾，分别是“含醇葆光”（保宁府赠）、“豪爽正气”（南江县令赠）、“刚正延年”（巴中县令赠）。两边为正房，两侧有厢房三间。前面设有楼门口，现有六户居民居住。

❸ 王家老屋 王家老屋位于亭子村三社老屋塝，修建于乾隆年间，为木质结构、建筑精美的四合院。有正房三间，窗户套有卍字格，青瓦屋面。正房内有地楼，两侧为厢房各两间，前面设有楼门口。现有三户居民居住。

❹ 蛮人洞 位于亭子村三社洞子岩的绝壁上，在岩下仰望，只见洞口有俩，东南方向各一个，相距15米。洞口2米见方，洞深4余米，且两洞相通，洞内高2米，宽15米，据传为清朝光绪年间凿建，用于防匪避难。

❺ 王文学家族墓群 古墓位于亭子村三社老坟包，建于清朝道光年间，建筑面积为120平方米。主墓是王文学夫妇的墓碑，碑高4米，宽5米。两座碑中柱相连，碑身刻有对联，碑门刻有龙狮图像，碑柱浮雕精美。碑前建有四柱顶帽的碑亭，碑柱上雕刻有双龙抱柱、祥云等图案。碑文用楷书撰写，对其墓碑主人生前的奇闻逸事做了记载。碑亭前有香炉，整个主墓造型犹如四合院。整个古墓群雄伟独特，做工精细，堪称一流。

❻ 古桥 位于村落东部出口，建于清朝光绪年间，整座桥长15米，宽4米，拱桥造型，桥面用0.4米的石板铺砌而成。2007年，部分桥面石板断裂，被洪水冲走，现用混凝土加固桥面。

❼ 石梯路 该石梯位于亭子村三社，有550步台阶，建于清朝光绪年间。石板路至今保存完好，仍然是本村主要道路。

（柏汉华）

青川县观音店乡两河村

2017年1月，国家公布两河村为第四批传统村落。一片典型的青瓦木屋类建筑，这么集中，这么成片，像北方的村庄，像云贵高原的山寨，但在川北地区少有。房屋布局不是那么规则，依山势地理而定，随意之中，有街的架势，有巷的走势，自然而成，体现出了自然与人文融合的和谐环境观和生态观。

这里的民居建筑式样与传统的川北式样差不多，20多栋建筑，有一字形、尺子拐、撮箕口、四合院、吊脚楼等。其建筑结构，大多为人字顶、青瓦屋顶、穿斗木架构，坐东朝西，以中间堂屋为轴线，左右对称，有面阔三间或五间的。堂屋左右为正房，挨正房为转角，小转角称巴壁转，大转角称洪门转。撮箕口或四合院的左右直下两竖列称厢房，东西厢房各以小堂屋为中心，讲究对称排列，即厢房挨转角一间称小二间，再下为小堂屋，又称横堂屋，再下又称小二间。四合面（亦称四水归堂）靠下小二间又是转角，挨下转角一间称下小堂屋，中间便是大门和过廊。

这里民居的阶沿、院坝布局很有特点。房前都有阶沿，堂屋正前的阶沿称大阶沿，一般都有北水柱，面阔三间的为两柱，面阔五间的为四柱。阶沿是居民休闲、聊天、议农事、下地收工临时放农具、雨天晾晒和堆码粮食的重要场所。民居建筑对阶沿特别重视，其宽窄不等，一般3—4米，都可逢事设席。阶沿的材质不一，但多以石料采用水磨工艺拼砌，石料是川北山区常见的青石。厢房前为小阶沿，宽窄不定。阶沿外的院坝，多用长方形青石板拼铺而成，院坝中间以堂屋朝向为中轴线铺设甬道。甬道的青石板长宽一致，以“生老病死苦”五字依序为数，从甬道的第一张石板数起，其最后一张石板要落在“生”字上。

这里民居建筑的雕刻、绘画属于明、清及民国时期的风格，大部分住房为穿斗木结构，青瓦屋面，人字水。四壁多用木板装成图案形状，为采光需要，在壁面设计安装推窗或固定窗户，俗称窗格子。夹壁多用篾编，外糊草泥再用石灰粉刷。

这里民居的窗棂雕刻精美，寓意深刻，保持着许多传统的吉祥图案，“五福临门”“喜上眉梢”“福禄双全”“双龙捧寿”“多子多福”“三阳开泰”“卍字格”、历史人物等在这里随处可见。其雕刻手法有镂、透、圆，或兼而用之，边板装饰则多用浅浮雕写意如意或缠枝花卉。中堂之中梁，多画有太极图或如意缠枝花卉等图案。杨清斌的中堂屋窗户上，有花卉、花瓶等雕刻图案，其房屋柱头下的古石墩雕刻图案丰富，有农耕场景及麒麟等吉祥物，就是鲜明的例子。

两河村以侯姓和杨姓为主，都是明清“湖广填四川”时迁居在此，侯姓还是经苍溪辗转过来的。新中国成立以来，特别是改革开放30多年，两河的民居面貌依旧、乡音未改，最多也就是将极个别房屋改成了砖木结构，为什么没有像其他地方大拆大建，来一个旧貌换新颜呢？为什么没有变化，75岁的杨近春这样回答，祖宗留下的，不能随意变动。应该说，两河村地处深山，交通不变，至今只有机耕道，年轻人留不住，只留下一群老人，在这个追求创新变革的时代，他们没有能力没有知识也没有想法去改变。

就这样，守旧保留了传统，留下了对祖宗的忠诚，留下了绝无仅有的明清风格的建筑群落，留下了川北特有的浓浓的乡愁。可以肯定，这乡愁就是明天的金山银山。

（傅尹／文　常力文／图）

剑阁县秀钟乡青岭村

青岭村地处秀钟乡西北部，距乡政府所在地7公里，距新县城93公里，东与本县西庙乡鲜花村接壤，南与本乡双星村相邻，西与本乡荷花村相接，北与盐店镇、西庙乡相连。全村面积为6.65平方公里，辖10个村民小组，现有户数353户，1296人。青岭村属于山地地形，四面环山，东部临水，中间呈带状小平坝，最高海拔928米，最低海拔为550米。大路河水流由北向南直穿而下，流入唐家河水域。

该村依山傍水，山清水秀，森林植被以松、柏、小灌木丛为主，全村森林覆盖率达70%以上。

关于青岭村形成的时间，据当地文字记载，清朝初期，陕西、甘肃、四川三省客商入川，辗转落居于此，聚族而居。因此村落应该始于明代，多建于清代，明清建筑尚存58间。

这一阶段的村落建筑是典型的川北民居，土木结构。年代久远，多有破损，是当时川、陕、甘客商往来集聚地之一。虽经变迁，但依然保留了民风民俗，以及大量的传统建筑。现存20世纪七八十年代砖混建筑8间，明清建筑58间，其中全立木结构（门、墙体、窗、楼）37间，土木结构21间；保存较好的有26间，年久失修的有32间。

青岭村民居建筑选址重视风水，顺应

天然，又不拘泥于形式，依山就势，自然飘逸，整体风格与地形地貌、自然环境和谐统一，体现出了自然与人文融合的环境观和生态观。青岭村民居建筑式样，有一字形、三合院、四合院。青岭村的民居建筑，大多为人字水、青瓦屋顶、穿斗木架构，坐北朝南，以中间堂屋为轴线，左右对称，有面阔三间或五间的。堂屋左右为正房，挨正房为转角，小转角称巴壁转，大转角称洪门转。三合院或四合院的左右直下两竖列称厢房，东西厢房各以小堂屋为中心，讲究对称排列，即厢房挨转角一间称小二间，再下为小堂屋，又称横堂屋，再下又称小二间。四合面（亦称四水归堂）靠下小二间又是转角，挨下转角一间称下小堂屋，中间便是大门和过廊。

青岭村民居的阶沿、院坝布局特点：川东北民居的房前都有阶沿，堂屋正前的阶沿称大阶沿，一般都有北水柱，面阔三间的为两柱，面阔五间的为四柱。阶沿是居民休闲、聊天、议农事、下地收工临时放农具、雨天晾晒和堆码粮食的重要场所。民居建筑对阶沿特别重视，其宽窄不等，一般 3—4 米，都可逢事设席。阶沿的材质不一，但多以石料采用水磨工艺拼砌。厢房前为小阶沿，宽窄不定。阶沿外的院坝，多用长方形石板拼铺而成，院坝中间以堂屋朝向为中轴线铺设甬道。甬道的石板长宽一致，以“生老病死苦”五字依序为数，从甬道的第一张石板数起，其最后一张石板要落在“生”字上。

青岭村民居建筑的雕刻、绘画特色：清及民国时期，川北大部分住房为穿斗木结构，青瓦屋面，人字水。四壁多用木板装饰成图案形（间或有土墙或草房），为采光需要，在壁面设计安装推窗或固定窗户，俗称窗格子。夹壁多用篾编，外糊草泥或用石灰粉刷。青岭村民居的窗棂雕刻精美，寓意深刻。中国古代建筑中的吉祥图案如“五福临门”“喜上眉梢”“福禄双全”“双龙捧寿”“多子多福”“三阳开泰”“卍字格”、历史人物等，在这里随处可见。其雕刻手法有镂、透、圆，或兼而用之，边板装饰则多用浅浮雕写意如意或缠枝花卉。中堂之中梁，多画有太极图或如意缠枝花卉等图案。

青岭村历史悠久，村内有远近闻名的灵隐寺古庙和“大路河三宝”：古街、红军烈士墓、红军石刻标语。古村落民居建筑群和红色革命文化遗址位于该村四组大路河场镇周边，属剑阁县革命老区重要组成部分。整个古街道依山而建，掩映于丛林绿树之中，虽外观看似破落，但传统风貌保存较为完整和集中，而古建筑类型多样，工艺及传统民居式样独特丰富，农耕文化符号齐全，整体民俗面貌颇具特色。如此大规模而且集中的古遗存，均具有较高的科考和历史文化价值。

大路河场（马克思街）

剑阁县秀钟乡大路河场被当地群众称为“马克思街”，以表达对红军的怀念与敬仰。

说起马克思街，在川陕革命根据地的历史上，被正式命名为“马克思街”的只有当年嘉陵县苏维埃政权所在地的今昭化区元坝镇。表现共产主义信仰特征，直接用马克思命名地名，在世界范围内并不多见。从网上搜索来看，除德国有以马克思之名命名的550条街道外，在中国，只有四川广元昭化这一家，而且是从红军时期沿用至今，体现出红军时期特有的历史价值、文物价值、文化价值。可惜的是，这条国内唯一的“马克思街”在“5 · 12”灾后重建中被新建筑所替代。有群众自发认定的这条“马克思街”，会时时唤起我们的红色记忆。

秀钟乡是红四方面军主力西渡嘉陵江开始长征后离开广元前往江油、平武的最后一站。大路河场，就是主要集结地，前后时间在一个月左右。红四方面军在这里设立了前委接待站，有后勤部、政治部、红军医院、红军食堂，负责后续部队的接送跟进。走进大路河场，红四方面军在场口搭建的戏楼遗址还在，还有红军走后被还乡团杀害的田姓女红军的墓，许多石柱上刻有红军留下的标语。红军在这里组建了游击队，红军的故事在这里广为流传。这条200多米长的古街，周围没有任何现代建筑包围，穿斗立木的民居建筑结构基本保持着明清时代的风格，街面由青石板铺就，还有10多户人家在这里居住。虽然一些建筑看起来破旧，但保护得还算完整，古色古香，可以说是浓缩了的川北乡愁。

大路河场原名叫龙凤场，是一个毗邻江油的边贸小街，是古剑州通往江油的必经之路，是盐商、粮商、丝绸商、茶叶商、皮货商上至广元出川，下至中坝去成都的必经通道。过去街道的长度是现在的一倍，约400米，住着40多户人家。街东头建有戏楼、饭店、旅社、烟馆等，还有会馆、帮会等组织。每逢赶场天，南来北往的客商和挑夫、背二哥在此歇脚投宿，小小街道十分热闹。大路河场还有一戏楼，始建于清道光年间，至今有100多年的历史（详见第193页）。大路河火神庙相传建于嘉庆年间，有200多年的历史，位于古街正中，与古戏楼相隔不远。这些都能说明大路河场的历史悠久。

大路河场还有一个重要的文化特色，即是这条出川入蜀的古道又叫古骡马道，每年农历二月二十五日均要举行盛大的“骡马会”，以大宗牲畜交易为主，热闹非凡。据考证，骡子和马一直是行走在这条古道上的主要交通工具。在明末清初，秀钟骡马会就已经粗具规模，农耕文化在这里得到传承和发扬。“朝山”是骡马会的一大特色，是古骡马会留下来的规矩。赶会当天，家里有牛的都可以牵到会场上来。有的是来做买卖，有的是来图个吉利，求来年兴旺。

如今，秀钟乡党委、政府已经启动对大路河场的保护和建设项目，要把大路河场建成爱国主义教育基地。

（傅尹　文/图）

苍溪县浙水乡三台村

浙水乡三台村位于苍溪西北约30公里的嘉陵江畔、弓山岭下。北起鸳溪镇松柏叠翠的鼓楼山下，南自碧波荡漾的嘉陵江岸，南北长近7公里，东西宽约1.5公里，连绵起伏的阙子寺、小寺丫、白鹤山、弓山岭、马鞍山纵贯全境，蜿蜒曲折的甘溪沟自北至南穿境而过，从甘溪沟边至弓山岭山尖呈三级阶梯状，居民拾级而居，明末时取名曰三台村。

明崇祯时，李自成、张献忠起义，战火蔓延，三台村也受到战火侵扰，乡民流离失所，村落十室九空。明清时期的“湖广填四川”中，山东淄川人韩荣业率三子受命落户于弓山岭，在此建村，其子孙后代在此生活约400年。

康乾盛世，韩荣业六世孙韩仕玉伐山中巨柏，在三台中部的三组修建了韩家四合大院：纯木质结构，青灰土瓦，每边三正一转，即三间正房一间转角，屋顶呈鱼脊状，四角飞檐上翘，垂吊有鱼、鸟等状的雕花木质饰物，极具“鸟从檐上飞，云从窗里出”的韵味。每边屋脊正中用青瓦堆砌，有直径1米的紫荆花图案，屋檐用半桃子状雕花烧瓦盖就，其图案艺术精湛。屋檐下建有离地面3米多高的纯木质走廊。正西向堂屋居中塑有木质的孔老夫子坐像神龛，窗户全是木条镂空图案，堂屋两扇木门绘有秦琼、尉迟恭的门神画像，街沿、院坝全用青石铺就，缝隙间用扁錾铁铧打磨得严丝合缝，下面水道畅通。

整个四合院呈正方形，边长约30米，高约7米，有200余年历史，目前虽有些陈旧，但还完好无损。以后的子孙紧挨此大院，又建有两套小院，如今虽有一面拆除，但其规模犹存。

三台一组大院由韩荣业九世孙韩忠荣修建，此院呈长方形，正三间长五间，如今虽无人居住，但经同院子孙捐资数十万元整修，已恢复原貌。三台四组大院由其八世孙韩学玉修建，亦是正三环五的格局，现在西向已拆除，但大体原貌还未改变。其余像三台二组、五组、六组原均有大院，但因子孙繁多，多数已拆除另建。然而三台二组的老染坊只缺西向及楼门，其余原貌犹存。三台村四合院各组均有，虽然容貌不尽相同，但古村落概貌犹存，木质四合院比比皆是，大有古村落遗风。

（韩顺安）

剑阁县锦屏乡清虚寨

剑阁县锦屏乡清虚山，海拔800米，上建有清虚寨。东西悬崖峭壁，高不可攀，只有南北一条陡峭山路可通。寨门一锁，可谓“一夫当关，万夫莫开”，远近闻名的道德寺位于寨之中央。清虚山集古关、古道、古崖、古寺、古树、古藤、古村落、古寨墙为一体，堪为奇观。

清代雍正时李梅宾、杨端编修《剑州志》载:“王赞帝，唐仆射王廷亿孙，以孝友闻，祀乡贤”;“王省，宋时普成（今治剑阁县王河镇）人，太宗诏对称旨，辞爵不受，归隐青虚山，赐号青虚山人，祀乡贤。”同治时，李榕编修的《剑州志》记载更加完备:“清虚山，在州东南一百一十里，唐仆射王廷亿，山西汾阳人，从元宗入蜀，卒于剑门，赐葬清虚山，子孙遂家焉。”另据《王氏家谱》记载:“王廷亿，山西太原汾州马庄里（今太原市迎泽区马庄）人氏，为唐玄宗京城护圣长官。天宝十四载，因安史之乱，随明皇保驾入蜀，在马嵬驿发生兵变，始祖王廷亿同陈玄礼平息乱后，护驾前进，明皇嘉其忠勇，晋升兵部尚书。因沿途跋涉及军务劳累，行至剑门因病逝。王廷亿之子王赞帝，殿试卿赐翰林学士，随明皇入蜀后，因父赐葬于剑阁青虚山，特上书辞官不受，归隐青虚山守墓，潜心学道。”

宋理宗宝祐六年（1258年）即元宪宗八年，元宪宗蒙哥亲率主力进攻四川，从川北一路南下，所向披靡，攻克苦竹寨隘，围攻长宁山，途中路过清虚山，见其山势突兀壮观、祠宇宏伟、景色秀丽，即命增修殿宇、添塑神像，将王氏宗祠改为双松庙，其后遂祠庙合为一体。

从王氏宗族于唐玄宗天宝十四年定居清虚山建寨算起，清虚寨可考的历史已有1260多年。

清虚寨位于山之绝顶，地处要冲，地势险要，易守难攻，历来是兵家必争之地。据剑阁县文管所考证，清虚寨墙应肇建于南宋末年，当时宋元对抗，都把川北作为争夺的主战场，南宋因兵力不足，采取“守点不守线，连点而成线”的战略方针，发动群众依山筑城，凭险据守，清虚寨应建于这一时期。据《剑阁县续志》载:“在县南百一十里，明末建，因重修青虚寺毕工，以余材建此庙，故名。”可见明末清虚寨和清虚寺均重修过一次。清嘉庆年间，川、楚、陕爆发白莲教起义，清虚寨得以加固。光绪三十二年，平定何如道、达兴武叛乱后，清政府委派六品军官王浠磊重修寨堡，条石砌筑，现留存寨墙110余米，寨墙残高3.5米，山寨周围悬崖绝壁，只有南北二门可以出入。南门名“静安寨”，刻有“光绪丙午三十二年十月谷旦”小字；北门名“峭壁关”，乃“光绪三十三年仲春月谷旦”竣工。

受道教影响深远，清虚山元代以前曾为川北道教名山，建有道观，元后走向式微。元蒙哥西征后扩建王氏宗祠，改名双松庙，州志皆称清虚寺，现名道德寺，庙舍相传有九进十八殿，坐南向北，主要供奉三教圣人如文昌、川主、观音等。几百年来，道德寺都是佛教活动的专门场所，但保留了三教痕迹。现存三殿皆为单檐歇山式屋顶，前殿供奉弥勒佛，有“华藏圣镜”匾额，对联为“仙号道德曾依无为通慈悟，庙名双松须从华藏认如来”，以老子著作“道德”名寺，并出现“无为”二字，足见受道教影响之大。

清虚寨东有着本地极为罕见的古橡子树十来株，在柏树环绕中鹤立鸡群，相传为八仙之一的韩湘子所栽。寨西有水桶粗的古藤四株，缠绕古树，被称为神仙藤，并有步云梯、伏虎岩、莲花池、神水窝、八角井等景观，稍加修缮，可为休闲观光旅游避暑的佳处。

（杨正强／文　曾正强／图）

■ 昭化区大朝乡老街

第四章

古街

概述

20 世纪 80 年代之前，许多历史久远的城市、乡镇，还保留着明清以后，甚至更为久远的古街区。但随着小集镇建设、老城改造、新型化城镇建设的进行，许多古街区被埋葬在现代水泥林下，唯一的乡愁远离现代人的视野。广元老城的下河街、上河街，临嘉陵江而建，就是这样的例子，它们已经没有了隋代绵谷、唐宋利州、元代广元的历史痕迹。

有着 4000 多年历史文明的广元，全市 239 个乡镇，市规划建设和住房保障局会同市文广新局，于 2014 年 5 月至 2015 年 4 月对全市的历史文化村镇、街区、古村落及历史、乡土建筑进行了全面普查。按照《历史文化名城名镇名村保护条例》的有关规定，经过标准比对和综合评分，仅有剑阁县秀钟乡大路河场、剑阁县羊岭镇石城场、旺苍县水磨乡场镇、朝天区李家乡场镇、昭化区大朝乡老街、昭化区柏林沟镇魁星街六个市级历史文化街区。虽然很少，但却值得珍惜，更要认真保护。

（傅尹）

旺苍县水磨乡水磨场

地处旺苍县北部山区的水磨乡，如今还有一条保存基本完整的古街。要问这条街道建于何时，街上的老人就会这样说，他们老人的老人，就一直在这里生活。他们能见证的是，楼还是那个楼，门板还是那个门板，只是新中国成立前的茅草棚换成了现在的青瓦顶，近两百米的街道，换成了水泥路面，其他的建筑格局，基本上保持着新中国成立前穿斗立木的框架，周边多了现代化的水泥建筑，形成了新的建筑群落。不过，以前的热闹，这条古街几乎没有减少，几十家铺面，琳琅满目，足以证明这条街仍是商业中心。

水磨乡与其邻近的大河、鼓城、檬子等乡镇，与巴中市的南江县和陕西省的南郑县接壤。由于地处古蜀道的米仓道上，自古就是来往商贾的歇脚之地。同时，因为地处偏僻，又在米仓山深处，山高林密，山高皇帝远，新中国成立前这里大烟种植比较普遍，随之产生的就是以贩卖抢劫大烟为主的土匪恶霸盛行。有时，各地官吏为了大烟利益，不论省别、县别还是乡别，火拼时有发生。小小水磨场，每年都有一次烟会。开烟会场景热闹，陕腔、川腔在这里汇合，此起彼伏。因抽大烟而倾家荡产的百姓也不少。

说到水磨场，不能不提到这里曾经最著名的土匪恶霸陈庭辉。距水磨场不远的陈家岭，就是陈庭辉的老家。陈家共六弟兄，号称九弟兄，夭折了三个。老大叫陈庭辉，老二叫陈庭煌，老三、老四、老五夭折，老六叫陈庭煊，老七叫陈庭煜，老八叫陈庭焱，老九叫陈庭焯。陈庭辉为人狡猾，善用诡计。1947 年左右，陈庭辉把老九带上，到了干河的鱼儿河，假借保护烟农的利益，与陕西黎萍区的徐局长打仗。徐局长战败，烟民十分高兴，却不知陈庭辉在鱼儿河狭窄的地方设卡子。凡下山的烟民只准空手回家，鸦片全部被缴获。就这样，他大发横财。

陈庭辉修有两处房子：一处在水磨陈家岭，弟兄们各修一套走马转角楼，全部工程都是迫使民工免费干活。另一处在英萃的黎家湾，土木结构，两楼一底。楼上掏有炮洞子，像碉堡，便于保护他搜刮的民脂民膏。从陈庭辉的身上，可见土匪恶霸的猖獗。1951 年正月二十一日，其土匪武装连同他本人，被解放军剿灭。

当年川北土匪恶霸如何鱼肉乡里，大烟如何摧残百姓，水磨场的历史应该就是活教材。

（傅尹）

朝天区两河口老街

两河口老街位于两河口乡两河村二组，因地处两条小河交汇处，故名两河口。据“兴场碑”记，两河口老街始建于清道光中期。居民住房分别沿山脚建一排，沿小河边建一排，两排相对，中间为赶集的市场。此街居川陕两省的利州、旺苍、宁强三县接合部，兴场后市场繁荣。

坐商以陕西人为主，故称“陕帮”。赶集的人群来自周边陕西宁强县的关口坝、茅坝河、茅坪沟、黄坝驿及旺苍县的西陵铺、老光坪和本区的李家坝、曾家河、平溪寺、中子铺、转斗铺等地。

两河口在清代属神沙乡茅坝堡，清代属神沙乡辖毛坝堡，民国初属干河乡，第十一区团。民国22年至24年（1933—1935），红四方面军在两河口场建立两河口乡苏维埃，驻罗世昌大院内。民国24年改属石竹联保，民国29年改属曾家乡治。1950年建两河乡人民政府，政府驻两河口场，并在关帝庙设小学。1961年乡政府驻地迁往吉庆村二组刘龙坝，1966年联诊所、供销社采购部迁往刘龙坝。1967年学校、供销社销售门市部及集市迁址刘龙坝，是为新街，则原场镇称为老街。1981年8月23日晚至8月24日凌晨，两河口连降暴雨，雨量达838毫米，老街38户158人的118间房舍被洪水洗劫，此后老街居民分别搬迁至附近较高地势重建。老街仅存关帝庙。后在庙北侧前建村委会办公用房，2008年“5·12”汶川特大地震后，村委会办公用房迁址重建。

现老街有明代关帝庙一座、清代两跨平板石桥一座、红军石刻标语一块，均为区级保护文物。

（付正华）

朝天区东溪河乡菜子坝老街

菜子坝地处陕南川北边陲，民国时期隶属广元县羊菜乡管辖，现为广元市朝天区东溪河乡政府所在地。地处川、陕、甘物流通道，加上云雾山香火鼎盛，成就了这个边陲老街的繁荣昌盛。

菜子坝老街建于二岔河与东溪河交汇处的东岸，一条南北走向的小街，长不盈 500 米，宽不足 5 米。昔日街道两侧土木结构的青瓦房高矮不一，错落有致。沿街门面参差不齐，后有院落数个。街面店铺、作坊林林总总，有开旅馆、茶馆、酒馆、饭馆、面馆、烟馆的，有开蒸馍店、粮店、饼子店、包子店、百货店、鲜肉店、祭品店、理发店、缝纫店的，也有开染布、酿酒、榨油、铸铧、竹艺、修补作坊的……沿街销售者的叫卖声、讨价还价声、卖跌打药的喧嚣声、观杂耍者的喝彩声，南腔北调、此起彼伏，热闹非凡。

菜子坝老街过去之所以繁荣。一是因为它具有独特的区位优势；老街覆盖羊木、陈家坝、广坪河部分保甲，覆盖花石、东溪河所辖全部村民。二是因为老街所覆盖的山区土特产品种类繁多，质优价廉，特别是生漆、木耳、核桃、木材、桐油遐迩闻名，引来商家云集此地，贩运牟利。三是因为老街是通往陕、甘南部的捷径步道，陕南、陇南的生漆、火麻、花椒、党参等土特产入川，羊木的土陶、茶叶、大米北上陕、甘，都要人背马驮地经过此道。无数商贾、脚夫以此地为货栈，囤积货物，食宿歇脚。同时，此地也是水码头，上至梧桐院，下至大巴口的小木船有数十只，有时停泊此地上装下卸货物，给此地带来无限商机。四是因为云雾山，亦称朝阳观，属川北陕南名山，成为人们祈福禳灾之首选，香火极盛。每逢农历二月二、三月三、四月八、五月二十……来自成都、绵阳、广元、陕南等地的许愿者、还愿者、烧拜香者、行功德者、沿路叫卖者，人流如蚁，络绎不绝，场面壮观，气氛热烈。他们投宿老街，就餐喝酒，给这条老街带来了人气与财气。

（姜朝元）

昭化区大朝乡老街

大朝老街位于昭化区大朝乡云台村，是古蜀道上一处重要驿站，距昭化古城景区 18 公里，距剑门关景区 17 公里，是古代出入四川的必经之地，达官贵人、墨客骚人、马帮商贩都曾在这里留下了历史的足迹。大朝乡东接朝阳乡，北连昭化镇，西邻利州区，南界剑阁县，面积为 46.35 平方公里，辖 6 个村民委员会，31 个村民小组，950 户，3680 人。

由于地理位置特殊，大朝老街及建筑保存相对完好。街道处于古蜀道重要节点上，南北

走向，北高南低，驿道穿街而过，青石板街道随形就势，房屋错落有致，建筑为典型的川北民居式样，立木穿斗为主，有不少小巧玲珑的院落。铺面毗邻，街面多为立木板或者骑门柜台，内部隔墙为巴壁，后墙为石砌或土筑。著名的张家大院，高门槛，四合院落，石板天井，现尚保存有清代官赐的“五福同堂”匾额，厢房等设为客房。街西北有古井一口，名叫太子泉，约一米见方，用石板镶砌。井边的石板已被行人踏磨得溜光，石沿上面微微凹陷，留着樵夫磨刀砺斧的痕迹。泉水盈盈，清冽见底，犹如一汪温润生光的碧玉翡翠，表里澄澈。此泉水温恒定，暑雨不增，寒燥不减，其味甘甜。炎夏凉爽彻骨，寒冬温暖如春，还蒸腾着淡淡袅袅的水汽，一派氤氲。据传，明代一皇太子路过小憩，于茶馆中品尝了此泉水沏泡的“老鹰茶”后，只觉口齿噙香，沁心入脾，精神振发，连连称奇，大加赞赏，乃赐名曰“太子泉”。“太子泉”由此芳名远播，流传千古。

上场头是古驿站大木树驿。

（任国富 / 文
刘文龙 / 图）

昭化区石井铺镇老街

石井铺老街坐落在现昭化区石井铺镇石井村。古代，石井铺是利（州）阆（中）驿道上的重要驿站，是昭化、广元南路大道必经之地。民间传说：“五驿八铺一座楼，两个五里就到头。”意思是说，从广元到阆中须经过五处驿站八个铺，其中的铺就有石井铺。

乾隆《昭化县志 · 铺递》：“于县设铺六处，曰：沟头、龙滩、漫三、梅树、石井、金岗，每铺各置司兵四名。”又：“梅树铺系昭广分界处，下接广元石井铺二十里。石井铺旧属昭化，以地隶广元，改属之。”《昭化县志 · 防守》载：“本县所属是板石铺塘、石井铺塘……皆南路大道也。”清以前，南路是到成都的主要道路，石井铺就设铺递。此道历时久远，烟云模糊，旧志无载，乾隆《昭化县志 · 道路》只概括地记载为“明驿道自保宁而下成都，不知辟于何时”。清代，石井铺是驿路的分岔点，道光《重修昭化县志 · 疆域》载：“石井铺有塘房，至此别大道而西南行十里圆柏树，十五里老土地，十五里太公寺。”石井铺上接梅树铺，下接金岚铺，此为大道，驿路顺山梁而行。民间传说，石井铺到梅树铺有二十四“冒鼓天”，是说有二十四个凸起来的鼓状山头，都是朝向天空的。由于通京驿道改道，康熙二十九年（1690 年）裁撤。虽然如此，昭化、广元南行仍然是重要的节点之一。

官吏、商贾、行人、掮夫过往频繁，石井铺形成了远近闻名的集市。古街道坐北向南，长约一里地。现古街道遗迹尚存，下街房屋、院落大部分仍在，高架立木穿斗结构。驿路穿街而过，青石板铺地。临街为铺面，皆为整饬的立柱檐廊，立木板裙板，院落大门向街而开，形成了前铺后院的建筑特色。大门墩实，个别依稀可见彩绘门神；挑枋吊檐存有龙虎衔珠、花朵等雕饰，院落窗存有镂空麒麟、凤凰及花卉组合的吉祥图案，古意盎然。

清代以来，人口聚集，其著名的院落分别有车家、蔺家、侯家、朱家、席家、何家、蒋家、杨家、夏家、雷家、易家等十余家，现部分院落房屋、旱船天井等遗物尚存。商铺经营盐巴、粮油、猪肉、布匹、火纸、烟酒、烙饼、客栈、药店等，方圆数十里，热闹繁荣，与永宁、王家齐名。民国时期，石井每逢三、六、九赶集，成为重要的物资集散点。街中间有关帝庙一座，四方院落，两层楼阁，庙旁有娘娘殿等，庙前有戏台、桅杆，每至二月初三庙会，连台大戏，唱皮影、木偶、三国戏等，宣传忠孝节义，娱神取乐，观者如睹，人流如潮，络绎不绝。关帝庙香火旺盛，香客颇多。远近的乡民围绕在关帝庙周围进行集市贸易。庙宇院落里原有水井一口。惜其庙宇于 1972 年遭遇火灾被毁，现仅存遗址。

石井铺地处山梁，居高临下。在老街的尽头，一段宽阔的青古板驿道伸向密林深处，芳草侵道，沧桑古老，见证凝重的过往。南边临近的山头叫烟墩山，是旧时的烽火台遗址。不远处有“缠尸庙”，据说旧社会饿殍夭折的没有棺材埋葬，人们就把尸体弄到庙里用布裹缠埋葬，故此得名。

（任国富）

■ 米仓道一景

第五章

古道

概述

说起广元保存至今的古道，有隐藏于剑门关林木草丛中的历史最早的鸟道，或称药道，是巴蜀先民采药、砍柴走出的羊肠小道；有修建于朝天区明月峡悬崖峭壁上的木栈道；有沿嘉陵江上而通向汉中的嘉陵道，又称纤夫道；有至今保存完好的古驿道拦马墙，虽经岁月侵蚀，古老石板路上的马蹄印还依稀可辨……山路、水路、平路、险路一应俱全，它们见证了巴蜀先民的勤劳智慧和敢于不断创新的精神。

特别值得一提的是，遐迩闻名的剑门蜀道，历史久远而厚重，生态环境独特而秀美，它包括金牛道与米仓道、阴平道的交集延伸部分。四条古蜀道，广元就占三条，形成了特有的剑门蜀道。3000 多年来，它是蜀地连接中原最重要的咽喉，随着古蜀道申报世界文化与自然双重遗产的步伐加快，剑门蜀道的文物价值和旅游价值将得到进一步提升。

（傅尹）

金牛道

古蜀道在广元境内有三条道，最重要的一条便是金牛道。金牛道开通于公元前316年前，全长约600公里，其线路因时期而不同。

早期的金牛道称为石牛道。石牛道，是蜀道从先秦至南北朝时期的名称，原出自汉代扬雄的《蜀王本纪》。其走向是：关中经褒斜道—陕西汉中—陕西勉县—陕西宁强（经其县境今称为大安镇—阳平关镇—燕子砭镇—安乐河镇—广坪镇—金山寺等地出陕入川）—四川白水县（今称沙洲镇）—沿白龙江东岸南下，经白水关、大高山、偏桥子、粗石栈、石关子—昭化古城（古称葭萌县）—溯清江而上—再溯大剑溪而上至剑门关—梓潼—绵阳—德阳—广汉—成都。石牛道在四川北部的门

户，即是今青川县境内的古白水关。石牛道在广元市青川县、利州区境内称“马鸣阁道”“粗石栈”。

石牛道正式称为金牛道是在唐之后。唐初在今汉中附近的大安镇设金牛县，从汉中南去成都的古道另改走向，沿嘉陵江而下至广元，再去成都。其走向是：从汉中—古金牛县（今宁强大安镇）继续西行—阳平关镇（古三泉县治）—沿嘉陵江而下—九井驿（今广元市朝天区大滩镇）—筹笔驿（今广元市朝天镇附近）—利州问津驿（广元时称利州）—葭萌驿（即今广元昭化区昭化镇，唐代称益昌县）—剑门关—梓潼—绵阳—德阳—广汉—成都。

宋末元初，沿嘉陵江而南下的古金牛道在长达40多年的战乱中，大部分栈道毁于战火而无法通行。元代至清代，古驿道在广元境内有了改变。其走向是：汉中—宁强大安镇西南之烈金坝折南—宽川铺—五丁峡（亦称金牛峡）—柏林驿（属宁强县）—宁强县城—牢固关—黄坝驿，翻七盘关入蜀—转斗铺—神宣驿—望云驿—问津驿（广元）—龙潭驿—圆山驿—（昭化）柏林沟驿—施店驿—（苍溪）槐树驿—（阆中）锦屏驿—绵阳—德阳—广汉—成都。

明末清初，驿道又改走广元、剑门一线，广元以下：广元问津驿—昭化驿—大木树驿—剑门驿—剑州驿—柳池沟驿—武连驿—上亭铺驿—梓潼驿，而后入绵阳去成都。

金牛道的得名，源自一个传说：蜀王已有“褒、汉之地”，因猎谷中，而适与秦惠王相遇。其后秦欲攻蜀，在二王相会之处列置了几头石牛，在石牛的尾巴下边置放了一些黄金，扬言石牛能粪金。蜀王贪金，但是秦惠王说道路艰险，运不过去，命五个力士率千余人凿山开路迎牛，于是就有了金牛道。而实际情况更可能是，在战国后期，蜀国与秦国共同开发了这条连通秦岭内外的商贸与文化交流的通道。

金牛道是古蜀历史上首次见于史书的道路。建成以来，金牛道便成为联系川陕最重要的蜀道。而现代的川陕高速、宝成铁路、西成高铁也沿金牛道修建。

考古学家在昭化有不少重要的发现，包括一座西周古城址。而金牛道的历史，也可以从昭化讲起。

史料显示，秦灭巴蜀后，对巴蜀地区进行了大规模的移民。《史记·货殖列传》记载：“秦破赵，迁卓氏……诸迁虏少有余财，争与吏，求近处，处葭萌。”葭萌，就是现在的昭化。这一次在昭化附近除了古城址，还发现了一批战国至西汉的墓葬，具有秦文化的特点，似乎可证明，当年秦人入川，正是从这里的金牛道上走过。

古时的昭化，不仅是金牛道的要冲，也是重要的水运码头。嘉陵江在城东与白龙江汇合，直通古渝州（今重庆），因此城中终日是舟船川流不息，车马络绎不绝。“桔柏古渡”是古今文人吟咏之地，唐代的杜甫、明代的杨慎都有题咏。

金牛道上，最险要之处就是剑门关。绵延数百里的大剑山七十二峰形如利剑，却在其中有一个天然的缺口，这个缺口便是今天“剑门关”之所在。“一夫当关，万夫莫开”说的也正是这里。

想要开通金牛道，就必须想办法通过明月峡。古人的办法是在崖壁凿孔架木，修建栈道。到了近代，栈道无法满足交通需求，就在此开辟公路。但是明月峡全是石壁，无处下手。工程技术人员只好沿明月峡古栈道的上方崖壁，用炸药硬生生炸出一条凹槽式的道路。如今，这段凹槽式的公路仍留在明月峡上方，就是老川陕路上有名的“老虎嘴”公路。

金牛道曾是红四方面军西线的主战场，先后发起过陕南战役、广昭战役、强渡嘉陵江战役以及攻克剑门关战役等。

（傅尹／文　曾正强／图）

剑门蜀道遗址

剑门蜀道遗址位于四川省广元市与绵阳市境内，北起广元市朝天区朝天镇朝天峡，南至绵阳市梓潼县演武镇，全程约270公里。它是蜀道（金牛道）文化核心价值所在，因其穿越蜀北屏障——剑门天险关隘而得名。剑门蜀道肇始于西周，繁荣、兴盛于秦、汉、唐、宋至清末民初，时间跨度达3000年，有些路段，民间至今尚在使用。2006年5月，国务院公布其为第六批全国重点文物保护单位。

剑门蜀道遗址沿线较好地保留了先秦以来的古道路、古驿铺、古栈阁、古关隘、古名人墓、古遗址、翠云廊古柏群、古城镇等古代文化遗存。其中，道路遗存有石板路、纤夫石、拦马墙、饮马槽、拴马石等；古驿铺有朝天驿、大木树驿、九井驿、筹笔驿等；古栈阁有龙门栈阁等；古关隘由北至南分别为七盘关、葭萌关、天雄关、剑门关；古墓葬有郝家坪战国古墓群、宝轮船棺墓群、费祎墓、邓艾墓、姜维墓等；古遗址有中子铺、邓家坪、张家坡等；翠云廊古柏群，是以剑阁古城普安为中心，北至昭化、南到阆中、西达梓潼自秦汉以来于驿道两旁人工栽植的古柏群，至今在剑阁和梓潼境内保存有8000余株；古城镇有利州古城、昭化古城、剑州古城以及沙州、木门、普济、嘉川、柏林沟、剑门关、武连等古镇。

剑门蜀道沿线由北至南，分布有千佛崖、皇泽寺，有鹤鸣山、觉苑寺、梓潼大庙山等国家级重点文物保护单位；有白花石刻、麻柳刺绣等国家级非物质文化遗产，有广元女儿节、射箭提阳戏等省级非物质文化遗产；有米仓山、白龙湖、剑门关、唐家河、天曌山等国家级风景名胜区，有利州古城、昭化古城、剑州古城三处省级历史文化名镇；有剑门关、明月峡两处省级地质公园，有南河、柏林沟湖国家级湿地公园。同时还有晋唐以来历代文人墨客遗存的剑门蜀道诗文数千篇（首），内容涉及政治、军事、经济、文化、宗教、民俗等诸多方面。

在剑门蜀道未修筑之前，巴蜀先民的出行，靠的是地质构造形成的山势层理，从采药开始，踏出了蜀中通往外界的“药道”（或称“鸟道”）。从明月峡考古发现来看，再后随着航运的开通，采药人走的“药道”，就成了纤夫拉纤的“纤夫道”，成为蜀地通往外界又一重要通道。东周末期，随着秦国的崛起和公元前316年对巴蜀的收并，剑门蜀道连同其他蜀道一起，得到官方正式的大规模营建。由此，蜀地与秦地之间的往来逐渐频繁，成都平原盛产的粮食、蜀锦、井盐等物资源源不断地输向中原，巴蜀地区经济开始繁荣，剑门蜀道

发挥了它积极的经济交往作用和政治、文化交流作用。

剑门蜀道遗址也是阴平道与米仓道交融汇集的要冲。可以说，蜀道，特别是剑门蜀道遗址，至今仍是蜀道保存最为完整的部分，具有独特的历史价值。它是沟通古代西南与关中地区的重要交通要道，见证了中国古代交通道路形态演变的历史进程，是中国古代交通史上的“活化石”；是一部承载3000多年的经典史书，它记载了3000多年的交通史、军事史、科技史、生态史、发展史，也记载了蜀地人民的奋斗史、创造史、苦难史、血泪史，融合成无数个朝代千秋伟业、兴衰成败、交替更迭、悲欢离合的历史。

（傅尹／文 广元市委宣传部 曾正强／图）

朝天峡（明月峡）古栈道遗址

朝天峡古栈道遗址位于广元市朝天区朝天镇南1公里处的嘉陵江上。峡中有古栈道500余米，分布着上千个孔眼。现存栈道孔宽45厘米，深75厘米，孔距210厘米，上下孔间距350厘米。孔呈三排，上排孔为搭雨棚之用；中排孔“架木作栈”供人马通行；下排孔为加固支撑孔。专家论证，支撑点和结构完全符合现代力学原理。走在复原的木栈道上，可以想象出当年它如何承载着千军万马南征北战，蜀人祖先的聪明智慧和难以想象的创造力在这里得到了充分的展示。1991年4月，四川省人民政府将其公布为省级文物保护单位。2006年被公布为第六批全国重点文物保护单位，并归入剑门蜀道遗址。

朝天峡古栈道的修建历史，与剑门蜀道的修筑密不可分，在世界的筑路史上可谓壮举。古人把修筑蜀道的工程分为两步，第一步先打通秦岭。秦国人兴修水利，开山筑路，顺着河道沟谷，先后有了四条官道，分别是陈仓道、褒斜道、傥骆道、子午道，最终汇集汉中。至此，古代长安城与汉中平原之间的阻隔秦岭被打通。接下来的第二步，就是修建蜀道。特别是剑门蜀道。汉中以南，全是崇山峻岭，被龙门山、米仓山、大巴山所阻，且地质结构非常复杂。在反复的对比中，巴蜀先民选择了沿嘉陵江南北方向修路，避免了龙门山地震断裂带的威胁，避开了米仓山的陡峭，利用嘉陵江两岸山体的地势地貌进行，越险山，跨江河，建成了金牛道。

凌空架起的栈道，是蜀道中最具有代表性的工程，它对力学原理的应用、它的科学水平，不亚于现代一些工程。没有高超的智慧，没有精湛的工艺，没有惊人的胆量和勇气，是无法完成这一举世罕见的工程的。巴蜀先民，就是这样创造了举世无双的奇迹。

据考证，朝天峡古栈道始建于春秋战国时期，历秦汉、三国、魏、晋、南北朝、隋、唐。现存栈道遗址主要为宋代遗迹。1127年春，金兵在汴京掳宋徽、钦二帝及后妃宗室、官吏、内侍、宫女、技术工匠等北撤，北宋宣告灭亡。这年5月，宋徽宗的另一个儿子康王赵构，即位称帝，南宋王朝至此开始。南宋时期，秦岭以北为金国占领，秦岭以南为宋王朝统治，汉中一带成为前沿战场，广元成为抗金后方的战略要地。为了确保四川的兵员、粮饷能顺利运达前方，支持抗金战事，四川宣抚

■ 朝天峡栈道

使虞允文大力整修从成都至陕西关中的道路。道路整治的重点在利州（广元）城北至陕西南郑（汉中）之间蜿蜒于秦巴山脉南麓崇山峻岭之中的栈道。并设桥阁官，专门管理广元城北至陕西汉中的栈道修建及维修管理事宜。朝天峡栈道在此时得到大力整治，其栈道遗址也大多为此时遗存。

（傅尹 / 文　赵辉 / 图）

马鸣阁道

马鸣阁道，古石牛道的重要组成部分。《昭化县志》记载，“马鸣阁在治北五十里，白水之岸”，又说：“昭邑当后汉时，为入蜀要道，侯（诸葛亮）五伐中原，军旅往来，皆由马鸣阁经过。今之粗石栈偏桥是也。”关于粗石栈的结构又做了如下记述：“栈桥在白水岸，又有故迹十余处，皆凿圆孔，以立横梁，其孔深二三尺，每孔相去不及一丈，粗石栈更凿平穴，布受版木盖，诸栈之中，唯粗石栈最险。旧有碑刻栈铭，今毁。”

根据《昭化县志》如上记述分析，马鸣阁在今白龙江东岸，西起古白水关（今青川县营盘乡境内的原永红乡之五里垭），南至古葭萌（今广元老昭化境内），长约60公里，县境里程12公里，今青川县营盘乡税家沱一带遗址犹存，与上述形状相吻合。粗石栈是马鸣阁道中最险要的一段，即黄毛峡（又名鲁班岩）至偏桥子。这段栈道，上是悬崖峭壁，下临滔滔大江，视其形式，是将硬质木横梁的一头，楔插入山腹石穴，上铺木板，架单悬臂木桥以作

通行的栈桥。白龙江沿沙州镇至老昭化两岸的峭壁，多由30厘米以下大小不等的河卵石砂砾凝结而成，俗名粗石，因之这条栈道被称为粗石栈。[《中国历史地图集》第三册将马鸣阁三字等距横排于西汉水（今嘉陵江）与羌水（今白龙江）之间]

马鸣阁道在秦伐蜀前已成为周秦巴蜀之间的重要通道。在古代交通史上曾经产生过重要作用。冯汉镛所著《栈道考》说，“马鸣阁疑为战国时所建”。此说载于《人文杂志》1957年第3期。

据史志载，秦惠王欲伐蜀，知蜀王贪财好色，便以五条谎称可以“粪金”的石牛、五名美女，设下骗局，诱使蜀王“发卒千人，使五丁力士拖牛成道”，致使秦惠王对这条路进行了较大规模的拓宽和整修，便于军旅往来和辎重的运输，就形成了史称的金牛道。

景谷道：根据《中国历史地图集》第三册中关于三国蜀汉时期益州北部的标定，景谷道北起阴平郡（今文县），初沿白水江，再顺白龙江东南行，至今青川县姚渡镇对河的余家湾，折南达汉白水县（今青川县沙州镇境内），全长133公里，青川县境里程为22公里。

景谷道北接阴平道，至汉白水县与古金牛道衔接，南经马鸣阁道至葭萌和剑阁到达成都。景谷道上的玉垒桥，题有“秦蜀咽喉”四字，自白水东北行，经阳平关、勉县即由南栈道直达中原，故史称白水“拒阴平、阳平之要”，“最为要隘”，是古代秦、陇、蜀之间的交通枢纽。

蜀汉时期，诸葛亮夺天水诸郡，以南郑（今汉中市属）武都（今陇南市属）为争夺据点，五伐中原。姜维屯军沓中，军旅往来，多由马鸣阁道、景谷道达秦陇诸郡。因而景谷道在蜀汉时期名噪一时。

景谷道最早见于正史记载的是《三国志·蜀书·姜维传》：“邓艾自阴平由景谷道旁入。”《读史方舆论要》载：“景谷汉广汉郡之白水县曰景谷，唐武德四年，以利州之景谷、龙州之方维，置沙州，治景谷。贞观元年，州废，还属利州。宝历初，废，寻复置。光启中，复废。今为白水镇，有故城，周回五里。俗亦谓之沙州城。或云，城西有景谷路，达文州。”景谷道是文州（县）至沙州的交通干线，西接甘肃，北连陕西，南达成都，是古蜀道的重要组成部分。

（倪维新）

米仓道

汉中盆地与巴蜀之间，有大巴山脉横阻。大巴山脉中的一段，名米仓山。“米仓道”起于陕西汉中南郑，翻大小巴山，过米仓山进入蜀地南江县境，穿越南江县150公里后跨入巴州区，又沿巴河、渠江南下重庆，此乃水陆交融之“米仓道”之一，又其陆路，经蓬州（今蓬安）顺庆（今南充），再下合州（今合川），直抵江州（今重庆），是南米仓道所经之路线。沿南方丝绸之路经南部、三台、中江沿线抵成都，是米仓道西线，此线北接广元。米仓山脉包含今广元旺苍、朝天部分，特别是旺苍米仓道痕迹明显。旺苍苍王峡、七里峡等和南江接壤之地，多有古米仓道遗迹发现。米仓道的西线还要途经今旺苍木门镇，昭化、苍溪部分地区。可以说，广元境内的米仓道是古代通向西南成都、重庆又一重要枢纽。

战乱时期，金牛道若被阻断，官吏商旅即借取米仓道往返于成都、汉中、长安间。五代后梁乾化元年（911年），岐兵伐蜀，围西县安远军，蜀中书令、北路行营都统“王宗侃遣裨将林思谔自中巴间行至泥溪，见蜀主告急”。泥溪在益昌、剑州间的金牛道上，林思谔入蜀，乃由米仓道经巴州西至益昌。陆放翁《夜梦行·南郑道中》诗云：“孤云两角不可行，望云九井不可渡。”孤云山、两角山位于米仓山米仓道旁，望云、九井两个险滩在川陕交界附近的嘉陵江金牛道侧，都是极为险峻之地。陆放翁以米仓道、金牛道并提，说明宋代由汉中入蜀，两道均可通行。金牛道是秦蜀间的主干驿路，米仓道为穿越巴山的辅助路线，军事上有迂回之便。而川北的民众和商贩，则视南江至南郑之间的米仓道为出入汉中的捷径。

米仓道是巴蜀、汉中间的一条要道、捷径。较早述及此道的《太平广记》记：“昔汉祖（刘邦）不用韩信，信遁归西楚，萧相国追之。及于兹山米仓山，故立庙貌淮阴侯庙。”若此，则秦末汉初，米仓道即广泛为人们所用。另据历史记载，东汉献帝建安二十年（215年），曹操出兵汉中征伐张鲁，张鲁兵败后即奔米仓山入巴中。三国时，魏将张郃守汉中，由米仓道进兵巴中，攻至宕渠之蒙荡石，为蜀将张飞所败，又循米仓道还汉中。此后，凡入“三巴”者多取道于此。

西魏恭帝元年（554年），巴西人谯淹据南梁州（治所即今四川省阆中县），李迁哲和贺若敦自汉中进讨，李迁哲走米仓道先至巴中。五代时，王仁裕辅佐褒梁帅王思同南伐巴人，往返登涉米仓道。

南宋开禧二年（1206年），吴曦叛变，

引金人入凤州，兴元帅程松亟趋米仓道，由中巴遁入阆州，复顺流至渝州。南宋绍定四年（1231 年），蒙古兵入洋州，分遣其将莫哥汗自洋州趋米仓道，在降人李进（李昌国）的引导下，沿巴渠江一直打到合州，“垫江以北，尽皆震动”。莫哥汗进军时，曾砍伐山林，修治山道 700 余里。

南宋时期，秦岭以北被金人占领，汉中盆地处于宋的国防前线，川东各府、路支援前线的各种物资，亦多由大竹路（由米仓道改称）输送。当时，贩运大竹县山货土特产品的商贩，络绎于途，常年经行不绝。在茶、盐由官府实行专卖时期，米仓道也是盐商走私的一条山路。今勉县金泉乡贾村坝南侧的石梯坡，有南宋时禁止私运食盐告示的摩崖石刻一块，高 90 厘米，宽 78 厘米，直书 6 行。告示言：“一应盐榷不得从此出。如有违戾，许地抓人。把捉赴所属送衙根勘问罪。追赏五十贯给告人。”此摩崖石刻位于大竹路北端“西路”旁，说明当时的盐商越过米仓山后，是沿濂水向西县、褒城县方向走去，以避开兴元府关卡的检查。

明清时期，米仓道亦设卡查禁私贩盐、茶。明武宗正德年间（1506—1521）置巡检司。《明律》规定：“凡贩私茶和私盐者同罪。”“出境及失察者并凌迟处死。”由于关卡林立，查禁严密，走私商贩日少，米仓道渐趋荒废。

1932 年 12 月，红四方面军就是通过米仓道从陕西汉中进入巴中、通江两河口，开创了川陕革命根据地。直到 1935 年 4 月，红四方面军撤离川陕苏区，红军在汉中、通江、南江、万源、旺苍、朝天等米仓道一线开展武装斗争。

（傅尹 / 文　唐彪 / 图）

阴平道

阴平古道起于阴平都，即今甘肃文县的鹄衣坝（文县老城所在地），途径文县县城，翻越青川县境的摩天岭，经唐家河、阴平山、马转关、靖军山，到达平武县的江油关（今南坝乡），全长265公里。与《三国志》所记的七百里阴平道完全一致，因当时是以360步为一里。照此推算，今天的一华里约等于三国时的1.33里，正好相符。

阴平古道，因古时文县称阴平，而南北朝时氐族首领又在此建过阴平国而得名。

三国时期，曹操为了巩固西北边境，在距今甘肃文县县城仅5公里处的鹄衣坝，设置了阴平郡。当时的阴平郡不仅包括今天甘肃的文县，也包括今四川境内的青川、平武两县的部分地区。纵贯于全郡南北的这条羊肠小道，便被称为阴平道。公元263年10月，魏国大将邓艾绕开蜀将姜维把守的剑阁，率数千精兵偷渡阴平小道，突然从天而降，出现在并无重兵把守的江油关前。此时江油关的蜀汉守将马邈看大势已去，只好投降。于是邓艾一路势如破

竹，轻取涪城，袭破绵竹，兵临成都，迫使蜀后主刘禅投降，一举灭掉了蜀国。

阴平古道自古以来就是险要崎岖之路，历代除了当地农民行走之外，就只有战争需要，才用此道。明代将领傅友德曾带兵走过此道，长征时，红四方面军走过此道，后来人民解放军解放青川时也曾走过此道。

阴平道上最险要的去处是摩天岭。其岭北西坡度较缓，南面则是峭壁悬崖，无路可行，当年邓艾就是从这里裹毡而下，直插江油关而灭蜀的。如今岭南已开辟了曲折小道，当地人叫“九倒拐”。

在摩天岭上，海拔2730米处，有一大草坪，其草特异，每年夏季，遍开红花，山风吹过，像一面巨大而鲜艳的红旗在山上招展。有人说这片草原来不开红花的，自从红军在这里打仗后，革命先烈的鲜血染红了这块土地，这些草才开出红花来。因此，当地农民便把这片草坪取名叫“红花草地”，原名叫“大竹垭子”，可见人民群众对红军的怀念和感激之情。

1935年4月，徐向前亲率红四方面军在这里实施“川陕甘计划”，也就是扩大川陕根据地。除摩天岭外，当时战斗比较激烈的地点还有青川的悬马关、平顶山。后因根据地撤离，这个计划被取消。

阴平古道沿途还有许多邓艾留下的遗迹，如邓艾磨刀的磨刀石、盖印的印台山、邓艾士兵歇息时抖鞋土的鞋土山、邓艾丢失衣服的落衣沟、邓艾练兵的射箭坪，几乎每处都有可以探寻的遗迹，也有许多传奇故事。

（傅尹／文　王治／图）

青川县境内的阴平古道

阴平道又称阴平左担道，魏景元四年(263年)冬十月，魏将邓艾“自阴平道行无人之地七百余里，蜀山通道，造作桥阁，山高谷深，至为艰险。又粮运将匮，频于危殆，艾以毡自裹推转而下，将士攀木缘岩，鱼贯而进。先登自江油（今平武南坝）趋绵竹（今德阳市黄许镇），一举灭罚”。(参看《三国志·邓艾传》）此道即负盛名，史籍屡见。但后世言邓艾进军路线者多有歧说。

《元一统志》载：“青塘岭在龙州，北至文州，以青塘岭为界，即阴平道。”《方舆胜览》说：“自文州界青塘岭至龙州，一百五十里，自北而南者，右肩不得易其所负，故谓之左担路。邓艾束马悬车之处。”青塘岭，今地图名摩天岭，是青川县与甘肃文县的界山，西起大草坪，东至白龙江西岸，横亘220里，是岷山山脉支系。据《四川通志·龙安府平武县》载：“摩天岭关，在平武县东北一百九十里，魏遣邓艾寇蜀由此。”与现代里程相符。摩天岭关又名青塘关，是古今川甘往来的重要关隘，南麓为青川县青溪镇辖境。据《龙安府志》载：“有孔明碑，在摩天岭，字迹磨灭不可识。”

邓艾伐蜀的进军路线，《三国志·诸葛亮传》《三国志·姜维传》均云，“自阴平由景谷道傍入”。阴平在文县西，西汉时置阴平道，《汉书·百官公卿表》释云：“县有蛮夷者曰道。”古景谷道乃自文州初沿白水江继沿白龙江折南至汉白水县（今青川沙洲乡），此古蜀道之一。邓艾率大军三万人，追姜维至阴平，简选精锐后，分兵三支，分别横渡阴平桥（今文县城南）、龙津桥（今文县尚德乡境内）、玉垒桥（今文县玉垒乡境内），分路并进，直达摩天岭，此三条路，均在景谷道旁，且最为隐蔽近捷。

（王新）

摩天岭

摩天岭距青溪镇约60里，《古今图书集成》说：“青川城古马盘县地，摩天岭即此，邓艾由此道伐蜀。”摩天岭垭口，海拔高2227米，常年晨昏之时，云遮雾锁，巍峨峻拔。

邓艾越摩天岭南行前10里经九倒拐至南天门；循唐家河再南，即《边防考》所说的“大雄山峻极，出于云表，即北雄关也”。前约8里，即秦陇栈阁遗址。《阴平修路记》，“龙安栈阁……在东北者凡二，曰秦陇、曰东阁”（参看《蜀中广记》）；其地峰峦嵯峨，峭壁如镜，今名写字岩。据民国初年往观者说：“以水洗其壁，则上有‘邓艾过此’四字。”今已剥蚀难辨，栈道石穴，修公路时已毁。沿途里人相传，有关邓艾入蜀的民间故事颇多，至今尚有磨刀石、印台石、鞋土山、射箭坪、落衣沟等地名，可谓有口皆碑，历代相传。经落衣沟至青溪乡之渭坝，绕菁青山（《龙安府志》说：又名靖军山，孔明曾置军于此，遗址尚存），出涪江之东岸，经江油关一举灭蜀。

（王新／文　谢谦／图）

落衣沟桥

落衣沟桥位于青川县青溪镇落衣沟村，南距落衣沟新桥 20 米。落衣沟桥所在地地势西高东低，主要以山地为主。属亚热带湿润气候，全年气候温和，四季分明，雨量充沛。落衣沟为唐家河的一条支流，过了该桥即注入唐家河。桥的西侧为峭壁，东侧为山地，北侧为狭窄的溪谷，南侧为开阔的河边滩地。

传说当年邓艾由阴平古道翻越摩天岭来到这里时，受诸葛亮的流言惊吓，战袍落于水中，此河遂名“落衣沟”。落衣沟桥为单孔拱券式石平桥，东西跨于落衣沟上，原为青溪至唐家河的必经之道，后修建公路，在南侧 20 米处新搭一桥，名落衣沟新桥，此桥遂废而不用。桥面长 11 米，宽 4.3 米，高出河床 9.13 米，拱跨 6.9 米。因长期未使用，桥上现已长满了杂草。经考证，该桥属于清代建筑，对于研究唐家河地区清代时期的人文环境、交通及桥梁建筑工艺提供了实物材料。

（李蓉　文/图）

■ 剑门关雄姿

第六章

古关

概述

蜀道虽然是线型文化与自然文化遗产，但是这样的“线”是联系了诸多的“点”才实现其功能的，同时向更广阔的“面”发生文化辐射和文化连通效应。古代道路的“关”的设置及其实现的功用，是交通史研究必须涉及的课题 。“关”同时又涉及军事史和战争史，以及经济管理史、文化交流史和人口迁流史，长期承负着重要使命。

广元有史记载和民间传说的“关”不计其数，主要的古关有剑门关、葭萌关、七盘关、白水关、飞仙关、天雄关、石门关、朝天关、望云关、洪督关、潭毒关、德胜关等。古代的关隘，可以是关楼，可以是城，也可以是镇。上面提到的各个关，都曾经是古蜀道中金牛道、米仓道、阴平道上的重要关隘。可惜的是，沧海桑田，许多关留下了历史和传说，却消失了踪影。

但不能不提的是，曾在历史上发挥重要作用的川北四大名关，即七盘关、白水关、葭萌关、剑门关。

（傅尹）

白水关

古白水关在今广元市青川县营盘乡五里垭，距垭下古白水县城仅一江之隔。白水关地处古石牛道上，陆路北通秦陇，南接葭萌；水路溯白龙江而上，可到甘南，下可达巴渝，乃至荆湘，是一处重要的军事关隘。

白水关最早见于史册是《后汉书·卷十三隗嚣公孙述列传》：“述遂使将军侯丹开白水关，北守南郑。”《三国志·法正传》也有云，法正为刘备分析当时形势时提到过白水关，他说：“鱼腹（奉节）、关头（即白水关）实为益州祸福之门。”法正认为，当时进入蜀国只有两条路，一是东沿长江取鱼腹可入蜀，二是北从陆路取白水关可入蜀。因而守住鱼腹、关头是福，失掉鱼腹、关头必然有祸。公元211年，刘备进驻葭萌。《三国志·先主传》载：“先主大怒，召璋白水军督杨怀，责以无礼，斩之。乃使黄忠、卓膺勒兵向璋。先主径至关中，质诸将并士卒妻子，引兵与忠、膺等进到

涪，据其城。”

晋人张荟《南汉记》载：“蜀有三关，阳平、江关、白水。”《华阳国志》载：“白水县有关尉……”南北朝刘宋大中大夫、国子博士裴松之校注《三国志》时，引魏国郎中鱼豢《典略》所载，在东汉建安二十四年（219年）条下：“备于是起馆舍，筑亭障，从成都至白水关四百余区。”宋代《方舆胜览》在昭化县内记：“（关）城西南百八十里白水关，即李固解印绶处也，蜀志先主斩杨怀高沛于此。”

正因为白水关地理位置重要，秦汉以来，历朝历代均设关筑寨，派兵戍地，为了争夺白水关，这里战事频繁。如今的白水关，关城已毁，遗址残留。

白水关其名之由来，皆缘其江水而得名。白水江即《水经注》之桓水，源出甘肃临潭，经武都、文县、白水，南流至葭萌与西汉水汇合。白水县治地在其西岸，地势险绝之五里垭在其东岸，相距约5里，有渡口古曰“白水渡”。《水经》记载“白水有津关”，指在白水的津关。史籍记载多用方位里程表示，如《梁州记》“关城西南百八十里”，《通典》“金牛县南”，《四川通志》言白水关“在全县（昭化）西北一百二十里，东接阳平，西达平武，北连文县，最为要隘”，这当是白水江之白水关。《中国历史地图集》中，白水关在东汉出现一次后均不载，直至清代方从《四川通志》之说，移在白水境地。《汉南记》列举蜀川三个重要关隘，乃指阳平、鱼腹、白水三关分别扼守陕西、湖北、甘肃三省入川之门户，其意甚明。

白水初建县于西汉，此前名不见史传。近年来，青川进行文物普查时，在白水发现的地下文物十分丰富。从先秦到隋唐，包括铜、玉、陶、砖瓦等。特别是五里垭出土兵器甚多，已经征集到的有虎纹巴蜀剑、中原式剑、戈、矛、镞等。其他如方连纹铜镜、铜钫、料珠、玉环等，与1980年青川城郊发掘的战国墓葬群出土之器物相关，当属同一时代。

值得一提的是，1981年夏，一农民在古白水渡江边淘金时，拾得一铜质肖形印：瓦钮，印面1.8厘米见方，圆栏内一人舟行于水上。从印的形制和图纹判断，当是汉魏遗物。说明白水江这时已通漕运。廉叔度自葭萌乘船至白水，或再走陆路入长安，亦有可能。此地至今仍有“关头山”之名称，山上平旷处叫“营盘梁”，谷间小溪名“养马沟”。沿白水江东岸悬崖峭壁上，所凿眼孔尚存，这当是景谷道栈遗迹。

据此，可以推断，汉魏时期之白水关，乃在古白水江畔，临白水县界，即今之青川白水五里垭。

（傅尹 李敏／文　王治／图）

七盘关

位于川北广元市朝天区转斗乡与陕西宁强县汉源镇交界处，因从山脚到山顶，道路需盘旋七次，故名，号称西秦第一关，是四川连接秦岭以北的东北、华北、中原以及西北的唯一道路枢纽。七盘关，以前一直被误叫为“棋盘关”。据了解，20世纪90年代，在108国道公路建设中，当地有关部门在制作路标时用“棋盘关”替换了“七盘关”。自此，“七盘关”这一古名被逐渐湮没，贻误多年。2014年，四川省交通厅经过广泛征求意见和大量考证，正式批复“棋盘关”正名为“七盘关”。

李自成率农民起义军自陕西进军四川，即取道于此，“前日登七盘，旷然见三巴。汉水出嶓冢，梁山控褒斜。”除了兵家必争的战略地位，七盘关积淀的历史文化也很深厚。初唐诗人沈佺期有《夜宿七盘岭》，清代张问陶有《出七盘关踏雪抵宁羌州》等。1940年10月，著名画家张大千经过七盘关时，画下了七盘关同名国画。在这幅131厘米高的画作上，张大千这样描述：“此从七盘关北上，初入秦界，路极陡峻，境亦幽邃，昔称牢固关，为秦之咽喉，今更名西秦第一关也。”据统计，描述七盘岭的诗词就达100余首。

自古以来，七盘关都是四川北部与陕西交界的一处重要关隘。据明洪武年间《重修七盘关碑》记载，七盘关曾多次迁址。至清代，七盘岭头设有七盘关，建有炮台三座，分别为牛耳炮、子母炮和劈山炮，另有总武官一员和马步军兵一营。自初唐七盘关定址之后，它一直作为剑门蜀道入川的第一道屏障而名震四方。在川陕公路通车之前，川陕之间的人们要相互来往，必须经过远古的金牛古道，位于川北门户地带的七盘关更是必经之地。

1936年，当川陕公路修至七盘岭时，因为山势险恶陡峻，来自美国的公路设计师一筹莫展，只好退避三舍，费尽九牛二虎之力才绕开这座著名险关，从七盘岭山腰的一侧另辟蹊径，蜿蜒连绵数次，最后才逶迤盘旋而下。

七盘关是我国交通历史的天然档案馆，古蜀道、川陕公路、108国道、京昆高速公路都从这狭小的空间经过，各个历史时期的遗址在这里多层次交替展示。

（傅尹 刘玉国 / 文 谢谦 / 图）

重修县境朝天七盘关道路碑记

川陕交界处的七盘关姓“七”还是姓“棋”，曾一度争论不休。原朝天宣传部干部粟舜成先生根据大量史料与古诗文记载，考证出七盘关姓“七”，而不是姓“棋”。2018年5月30日，广元市政协文史学习委刘志国一行考察七盘关古关时发现了170年前证明七盘关姓“七”的重要物证——一块记载重修七盘关道路的石碑。

这块石碑被保存在转斗乡黎明村村民文安全的院坝里，用作洗衣板。83岁的文安全介绍，这块石碑是当年修建二专路时从山脚捡回来的，好几十年了，一直用作洗衣板。经刘志国一行仔细辨认，碑上从右至左，竖刻有这样的文字：

道光二十八年八月
重修县境朝天七盘关道路碑记
署广元县事资阳县知县范涞清立

字体为楷体，虽久经日晒水浸，但字迹清晰，遒劲有力，可见石质坚硬，非一般沙质石材可比，初步认定为花岗岩石材之类。这块石碑说明，道光二十八年重修七盘关的道路，是一名叫范涞清的资阳县令主持修建的。为什么是资阳县县令来重修广元县的七盘关道路？从“署广元县事”来看，有代管的含义。可能当时广元县临时缺县令，就让资阳县的县令范涞清来兼管了。

一个代管，可以不管，却兴师动众重修了七盘关道路，只能说明一个问题，七盘关在当时的金牛道中具有重要位置，而且达到了必须重修的境地，证明七盘关在当时有多么重要。再就是，它证明了清代之前七盘关一直姓“七”，后改为“棋”，的确有望音生义之嫌。

修桥铺路，儿女一大路。自古以来修桥铺路做善事的人，老百姓就这样夸他。一位官员，只是代管广元的事，无论是“我要修”，还是“要我修”，范涞清的官品应该是不错的。从史料中得知，范涞清是广昌监生，在资阳任上支持重修了《资阳县志》，乐山发生匪患时提出“一方有难、八方支援”的防范策略，得到肯定与采纳。

金牛道自隋唐改道，从七盘关由陕入川之后，一直是重要的官道和驿道。重走七盘关老路，那古关上的断垣残壁，那山崖上官方刻写提醒路人的“小心移步”，那曾经屯兵练兵的校场遗址，见证了七盘关的沧桑。可惜能够直接证明七盘关历史的文物不多，170年前的“重修县境朝天七盘关道路碑记”就显得尤其珍贵。

（傅尹）

朝天关

地处蜀道要冲，距朝天城南2公里，位于秦岭南麓藁本山南之余家梁山顶，是古金牛道上最险峻的关口，为历代兵家必争之地。关于朝天岭、朝天关的地理位置，古籍史料这样记载：

北宋王存等撰《元丰九域志》(卷八)之利州路："绵谷县有朝天关，关下即峡，岩高万仞，削壁如关，左右屹立，江流其中，为入蜀第一扼塞。"南宋王象之撰《舆地纪胜》(卷一百八十四）之《利州景物下》："朝天岭，路经绝险，遂开此道，人甚便之。"南宋祝穆撰《方舆胜览》(卷六十六)之利州："朝天岭，在州北五十里，路径绝险。其后即朝天程旧路，在朝天峡栈阁，遂开此道，人甚便之。"元代刘应李原编、郭友琼改编的《大元混一方舆胜览》(卷中)之《四川北道·广元路》："朝天岭，路径绝险。"清代嘉庆《保宁府志》载："朝天关在县北朝天岭上。"

关于建关时间，史书无明确记载，但《宋史·曹友闻传》记述南宋骁骑大将军、利州驻扎御前诸军统制曹友闻，在抗击元军战死利州北大安军阳平关的事迹之后有一段话："(朝廷）事闻，特赠龙图阁学士、大中大夫，赐庙'褒忠'，谥曰'节官'；其二子（封）承务郎，婿（封）迪功郎。"褒忠祠就建在朝天岭朝天关前，明、清地方志均有记载，今遗址尚存。因此，不少学者认为朝天关建于南宋与元军争夺四川的时候（1236—1279)。明末，大西政权在朝天岭驻兵以对抗李自成，张献忠在成都"杀士子"事件的直接起因源于此，详见《重要历史事件系列》"大西建国与张献忠杀士子目"。

宋代以来，文人墨客吟咏朝天岭、朝天关的诗文众多，其中以清雍正川陕总督岳钟琪《朝天关》诗最为有名："盘曲上崇椒，崎岖倍觉劳。水深因岩狭，山峻带云高。昔过年三纪，今来鬓二毛。停车增慨叹，斜日照征袍。"

（傅尹/文　杨文林/图）

葭萌关

葭萌关位于四广元城南的嘉陵江与白龙江交汇处。《三国演义》中的张飞夜战马超，老将黄忠、严颜勇退曹兵，姜维兵败牛头山的故事等都发生在这里。现今的葭萌关，沿用宋开宝五年以来称“昭化”的名称，葭萌关即昭化古城，位于广元市西南20公里处。昭化是四川置县最早的地区之一，秦时置葭萌县，蜀汉改称汉寿。古时葭萌关以城为关，可四面迎敌。《昭化县志》称：“东来广元有桔柏渡以拒之，西出剑阁有天雄关以镇之，南下苍、阆有梅岭关以间之，北渡阴平有白水关以守之。”古城地处秦蜀古道要冲，地扼嘉陵江与白龙江汇合处，背靠牛头山险峻山峰，史称葭萌关为“全蜀咽喉，川北锁钥”，“虽弹丸之地，有金汤之固”。建安十七年（212年），刘备曾领兵驻此。

2014年6月，为配合广元剑门关蜀道旅游度假区规划项目，广元市文广新局委托四川省考古研究院开展昭化土基坝、摆宴坝考古调查工作，调查面积约230万平方米，应勘探面积100万平方米，截至目前，已完成勘探10万平方米，共发现文化遗存43处，并取得重大成果。其中在土基坝上坪发现一处古关口遗址，面积约1万平方米，共发现两段南北向夯土墙（两墙相距27—34米，西段夯墙土长66米，宽6米，东段夯土墙长42米，宽6—8米），从采集器物分析，应设于汉代之前，结合史料，专家判断，极有可能是古葭萌关。

（傅尹／文　刘文龙／图）

剑门关

剑门关地处剑阁县北部地区，北下距剑阁县新县城下寺镇9公里，南距历史文化名城普安镇36公里。远眺剑门七十二峰，有如剑阵排列，数百里绝壁中断处，恰似门户洞开，因而得名“剑门”。先秦古驿道和108国道均从此穿经，南达梓潼、绵阳、成都，北至昭化古城、广元、勉县，越秦岭出散关到西安。

剑门关在三国蜀汉时期称剑阁，丞相诸葛亮在此设置阁尉，驻兵常年戍守，并于大剑关口沿大剑溪至小剑关（今两河口大仓岭）口建造30里“剑阁道”栈道以通行旅。唐圣历二年（699年）在此设剑门县，后置剑门关及大剑戍、小剑戍。宋景德二年（1005年）在剑门关设立了掌管屯戍、训练、边防、军器、徭役等事务的剑门关都监和掌军旅屯戍、营房守御的兵马钤辖使。元至元二十年（1283年），废剑门县设剑门驿，并入普安县。明洪武三十一年（1398年）废剑门关。明嘉靖二十一年（1542年）复设剑门关，以112人兵力驻守，置“百户戍守”。清初在此设

立剑门驿并置“剑门汛”驻兵防卫，光绪三十一年（1905年）裁剑门汛署。民国元年（1912年）改为剑门分州知事，次年改置剑门分县，民国29年（1940年）设剑门关镇，不久废镇设乡。新中国成立后，1950年1月设剑门区公署及区武装队，1951年设剑门乡，后改称公社，1985年1月复设镇，1992年改称剑门关镇至今。

剑门关是入蜀咽喉、军事重镇，历史上烽火狼烟、江山易主的重要战事常常在此发生。先秦以来，在剑门关发生的军事斗争上百起，鲜有北面来军攻破关口的。

蜀汉以来，剑门关栈阁道连同剑门关楼屡建屡毁，又屡毁屡建。民国元年剑阁知事张政最后一次修葺关楼，1935年修建川陕公路剑门关段时，古栈道遗迹、古剑门关楼被毁。1992年为发展旅游经济，剑阁县在大剑溪畔的古关楼旧址对岸修建了一座仿古关楼，此楼在2008年“5·12”汶川特大地震中严重受损，成为危楼。经四川省建设厅批准并报住房和城乡建设部备案，剑阁县在明代关楼遗址附近恢复重建了现在这座剑门关楼。

现在的关楼自2009年9月开工，次年4月竣工，楼高19.34米，基座长19.16米，宽13.6米，由上海同济大学依据冷兵器时代作战的特点和明代关楼的式样设计。关楼依旧以青石坐基，石拱券门为通道，两扇木质关门，兽吞衔环，金钉固之。楼上屋顶采取三层歇山式屋顶的构造，四面轩窗，环廊通透，檐下使用斗拱，檐柱、角柱采用侧脚，角柱采用“生起”等传统手法营造成“敌楼高踞、堞垛森严”的明代建筑风格。

第二层就是敌楼——城（关）上守御之楼。青石砌就的堞垛，是融进攻、防

■ 剑门关清代兵硐洞

御、瞭望为一体的战斗工事。南北两面分别悬挂有著名书家郭强、何应辉题写的匾额“天下雄关”。在北面门上以对联的形式张挂着李白《蜀道难》中的名句：“一夫当关，万夫莫开。”进入敌楼，展现在眼前的是九幅青铜浮雕，这都是原四川美院院长、著名雕塑家叶毓山教授以剑门关一带发生的重大历史事件为题材所创作的一组艺术珍品。

第三层是瞭望楼兼作铺房。瞭望楼，又叫“谯楼”。过去在这里设有钟和鼓，一方面用作瞭望敌情、发送信号之所；另一方面供守关士兵休息、储藏衣物所用。谯楼外高挂著名书法家谢季筠手书的“眼底长安”匾额。此四字有三层含义：其一，是用文学的夸张手法渲染剑门关的雄壮，矗立关楼似乎可以放眼看到关中平原；其二，标明剑门关在中国的政治军事地位——占有了剑门关就可以问鼎长安的中央政权；其三，点出了蜀汉诸葛亮在此设剑阁尉的目的——就是要夺取长安，“复兴汉室”。谯楼内四壁镶嵌张飞、霍峻、张载、唐明皇李隆基、李白、杜甫、王安石、陆游、黄裳以及亲自指挥了强渡嘉陵江战役和攻克剑门关战斗的无产阶级革命家徐向前等与剑门相关的10位历史人物的雕塑。

（王林乐 / 文　苟永雄 赵辉 / 图）

天雄关

天雄关是古金牛道上集关隘、交通、驿站于一身的要地。其建筑有压关门楼、邮递与士兵官署、寺庙殿宇与观景楼阁等。清嘉庆《四川通志》载，“天雄关在（昭化）县西南（十）五里，（通）剑州大路（上），俗名五里垭”。考其地，在今广元市昭化区昭化镇天雄村之牛头山腰，据传始建于三国蜀汉。清《保宁府志》载：“天雄关在县西南十五里，势极雄险，乾隆三十五年邑令吴廷相建新亭其上。”清道光《县志》载：“五里倚虹亭，过亭则牛头山麓矣。五里天雄关，牛头山腰也，有塘房。”所谓塘，就是一种地方性站所，房屋便是站所办公的地方。

天雄关实际上是牛头山的一部分。“牛头山在治西二十里，天雄关之顶，巨石耸立天半，远而望之，俨然牛立头。”（《县志 · 舆地志》）天雄关建有亭子。“天雄关在治西十五里，入蜀而来，殆与七盘朝天二关声势联络，实剑关之密钥也。”明天启四年（1624年）驿道改建后，天雄关即成为通京大道上一处重要的关节点。“架阁当其冲，启闭通徒御。”关门建有关楼，阁楼式样的，且是压关而建的，由专门人员守护，掌管启闭通行。

天雄关历代有驻兵防守。清乾隆年间，天雄关塘常年派步兵三名防守。康熙二十九年（1690年），昭化改路设驿站，天雄关被设为广元至剑门的九个铺递之一。（清道光《县志·铺递》）

天雄关先后建有殿阁和庙宇。据乾隆五十九年（1794年）《重修天雄关殿阁记》记载，天雄关有关门楼，是一孔之道，是入关通道。旁边祠堂是殿堂式建筑，所供祭者是关圣帝君（关羽），祠堂后是阁楼式样的观音阁，是供奉观音（大士像）的。至今部分碑版仍在，可证。清道光六年（1826年），邑令彭先华、县尉戴廷珪重修并添魁星阁一座。历代文人仕宦者过此，留下了诗作数十首。如清代江权《自昭化到剑州诗》：

出廓即登山，云是天雄路。
杖策临长风，步履入深露。
仰睇扪天闲，俯瞰凌烟树。
弹丸益昌城，衣带桔柏渡。
行行逼剑门，林莽纷回互。
山势亘长城，石堞森如铸。
参差剑戟排，高下楼橹具。
架阁当其冲，启闭通徒御。
虽无豺虎患，常怀颠蹶虑。
吁嗟蜀道难，从古多忧惧。

（任国富／文　刘文龙／图）

百丈关

百丈关是古米仓道上的一处重要的军事关隘，遗址位于旺苍县东河镇百丈社区，遗址东西长352米，南北宽179米，呈不规则的葫芦状，分布面积约63000平方米。百丈关是米仓古道和冷兵器时代的兵家必争之地，平地三面建关御敌，可谓奇迹。

百丈关古城墙全部采用黄土加竹、木做筋而建。墙体表面砌贴烧制青砖，砌缝和贴面用石灰加糯米浆拌合使用。这样砌古道的四方交汇点，东接巴州（现巴中市），可到达川、万县；西通利州（现广元市），可去绵阳、成都；北接汉中、西安；南下保宁（现阆中），到渝州（现重庆）及云、贵等地。百丈关为兵家必争之地，有清江（东河）通嘉陵江，汇入长江，商贾云集，有陈、李、张、梁等二十几个族群居聚，建有文庙、城隍庙等。百丈关古迹众多，文化丰厚，在1942年前属广元县治地。

百丈关全长790米，宽352米。据百丈关老人讲，城墙高8米、厚12米左右。城墙东高西低，呈上大下小、中间细的不规则葫芦状。为何建此状，众说不一，据传说与风水有关，此地为“仙女散花”，为保平安，在上城设有三口水井，故成此状。且将此城只设东、西、北三面城墙，直到明洪武年间，才修补南城墙。故百丈关又称“三面城”。墙体坚固，耐风化。城墙上设有方形御敌垛孔（孔高90厘米、宽60厘米左右），观察敌情。

古城墙有六道城门，即在城四周各设一道大城门，又在下百丈关南北两侧各设一道小城门（又称武门）。大门高约5米，宽4米，厚约20厘米。门的表面铆有大鼓钉，外有虎口门环两个，内有上下大门闩、门杠、锁扣。城门有士兵专守。大门外均竖有石狮一对（以示威严并镇邪）。大小城门均用青砖和条石砌成，门固其中。城门建有城楼（又称门楼或敌楼），城楼宽12米、长8米、高5米，砖木结构，楼角有风铃，楼四周有瞭望窗，两侧墙垛有旗孔（插旗用）。城楼内侧建有27级石趟梯（每梯宽2米、高20厘米）。

在百丈关下城另设有两道小城门，即城西南小南门、城西北寨子门（现在的红星南街两侧）。据当地老年人讲，百丈关分上下关城，设有文武衙门两个，上城为文官衙门，为文职人员治政之所。下城为武官衙门，为驻兵习武之地。设这两道小门便于军事活动，出入快捷方便。古城前外设有壕沟，宽7米、深4米左右。壕沟上设有吊桥，方便军民出行和抵御外敌侵扰。

（程久兴）

■ 翠云廊古柏

第七章

古树

概述

说到广元古树的古，至今还生长着亿万年前的树种。米仓山国家自然保护区有植物195科949属2597种，其中蕨类植物32科75属213种；裸子植物8科21属43种；被子植物155科853属2341种。植物科占全国植物科的55.24%，属占全国植物属的29.86%，种占全国植物种的9.57%。物种有国家Ⅰ级重点保护野生植物苏铁、银杏、水杉、红豆杉、南方红豆杉、莼菜、珙桐、光叶珙桐、独叶草9种，属国家Ⅱ级重点保护的野生植物有台湾水青冈、巴山榧、香果树等10种，占被保护植物的5.09%。

由于保护区所处位置的特殊性，这些植物生存环境稳定，长势良好。在植物资源中，特别是大面积的水青冈属植物的发现，引起了四川植物界与野生动植物保护部门的高度重视。

唐家河国家自然保护区属于亚热带季风气候，温暖湿润，雨量较多。境内森林资源丰富，自然景观保存完好，植被垂直带较为显著。据调查，区内有高等植物3100多种，珍贵树种有珙桐、水青树、连香树、鹅掌楸、金钱槭、杜仲等十几种。植被呈典型的垂直分布。在海拔2200—3200米的针阔混交林带和亚高山暗针叶林带，林深竹茂，是大熊猫适宜的栖息和繁殖地。

（傅尹）

剑门蜀道翠云廊古柏树群

广元古树中最具规模、最具名气和人气的，要数剑门蜀道翠云廊的古柏树群。它北起昭化牛头山，西达梓潼，南抵阆中，绵绵三百余里。翠云廊还有一个气派的名字，叫作“皇柏大道”。那是因为秦始皇统一中国后，下令以咸阳为中心，修筑通达全国的驰道，在道两旁种上成排的松柏，用以显示天子的威仪，因此人们把秦朝所植的树称为皇柏，所以这条道又名皇柏大道。

剑门蜀道翠云廊，是目前世界上行道树中树龄最古老、数量最多、生长最集中、树种最珍稀、保存最完整、保护制度最健全的生态文化长廊，号称“三百里程十万树”。翠云廊以皇柏、宋柏、张飞柏、夫妻柏、汉砖柏等 18 株巨大古柏为代表的古树群竖立蜀道千秋，仍枝繁叶茂，古韵悠长，犹如穿越千年历史的精灵。特别是景区内一株“松柏长青”树，因杆似松、枝叶似柏，世界仅此一株，列为国家一级保护树种。翠云廊融历史的古老性、线路的多样性、形态的独特性、功能的多元性、内涵的丰富性、保护的完整性于一体，由 8000 余株千年古柏群组成的绿色长廊，树龄在 400—2000 余年，是研究柏木生长、保护、培育的天然博物院。

翠云廊的形成历经 2000 余年。随着古蜀道的开拓和驿道的整修，路旁留有自然生长的树木，也有大量人工栽植的行道树，逐渐形成数百里的林荫大道。历史上，翠云廊上有过七次大规模的植树活动，最重要的有两次。

秦始皇统一中国后，下令以咸阳为中心，修筑通达全国的驰道，在道两旁种上成排的松柏，用以显示天子的威仪，“道宽五十步，三丈而树”。还有一种说法是，秦始皇修筑阿房宫时曾在蜀中大量伐木，杜牧在其《阿房宫赋》中就有“蜀山兀，阿房出”的描写。蜀中百姓怨声载道，秦始皇为平民愤，倡导在驿道旁植树。据林业专家考证，现翠云廊沿线胸径 2 米以上、树龄 2000 多年的古柏，应为秦朝所植，这是迄今所知这条路最早的植树记录。

第二次对翠云廊大规模种植的是张飞。相传张飞当年为巴西（今阆中市）太守，军政往来频繁。当时的剑州（今剑阁县）又是蜀都至中原的必经要地，为适应政治、军事上的需要，张飞令士兵及百姓沿驿道种树，军民同心协力，完成了植树义务。今天民间还流传着张飞当年“上午栽树，下午乘凉”的传说。据考，翠云廊上胸径 1.8 米以上的古柏，当是“张飞柏”了。

还值得一提的是藏在深闺人未识的拦马墙。拦马墙在剑阁城北镇境内，有参天古柏 240 多株，平均每 25 米有 1 株，苍劲郁翠，其中有“状元柏”“望夫柏”“鸳鸯柏”“七仙女柏”“怀胎柏”“观音柏”“石牛柏”“淌肠柏”“阴阳柏”等苍翠挺拔、独具特色的古柏。拦马墙除树古外，还有道古、交通设施古，堪称“剑门蜀道第一古道”。从凉山铺到清凉桥，有着长达 5 公里的青石铺面、古柏簇拥的驿道，是古蜀道原貌保存最完整的一段，其间的“拦马墙”“饮马槽”“门槛石”“防滑线”“拴马桩”等是古代陆地交通罕见保存下来的实物原形，堪称蜀道交通活化石。景区内有历经久远、保存基本完整的青石板铺面的古驿道，路面一般宽 2—3 米，最宽处达 5 米。路面平整、牢固，很少垮塌。

千百年来，马匹、车辆、行人的踩踏，在青石路面上留下了车辙痕、马蹄痕、行人足印，两边相拥的古柏树作为见证，记载了千古沧桑。

（傅尹 / 文　曾正强　苟永雄 / 图）

其他知名古树

2015年8月27日，《广元日报》记者在青川县大坝乡采访时，在该乡南溪村意外发现古银杏树群。在约10里的幽静峡谷中，不时出现要么群拥一起、要么金鸡独立的银杏树。有的树干粗至需要二人合抱，大多数树干粗至一人可抱。它们枝叶繁茂，树干高大，成为这条山谷的独特风景线。据乡党委书记张玉恩介绍，这样的古银杏树有600余株，生长年限在300年左右。大坝乡准备把这里打造成“十里画廊银杏谷”，与剑门翠云廊古柏群遥相呼应。

以翠云廊古柏树群为代表的广元古树群展示了广元古树的特色，而散布在广元各地的知名古树也毫不逊色。唐家河国家自然保护区内阴平道上的一株银杏，鹤立鸡群，据说有上千年的生长史，树干粗至需要五人合抱，南来北往的游客都愿在这棵树下照相留影。剑阁金仙镇镇东两公里地，有剑阁县文物保护单位“皇后山”。山顶有一株古线柏，枝若垂柳，杆粗若磐石，笔直高大，线柏高一丈处还生长着好似观音菩萨莲花台的突出物。

苍溪县黄猫乡不仅有树龄近500年的银杏、桂花等古树10余株，一株留下累累弹痕的古柏树，更记录着红四方面军著名战役黄猫垭战役的史实，被当地群众亲切地称为红军树。

广元的古树知多少？恐怕没有人说得清，但重视古树的保护却是一个不争的事实。翠云廊的古柏，早就开展了认捐活动，把认捐的资金用于古柏的保护。苍溪黄猫乡对现在的古树进行挂牌保护，针对破坏行为制定了最严厉的惩罚制度。如今，不少寺庙中有古树，不少学校中有古树，不少传统村落中还深藏着古树，都受到群众良好的自发保护。如旺苍县双河中学有一株古老的桂花树，没有人能确定它的树龄，但它一直被师生视为校树，是学校的镇校之宝。柏林沟镇的广德寺，寺内外有几株参天古柏，树冠茂密，引无数鸟儿栖居，被乡民视为至宝，受到尊重。广元境内知名而且受到保护的古树很多，下面略举几例，以窥全豹。

（傅尹）

剑门关梁山寺紫薇树

在剑门关景区大剑山层层古柏深处，藏着一座千年古刹——梁山寺。寺中一棵盘根错节的紫薇树，通过四合院天井，伸枝展梢，直指蓝天。传说是南北朝时期梁武帝亲手所栽，距今已有1500多年的历史。该树在当地俗称“痒痒树”（用手像挠痒一样挠树干，树会像人发痒一样颤动），通体无树皮，树干需双手合围才能抱住，有时两年一开花，有时年年开花，其花呈

■ 梁山寺紫薇树

白色或紫色，很是奇特。树下有一池，正中有一块墨绿色的石头，形似神龙。此池名乌龙池，又称八角井，传说梁武帝在此修行时引嘉陵江水而建。池水常年不枯，紫薇花盛开之时，水中花影繁盛，与石龙交相辉映，堪称奇景。

（傅尹／文　高志农／图）

苍溪县黄猫乡古银杏树

苍溪县黄猫乡蹇家大院背后有一株银杏树，算得上是广元市最古老的银杏树之一，树龄达千年。雌雄一体，出地两枝，树冠达300平方米，树干由五人以上才能合抱，特别壮观，最高时年产银杏果达1.5吨。

每到初冬，这株硕大的千年银杏树便身披“黄金甲”，站在陡坡上傲视着整片山林，让周边树木黯然失色。一阵大风吹过，不计其数的树叶从树冠飘落，仿佛下起了一场黄金雨，让人进入了梦幻世界。银杏

■ 黄猫乡古银杏树

树下的蹇家大院是一座四合院，始建于清代，至今保存完整，因当年红四方面军曾驻军于此，也被称为“红军大院”，又因其房后有大银杏树，也被称为“银杏大院”，极具保护和开发价值。

（傅尹／文　刘徽／图）

青川县千年铁坚油杉

青川县凉水镇团结村梨树社紧挨凉水至楼子公路一处叫“大松树”的地方，有一株远近闻名、号称“千年神树”的铁坚油杉。走近这棵古树，首先有种一种苍劲、远古、伟岸的感受。这株铁坚油杉的树根处，立有一块已被严重风化、大部分碑文已不可辨认的石碑，但碑的正中，则竖刻的“历代千年大神树”七字还清晰可认。再经仔细辨认，碑文右侧的几字是“元始

■ 青川县千年铁坚油杉

历年……”碑文最左侧的“大清咸丰八年立碑……”几个字还能认读。

据《青川县林业志》载，这棵叫“大树松”的古树，林业上叫铁坚油杉，又名铁坚杉，学名 keteleeria daridana，属松科，油杉属。该树所处的地理位置在东经 105 度 17 分 19 秒，北纬 32 度 24 分 2 秒。其实测树龄为 550 年，即明宪宗成化三年（1467 年）所植，树高地坪至顶稍 17 米，齐胸高直径为 153 厘米，海拔高度 1020 米，保护级别为二级。

（倪维新 / 文　王治 / 图）

青川县观音店千年红豆杉树

青川县观音店乡青竹村二组张家湾有两株树龄逾千年的红豆杉古树。经县林业局专家测量，一棵树胸径为 1.2 米，树高 25 米，冠径 26 米，树冠面积为 532 平方米。另一棵树位于相隔 300 多米的一处绝壁上，高度和第一棵差不多，只是树冠略小一些。两树的树干上都有几个空心大洞，其中一棵的空心部分足有 3 米多高。树龄估计在千年以上，是迄今为止青川境内发现的最老的红豆杉树，已被挂牌重点保护。青川发现的红豆杉树，拉丁文名 Ormosia hosiei Hemsl. et Wils.，属豆科，红豆属。又名何氏红豆、鄂西红豆、江阴红豆，因种子皮色鲜红而得名。是常绿乔木，高 20 米以上，胸径可达 1 米；幼树树皮灰绿色，具灰白色皮孔，老树皮暗灰褐色；小枝绿色。为国家Ⅱ级重点保护野生植物。

■ 观音店红豆杉树

（强通林 / 文　王治 / 图）

青川县其他稀有树种

青川县早在唐天宝元年（742 年）就因“其水清美”而改马盘县为清川县。自古以来就植被茂盛，林木苍翠。据 2016 年

■ 唐家河千年银杏

全县森林资源二类调查显示，森林覆盖率达72.99%。其中，古树名木是青川林业资源的重要组成部分。青川的稀有树种主要有珙桐、楠木、银杏和桫椤树以及红豆树（杉）等。1983年5月13日至21日，联合国与中国专家在唐家河吴尔沟、阴坝一带原始林区中，发现珙桐、连香树、麦吊杉、水青树、金钱槭、领春木、串果藤、杜仲、黄连等珍贵树木。

这些植物起源古老，多为我国特有，经济价值很高，是国家规定保护的植物种类。珙桐是世界驰名的观赏树种，1975年被定为国家一级保护植物。楠木，国家二级保护树种，青川县几乎每个乡镇的山林中都有楠木生长。银杏，俗称白果，又名公孙树，起源于上古时代，被誉为活化石，列为国家一级保护树种，青川境内以银杏为地名的就有二三十处。桫椤树，当地人称“果子树”，是古老蕨类植物，与恐龙同时代，唐家河自然保护区多有发现。

（倪维新／文　王开晋／图）

昭化区摆宴坝千年银杏

在昭化区昭化镇石盘村摆宴坝有一株千年银杏。这棵银杏树茎干硕壮，枝臂横空，需五六人扣手才能合围。树高数十丈，树冠伸展数丈，荫翳蔽日。据传，安史之乱时，唐明皇避难蜀中，返归途中渡过桔柏渡，在这棵银杏树下摆酒设宴庆功，款待群臣。由于天子驻足，人们便将此处易名为“摆宴坝”。银杏树也成为吉祥和神灵的象征，得到历代官员和百姓的保护。

此地土地肥沃，银杏日益高长，每年都会结很多白果。这棵银杏生命力特别旺盛，历经千年风霜雪雨的袭击而不倒。当地老百姓讲，大集体时期，这棵树中间有空腔，住了一条大蛇和一窝黄蜂，人们就在树下用柴火熏烧，最后用砖和水泥砌好空腔。当时人们还在树底下用火沤堆肥，浓烟熏烤，并没有影响树木的生长。

如今，千年银杏依然枝叶茂盛，伟岸高大，堪称一绝。

（任国富）

苍溪县三川镇公母银杏树

苍溪县三川镇望天关山腰有两株千年银杏古树，两株相隔而望，分别被当地百姓称为公树、母树。

（常力文）

昭化区太公薛家咀古木林

昭化太公镇双庙村薛家咀有一片古木林，长宽约千米，有柏树、松树、黄梁树、麻柳树、青冈树、槐树等上百株。叫不出名的还有几种，川北主要的名木在这里几乎都可以看到，算得上一处小型植物园。树木大的要三人合抱，小的要一人合抱，两人合抱的特别多。其中一棵麻柳树，比这里的任何树都长得粗壮，这在盛长这种树的川北地区还不多见。树龄上百年的树随处可见，五百年、千年以上树龄的也为数不少。古树林密度很大，进去后有遮天蔽日的感觉。

更为特别的景观是这里长年栖息生活的白鹭、灰鹭，多时上千只。树木稍有响动，成百上千的白鹭齐刷刷飞起来，场面特别壮观。

这片古木林能保存完好，是因为这片林地是当地大户薛姓的祖坟地。

（常力文/文　赵辉/图）

■ 薛家咀古树

■ 大木树驿

第八章

古驿铺

概述

驿站亦称“馆驿”“驿馆”“邮亭”“馆递”，是古代政府为传递文书、接待使客、转运物资而设立的通信和交通组织。隋唐期间，驿兼有通信机构和官方招待所的双重职能。“驿路上驿与传合一，驿取代了旧日的传舍，其任务由过去只传递紧急文书，扩大到接待、运输等方面。”(《中国古代邮驿史》）唐代结束了中国数百年分裂割据的状态，开创了全国统一的新局面，邮驿的制度建设、驿站的修缮扩建、驿路的水陆相兼，蓬勃兴起，四通八达，远远超过了以前任何一个朝代。但光阴荏苒，退出历史舞台的驿站建筑却消失在人们的视野中，仅留下一个个发人幽思的名字。

广元境内的三条古蜀道，以金牛道最为著名，从秦灭蜀以后，就是西安经汉中通往蜀中成都的主要官道。唐代以前，其线路主要是从陕西勉县、宁强过白水关沿白龙江至剑门关通往成都；唐代以后，其线路主要是经宁强过七盘关、朝天驿到昭化过剑门关到成都。这两条线路随朝代不同，沿途设立过不少驿站，如今白龙江沿岸的沙州、三堆、问津驿等，沿老108国道边的转斗铺、中子铺、五里铺、神宣驿、石柜驿、汉寿驿、望云铺、朝天驿等，都曾经是金牛道上重要的驿站。另外，米仓道上的竞城、普济、木门、柏林沟等，阴平道上的青溪等，都曾经作为驿站。

有史料记载，后蜀被北宋灭国后，花蕊夫人随孟昶流亡北行，夜宿葭萌驿站，感怀国破家亡的哀愁，花蕊在馆壁上题《采桑子》：“初离蜀道心将碎，离恨绵绵。春日如年，马上时时闻杜鹃。”因军骑催促，只得半阕，却一字一泪。从中可见当时的驿站之多之方便。而今，史料丰富、地位重要者，当数筹笔驿、朝天驿和大朝驿等。

（傅尹）

朝天区筹笔驿

“筹笔驿”名称的得来，与诸葛亮有关。相传蜀汉丞相诸葛亮出师伐魏，曾驻此筹划军事、运筹帷幄，因而得名。由于诸葛亮看到此处是进可以攻、退可以守的地方，与汉中前线阵地有一定距离，溯嘉陵江进阳平关可通陈仓，折东可去汉中，于是在此建立了一个后方军事基地。

蜀汉建兴六年（228 年），诸葛亮率军伐魏，战不得时，箕谷失利，街亭失守，挥泪斩马谡，向后主上了《自贬状》，心情非常沉重。但是，自白帝城托孤后，他不得不尽心竭力地为国事运筹，又回到筹笔驿，向后主刘禅进行了全面系统的表奏，这就是千古流传的名篇《后出师表》，所以后人就将此地称为筹笔驿。唐代诗人李商隐、罗隐均有以筹笔驿为题的咏怀古迹诗，两首诗都对诸葛亮表示崇敬，并为他未能实现统一中原的志愿而深感遗憾。

但筹笔驿遗址究竟在哪里，一直是史学界争论的问题。自宋代至今，说法有三，即：筹笔驿即原筹笔乡今朝天镇军师村，筹笔驿即神宣驿，筹笔驿即朝天驿。但认同较多的说法为前者，即今天朝天镇军师村。“筹笔”之名最早即见于中唐诗人陆畅诗《筹笔店江亭》：“九折岩边下马行，江亭暂歇听江声。白云绿树不关我，枉与樵

人乐一生。”此后，陆续出现了晚唐诗人杜牧、殷潜之、李商隐、薛逢、薛能、罗隐，宋代诗人石延年、文彦博、张方平、文同、李新、陆游、孙应时，明代诗人傅振商，清代诗人王士祯、李调元、张问陶等题咏筹笔驿的诗词。

据南宋地理学家王象之编撰的地理总志《舆地纪胜》卷一百八十四载：“筹笔驿，在绵谷县，去州北九十里。旧传诸葛武侯出师尝驻此，唐人诗最多。”南宋文学家祝穆编撰的地理总志《方舆胜览》卷六十六亦载：“筹笔驿在绵州绵谷县北九十九里，蜀诸葛武侯出师，尝驻军筹划于此。”清乾隆二十二年广元县令张赓谟纂修的《四川保宁府广元县志·山川卷》载：“筹笔驿在县北九十里，诸葛武侯出师常驻军筹划于此。”而清代历史军事地理学家顾祖禹的专著《读史方舆纪要·卷六十八·四川三》所记更为明确：“筹笔驿在县北八十里，诸葛武侯出师运筹于此。”从以上典籍的记述中可以看出，筹笔驿在古利州（今广元）北80里或90里或99里处，其位置就是今朝天区朝天镇军师村。

（傅尹/文　谢谦/图）

朝天区朝天驿

朝天驿，在今四川省广元市东北的朝天镇。朝天驿历史悠久，三国前叫富村驿，唐贞观年间建设大驿站，称飞霞驿。朝天驿源于唐明皇幸蜀的传说。

据传，唐天宝十五年（756年）六月的一天，唐明皇为避安史之乱，被迫遗弃了繁华的长安都城，在一片哀怨声中仓皇奔蜀。唐天子一行出斜谷，入蜀道，在三国重镇汉中地区稍事休整之后，便踏上金牛古道北端的第一座名关——七盘关。听说蜀中百官已齐集距此不过几十里地的富村驿接驾，于是唐天子命众人星夜赶路，晌午时分，与接驾的文武百官会合在富村驿中。随后人们将“富村”改名“朝天”，意思就是“朝拜天子”。

“朝天”一词最早出现在晚唐散文家孙樵的《出蜀赋》：“朝天双峙以亏蔽，中惨栗而阴翳。”而“朝天驿”一名则最早出现在南宋诗人陆游的《梦行小益道中》：“栈云零乱驮铃声，驿树轮囷桦烛明。清梦不知身万里，只言今夜宿葭萌。桦柳林边候吏迎，血涂草棘虎纵横。分明身在朝天驿，惟欠嘉陵江水声。”

结合历代诗文、古籍、方志所述，可

以判定：朝天驿的具体位置当在朝天区朝天镇朝天村一带，即朝天峡（明月峡）北门至朝天城区小中坝一带。驿站设置于中唐，唐文宗开成四年（839 年）全面建成。驿站前有嘉陵江、潜溪河绕驿奔流，有朝天古渡——两河渡，南面建有鸣玉亭，后面建有怀古亭，驿内设有武侯祠堂。正如《读史方舆纪要》载："驿有朝天古渡，即潜水所经。"另一说，朝天驿即筹笔驿。

（傅尹）

昭化区大木树驿

明代以前，昭化至剑州的官方大道未经过大木树（大朝）。人们在长期的往来中发现，从昭化到剑门关走大木树是一条捷径，当时是僻径，也就是小路。在古代生产力不发达的状况下，人行马走、晓行夜宿很是费劲，于是更多的行人便抄小道行走。这正是，本来没有路，走的人多了也就成了路。

其实，走这条路的还有军队。五代后唐长兴元年（930 年），"伐蜀，蜀王派阶州刺史王宏贽暗从白卫岭人头山后出剑门南，即此。按山顶有川主庙。道光十九年（1839 年），署令毛士骥建望远楼于庙前"。可见五代时期的军队已从此经过了。到清代，此处已是昭化有名的地方了。

明天启四年（1624 年）开始改建驿路，修建昭化经过大木树到剑门关的道路。"明天启四年初，凿山开径。崇正元年功始竣。"康熙二十九年（1690 年），到成都的路正式改道，大木树设为"铺"，成为通京驿道上的要冲，置四名兵士把守。"铺"自元代始设。"元制，设急铺递，以达四方文书之往来。"（《元史 · 兵志四》）最初的"铺"比较简易，可以叫作临时的驿站。

大木树成为正式驿道上的关节点后，逐渐升级建成有规模的驿站。《县志》载："大木树地属昭化，康熙五十五年（1716 年）初设驿站。"乾隆二十二年（1758 年），大木树塘置马兵三名，步兵三名。驿站里负责文书邸报递送的人员就是塘兵。大清道光《县志舆地志 · 疆域》载，自天雄关"五里梅青垭；五里新铺，有塘房；五里竹垭子，有塘房；五里白卫溪，俗名王家河；五里大木树铺，在人头山之鹿，驿路腰站"。大朝是昭化至剑门关驿道上的腰店子，与正规化的驿站是略有区别的。按例"本县驿站马二十四匹，马夫十二名。大木树腰站马十二匹，夫六名。康熙五十七年（1718

年），因川陕接壤（自西安到成都的通京驿道正式贯通），而神宣驿以西十六站马匹不敷。奏请每站设二十匹。昭化驿增站马六匹，夫三名。大木树增站马十八匹，夫九名。雍正五年裁存原数，六年复设”。

在清代，大木树驿处在从陕西到成都的大道上，各样人马过往频繁，中转紧急。据《大清一统志》：“大木树驿在昭化县西南四十里，马驿也。”其主要功能职能是承载各种公务文书的传递，上要将昭化方向的文件邸报等及时送到剑门关驿站，下要将来自剑门关驿站的文件等送到昭化，另外还要承担过往公务人员的食宿歇息以及马匹的喂养、行李的托运等，可以说既是邮政所又是物流中心。这里的配备受到了官方的高度重视。高峰时期，大木树驿站的驿马有 18 匹，马夫 9 人，加上塘兵、挑夫、后勤人员应在 20 人左右。

设立了驿站，养马匹和工作人员的开销就要由政府支付。由于处于腰站位置，当初“归剑州支应”。为方便管理，乾隆三十五年（1770 年），署令阮澍与剑州牧李枝昌详细商议，报请上级后，奉文改归昭化县管辖。每年应需工料银两在本县地丁银内尽数支销。这些开销在志书中记载特别详细：旧例本县地丁银每年摊给剑州剑门站，银 363 两 2 钱 2 分；摊给广元神宣驿站，银 345 两 2 钱，遇闰年加拨剑门站银 644 两 2 钱 6 分。自大木树改铺之后，地丁银不敷支销。除剑门神宣停其拨给外，仍移领阆中地丁银 98 两 2 钱 6 分。马匹草料银，旧额每马一匹岁支草料鞍辔银 18 两。康熙三十二年，照江南安徽例每匹日支草料银 6 分，应岁支银 21 两 2 钱 4 分，遇闰年增 1 两 8 钱，合银 23 两 4 分。马夫工食银，旧额每马夫一名，岁支工食银 28 两 8 钱。康熙二十三年，定每名日支工食银 4 分 8 厘。棚厂槽爵银，雍正六年议照湖北茶马例每匹岁支银 1 两 4 钱 2 分。倒马买补银，康熙二十三年议照湖北每年十分补三之例，每匹照茶马例买补银 8 两。如遇倒马则截扣草料银匹二百。马皮变价银按例解交驿监道库。

乾隆四十三年（1778 年），将驿站改归按察司，每年解贮臬库听候拨支。其余还有掮夫、鞘夫等。

遵照朝廷的统一安排，雍正十一年（1733 年），因川西路军务紧急，抽调东北二路驿站夫马，拨协邛州雅安，也就是调拨人马到此去支援。“其大木树亦拨马夫二匹夫一名，协济邛州之大塘铺。”

所有草料工食银两在建昌道路库军需项下先行垫给。县志载：“大木树公馆一座，系道光三年（1823 年）邑令谢玉珩重修，用银三百一十两，共修房十九间。”可见规模不小。公馆就是差使往来之所，“行台左右”交接或办理公务的地方，也相当于现在的招待所，过往公职人员可在此食宿。如清代李调元过此作诗：“晓投大木树，陂陀何骫骳。藤萝罥老树，山骨带石子。人行运气中，马嘶深涧底。风声鏊走雷，雪落峰藏砉。参错出层岚。渐露小村市。回望剑门关，且觅古车轨。”清代张问陶《雪后宿大木树诗》：“瘦岭聚灵奇，人烟淡不怡。蓊树千树恶，载寻一峰危。庙古山君得，谽空木客移。拊床惊斗鼠，叹息此何时。”

从诗讲述的情况看，当时的公馆条件很差，寒冷，还有老鼠出没。嘉庆十五年（1811 年）十月二十一日，陶澍朝发昭化，夜宿大木树。“十里下山，宿大木树。”（《蜀輶日记》）昭化驿站为正站，大朝驿站为腰站。其驿站坐落地应在现大朝小学的位置。这里原来建有马王庙、还戏楼等，均为木架结构。马王庙高高耸立，坐北朝南；戏楼坐东向西，显然是针对驿站对马匹的祈望而建的。惜于“文革”后期拆除。

昭化过大木树（大朝）到成都的驿道非常重要，在康乾时期，与著名的茶马古道齐名。此驿站无论是到剑门还是到昭化的路都是崎岖难行的，在此从事驿站事务的人员为保证国家公务的正常运转，付出了艰辛的劳动。从 1690 年设铺到民国时期的 250 多年间，大木树驿站在国家事务及人们生活往来邮传中发挥了重要的作用。

（傅尹 / 文　赵辉 / 图）

其他古驿铺

朝天区转斗铺

转斗铺位于川陕交界处，即今朝天区转斗乡。相传，唐天宝十五年（756 年），唐明皇避安史之乱入蜀，出七盘关后，得知前方飞霞驿（今朝天镇）有蜀官接驾，于是命众人星夜南行。至转斗铺一带时，但见夜空明净如洗，北斗七星转斗位于正北，并为六道彩环相拥。随行之占星者以为大吉，说内乱将由此转为安宁。玄宗一时大喜，故命名此地为“转斗”。

该铺于南宋淳熙三年（1176 年）置，是金牛道上的邮驿递铺之一。民国元年（1912 年），“大清邮政”改为“中华邮政”，撤销铺驿，驿道改为邮路，转斗铺遂淡出人们的视野。

（粟舜成）

朝天区中子铺

中子铺位于广元市北 60 公里处，即今朝天区中子镇。南宋淳熙三年（1176 年）置，是金牛道上的邮驿递铺之一。民国元年（1912 年）废。相传，唐天宝十五年（756 年），唐玄宗避安史之乱入蜀，到达这里时，路上红云笼罩，无法前行，于是他走下御辇来观看红云。只见天空月明如镜，林中红雾缭绕，香气袭人，不由诗兴大发，吟诗一首：“中天玉蟾辉如银，子规夜半无啼声。彩云祥雾铺五里，金辇银鞘走锦城。”人们取这首诗前两句的头一个字“中”和“子”，为这里更名为“中子”。“中子铺”一名一直沿用至今。距中子铺西面约五里之地，也因此取名为“五里堂”。

（粟舜成）

朝天区神宣驿

神宣驿，原名神仙驿，汉代陆驿铺送公文所设，位于广元市北 80 里处，北通陕西省宁强县，为秦蜀要冲。相传唐明皇走到此地，天已大亮，驿民夹道叩拜。明皇见此，深受感动，走向神台向百姓宣诏：朕当痛改前非，惩奸彰忠，重现开元之治，治乱镇边，再扬盛世之国威，以民安乐富裕为己任，以国富兵强为朝纲，以慰宗祖以报民德。后人将此名改为“神宣驿”。现在命名为宣河乡。

（粟舜成）

朝天区望云驿

望云驿，原名华阳驿，秦汉古驿，在广元市北 40 公里处。相传唐武德八年（625 年），唐朝星相学家袁天罡由京都长安入蜀，歇宿于望云驿。次早起，遥望利州城上空彩云升腾，瑞气环绕，移步沙河金鳌岭精心测定，认为利州城内定有贵人降世。遂急奔至利州，拜见了利州都督武士彟。武士彟早知袁天罡精通相术，善观天象，便请出夫人杨氏，将刚分娩的女婴抱出。袁见此女龙眉凤眼，脸现惊异之状，喃喃道：“此儿若是女，必为天下主。”十余年后，武则天称帝，印证了袁天罡的预测。

后人为之纪念，将华阳驿改名“望云驿”，驿铺改名“望云铺”。垂拱三年（687年），利州都督王窦于望云驿后山包上建立望云台。南宋末年因战火被毁，今望云台遗址尚存。

（粟舜成）

朝天区九井驿

朝天九井驿位于川陕接合部，四川省北部边缘，地处龙门山断裂带，扼秦陇入蜀咽喉，北倚秦岭，南俯巴蜀，东枕米仓，西接陇地。

它地处于朝天区大滩镇新生村一组、嘉陵江东岸，东依大滩镇回民聚居的穆家坡，南接嘉陵云栈遗址，西与宝成铁路（大滩火车站）相对，北与陕西阳平关毗邻，小地名九井湾。

它处于出入川陕的古蜀道上，属亚热带季风性湿润气候。山脚有滔滔嘉陵江水流过。据有关资料记载，唐朝以前，朝廷在九井湾设置九井驿场。

据民国《广元县志》载：“九井驿始建于唐代。”唐初的621年，建三泉县，九井驿属三泉县治，置九井水陆驿馆，设驿丞，有饭店、茶店、商店等，是秦蜀栈道上的中央驿站之一。

行于陆路栈道的客商在九井驿站歇息，行于水路的客商均通过九井水码头在驿站歇息。据《禅林仙观》记：“九井驿属三泉县治，客商多舟行。唐天宝元年（742年）三泉县移至今宁强县唐渡乡擂鼓台村后，九井驿属益昌郡（今广元）治。”

随着唐朝的繁荣，九井驿驿站渐渐兴旺，九井场也逐步繁荣。客商多舟行，九井驿水码头也格外繁忙。由于九井渡口上下河道礁石林立，滩险浪大，危及行舟安全。宋元祐四年（1089年）利州路转运使陈鹏组织疏浚嘉陵江航道，排除礁石，并设置九井驿水码头驿丞，负责管理辖区内航运和来往船只。

据《广元县志》（乾隆二十二年元月）记：“转运使陈鹏元祐五年记载：九井滩有大石三，其名鱼梁、龟堆、芒鞋嘴，危险参差相望于波间。操舟之人力不胜，舟辄为石所触，故抵于败。诚令绝江为长堤，度其南，别为河道以分水势，则此流水益减而石出矣。以火炼醯沃（注：用醋浸泡），金椎随击之宜可去，如其言治之，明年三大石不复见。而九井遂平。”

《蜀中名胜记》卷二十四载：九井滩旧时有蛤蟆、青牛、青缒三巨石，伏水为舟楫害。淳熙间，利路提刑张曩峪募降人冉得者治械为桔槔状，冶铁为杵，重千五百斤，抛掷半空而下，三石俱碎，化险为夷。至此九井渡口上下嘉陵江航道疏通，确保了舟行安全。直到宋朝后期，秦至蜀的主要大道改道，即由宁强—阳平关—九井驿—筹笔驿—朝天关—飞仙观—广元，改经七盘关—神宣驿—朝天关—飞仙观—广元。自此，九井驿陆路来往客商减少，主要为通过水路的客商经九井水码头在九井驿停歇。

（刘克武 雷均宇）

■ 高庙铺

利州区问津驿

据《广元县志》记："三国时诸葛亮行军，在此询问渡口。"此外"汉代即有渡口，蜀汉以后称问津驿，唐代渡船游俱有"。《读史方舆纪要》载："（广元）县西二里有高桥水驿，亦曰嘉陵驿，今日问津驿，在县西门外。"原驿在嘉陵江西岸。诸葛亮二度执掌政权之后，蜀国的防务和攻略中心就从葭萌向嘉陵江上游推进到问津驿，（广元）由此逐步兴起。

唐代时此处为水陆驿，称嘉陵驿，明清又称问津驿。此为往来要津，故唐人白居易、岑参、武元衡、元稹、李商隐、薛涛等及宋人文同、司马光、陆游等在此皆有题颂。此渡附近有黑龙潭，又称江潭，为武则天之母"感孕金轮所"之处。

据史载，清朝康熙二十九年奉设站马14匹，马夫7名；康熙五十七年，增马16匹，马夫8名，实有马30匹，马夫15名。岁支马30匹草料银637两2钱；马夫15名，岁支工食银254两8钱8分；买补马九匹，岁支价银72两；棚、厂、槽、铡等岁支银42两；扛夫20名，岁支工食银144两；廪给口粮，岁支银60两。以上，岁共支银1210两6钱8分。

问津驿在驿道中的地位，可从清道光年间设置从成都到陕西宁羌县黄坝驿800里只有19处驿站可以看出。19处驿站，广元境内就有9处，是这样设置的：南从梓潼县上亭铺北行40里至剑阁县的武连驿，又行40里至柳池沟驿，又行40里至剑州驿，又行40里至剑门驿，又行40里至昭化大木树驿，又行40里至昭化驿，然后再行40里就到了广元县的问津驿。再往北，就是望云铺、神宣驿，再往前，就是陕西了。

（傅尹）

昭化区高庙铺

高庙铺是成都至西安通京驿道上的铺递，位于剑州与昭化的分水岭上，是古时梓潼到昭化路段上二十四铺之一，至今保存完好。因高庙铺的东面有一处庙宇，称没梁寺，殿堂气势恢宏，有四五百平方米，加之高处山梁，故称高庙。至少在唐代，就设置有高庙铺。

高庙铺原有铺房、厅房三间，铺兵四名。《昭化县志·铺递》载："通京驿道谓之极冲，凡八铺，每铺置司兵四名，共三十二名。"当时，挑夫、马夫、官差等在此歇脚饮马、换程休息。清初的四川地区，由于长年的战争导致邮驿体系遭到严重的破坏，康熙五十一年（1712年），恢复铺兵制度。康熙六十年（1721年），四川总督和琳奏请"于冲途每铺设司兵四名，次冲设三名，偏僻设二名，每名日支银六钱"。高庙铺位于剑州与昭化交界处，铺兵主要负责公文递送、夜间火把的准备等。高庙铺西头紧挨大路处有一间小屋，是古时候官府跨地域夜间传递信件和公文提供照明设备的"火把房"。在铺房西边大约两三百米处有一片林子，是专供做火把储备原材料的基地，故称"火把林"。高庙铺处于昭化与剑州的分界处，近处原有界牌碑，此地又称"界牌梁"，惜其界碑于破四旧时被毁，现存遗迹。

高庙铺现存两进院落，立木高架穿斗，冷摊瓦，旱船天井，巴壁板楼，布局紧凑，饱经沧桑，风韵古朴，迄今已有300余年的历史。清末民初新式邮政兴起后，高庙铺逐渐衰落。

民国24年，川陕路改道，原驿道不再有交通干线的优势，高庙铺失去了原有的喧嚣与辉煌。任氏老人拘泥固执，要后人守住祖辈白手起家创造的基业，不准将房子搬迁出去，高庙铺原有的风貌才得以保存下来。

（任政生/文　任国富/图）

■ 千佛崖远眺

第九章

古崖（古石窟寺及石刻）

概述

充分利用悬崖峭壁表达思想、留下历史、传递文化，在此过程中形成的历史文化遗存是中华民族智慧的结晶。比如我们熟悉的悬棺、悬空寺、崖画、摩崖造像、石刻标语等类型，皆属于古崖范围，根据文物部门的定性又称“古石窟寺及石刻”。如福建武夷山的整木船形棺，四川珙县、兴文的整木长方形棺与崖画，多为春秋战国时代留存。建在悬崖峭壁上的寺庙称为悬空寺，最有名的为山西北岳恒山的悬空寺，建于北魏后期，有1400多年的历史。古石窟与石刻更是数不胜数，甘肃敦煌的莫高窟、山西大同的云冈石窟、河南洛阳的龙门石窟、甘肃天水的麦积山石窟是中国著名的四大石窟，是中国古代传统文化艺术的历史瑰宝。

广元的古崖壁，以摩崖造像为主，大的有影响的如皇泽寺、千佛崖、观音岩等。还有因躲避战乱而修建的石窟洞居或山寨，如散布于广元山区的叫“巴人洞”或“蛮人洞”的；还如抵御外侮、依山而建的堡垒之类的建筑，如旺苍化龙乡的奶头寨等，特具个性。

广元的古崖虽为数不多，但修建历史却有从汉代开始的，历史悠久，特色鲜明。有的还堪称一绝，如观音岩几乎集中了观音的各种形象，在佛教摩崖造像中难以见到。

（傅尹）

广元千佛崖摩崖造像

千佛崖摩崖造像位于广元城北4公里，嘉陵江东岸，金牛古蜀道上，历史悠久，雕刻技艺精湛。石窟始凿于北魏晚期，兴盛于唐朝，止于清代，历经千年，从而形成一座崖长265米、高45米，950个龛窟，7000余尊的佛教石刻艺术宝库。佛龛层叠分布，密如蜂巢，是四川规模最为宏伟的石刻摩崖造像保护单位。1961年被国家公布为第一批全国重点文物保护单位，是剑门蜀道国家级风景名胜区的重要组成部分，也是世界文化遗产预备名单之中国蜀道金牛道—广元段的核心遗产点。2012年创建为国家4A级旅游景区。

千佛崖摩崖造像最早开凿于北魏晚期，代表窟有大佛窟（726号）和三圣堂窟（226号）。大佛窟平面略呈马蹄形，圆弧顶，长方形窟门（1935年修川陕公路时窟门被毁），窟内造一立佛二立菩萨三尊大

■ 大方古洞

像。三圣堂为北朝时期典型的三壁三龛式窟形，三壁开龛，龛楣浮塑双龙，龛内造一佛二胁侍菩萨，主佛和过去七佛长颈削肩，飞天束攒天高髻，裙摆似羽尾状飘起，身肢修长，空中飞舞，典型的秀骨清像风格。南朝梁武帝天监四年正月（北魏正始二年，505年），驻守汉中的司马侃降于北魏，魏遣尚书邢峦为镇西将军，都督征梁、汉诸军事，其统军王足将兵入剑阁，所至皆捷，梁州十四郡地，东西七百里，南北千里，皆入于魏，北魏于此置西益州。

此后三十年里，先后有北魏大将傅竖眼、皇室元法僧等人在此担任益州刺史。他们在此驻守的同时，也带来了北魏皇室在云冈、龙门开凿石窟的传统和崇佛的风气。加之南北朝时期，金牛道开始逐渐改走嘉陵江而行，千佛崖位于嘉陵江东岸，有适合开凿石窟的大块崖壁，因此千佛崖的第一座寺院柏堂寺建成，开窟造像也就逐渐兴盛起来。

千佛崖现存龛窟多为唐代遗迹，而且

■ 金色千佛崖

主要集中在武周、中宗、睿宗和玄宗时期，该时段是千佛崖造像的高峰期，也形成了千佛崖石窟艺术的精华。特别是武则天对佛教的利用和推崇，推动了千佛崖造像高峰的到来。天授元年（690年），“东魏国寺僧法明等撰《大云经》四卷，表上之，言太后乃弥勒佛下生，当代唐为阎浮提主，制颁于天下”。武则天自称弥勒佛下世，当代唐为天下主，并派高僧赴全国各州宣讲《大云经》，建大云寺，造弥勒像。莲花洞开凿于公元690—697年，因窟顶浮雕双层莲花而得名，敞口，三壁环坛，南壁、北壁和正壁分别开三大龛，每龛造一佛二菩萨三尊像，组成过去世阿弥陀佛、现在世释迦牟尼佛和未来世弥勒佛的三世佛造像组合。不同于石窟中常见的三世佛位置的排列，此窟中代表武则天化身的弥勒佛居中而坐，这应是当时的官员为献媚女皇而开凿的政治献礼工程。

唐王朝经济繁荣，文化艺术灿烂。千

■ 持莲观音

■ 崖壁龛库

佛崖的开窟造像异常活跃，密如蜂巢，有的崖壁达13层之多。千佛崖摩崖造像大多数龛窟体量虽小，然而内容颇丰，题材多样，有庄严肃穆的释迦佛、三世佛、弥勒佛、阿弥陀佛、多宝佛，有雍容华贵的菩萨、虔诚追随佛祖的弟子、形态各异的人形化天龙八部、自由翱翔的飞天、威风凛凛的力士、虔诚礼佛的供养人……雕刻家以娴熟的雕刻刀法、纤细柔和的线条造型，结合自己的审美理念，精心雕凿出一尊尊栩栩如生、形态各异的佛教艺术作品，凸显“雍容华贵”“健壮丰腴”的时代精神风貌，令人叹为观止。

千佛崖摩崖造像历经千年沉淀，以悠久的历史、厚重的文化、精湛的艺术、丰富的人文内涵闻名于世。特别是安史之乱后，四川石窟艺术独步称盛，这与千佛崖沟通南北、承前启后的重要作用是紧密相连的。其规模布局、雕凿水平、题材内容、洞窟形制堪与国内其他著名石窟相媲美，是剑门古蜀道上一颗闪亮的明珠，具有很高的文化、艺术和科研价值。

2008年“5·12”汶川特大地震后，政府将崖前的108国道改穿隧道而行，公路为文物保护让路。同时，实施了一系列文物保护和环境治理工程，把千佛崖建设成了人居有好条件、文物有好环境、出行有好道路、经营有好项目的占地300余亩具有川北园林风格的国家4A级旅游景区。

（王洪燕／文　赵辉　吴建云／图）

■ 莲花洞

■ 菩提瑞像窟

■ 蜀道与千佛崖
（1921 年，英国人 Farrer Reginal John 拍摄）

广元皇泽寺摩崖造像

皇泽寺始建于北魏晚期，位于广元市城区西1公里处，历经北周、隋、初唐的不断发展，渐成规模。唐代女皇武则天称帝后“赐寺刻其真容”，故名“皇泽寺”，寓其“皇恩浩荡，泽及故里”之义。寺庙自创建，距今已有1500余年的历史。

皇泽寺现有二圣殿、则天殿、大佛楼、武氏家庙、五佛亭、女皇文化陈列馆等建筑。寺内供奉有武后真容石刻像，现存北魏至唐代摩崖石刻造像57个龛窟、大

小造像1200余尊，这些石刻造像对研究四川地区佛教的传播路线、造像题材和风格、人们的宗教信仰都具有十分重要的作用，具有非常高的历史、文化、艺术价值。皇泽寺是1961年国务院公布的第一批全国重点文物保护单位、全国首批文化产业示范基地、国家4A级旅游景区、四川省首批优秀博物馆。

皇泽寺原规模宏大，1956年建成的宝成铁路及后来修建的公路将寺庙一分为二，保护和发展受到严重制约。针对皇泽寺体量小、周边环境恶劣的现状，广元市坚持“文物保护第一、责任重于泰山的保护意识和文化强市”的战略，坚持做大做强“女皇故里”文化品牌，不断拓展皇泽寺体量。2001年，经协调铁道部，横亘寺前近半个世纪的宝成铁路穿隧道而行，2004年，将寺前公路改道为堤下穿行。先后两期搬迁了博物馆建设地带内的45户居民，拆除了违章建筑13000平方米，市政府将70多亩土地无偿划拨给博物馆使用；妥善处置了川北旅游服务公司，将皇泽寺原有土地收回；投资1300余万元，将原位于皇泽寺内的红军石刻标语碑林搬迁至南山森林公园。

■ 皇泽寺全景

一系列措施为皇泽寺文物保护及利用工作奠定了坚实基础。

2017年3月，省政府正式启动实施四川历史名人文化传承创新工程，武则天是全省首批推出的名人，省文化厅将皇泽寺列入“四川省‘十三五’文化发展规划”，将在2020年前建成国家二级博物馆。

北魏开窟造像

南朝梁武帝天监四年（505年），北魏以尚书邢峦为镇西将军，都督征梁、汉诸军事，迈过秦岭，攻占了汉中。其统军王足将兵入剑阁，所至皆捷，梁州十四郡地，东西七百里，南北千里，皆入北魏，北魏在广元置西益州。随着北魏军事的占领，北魏盛行的开窟造像艺术也很快传入广元。1983年，广元老城区出土的北魏延昌三年（514年）显明寺比丘惠楞与平都寺比丘僧政所造造像，就是典型的梁、秦风格。皇泽寺45号（中心柱窟）、38号窟（位于迎晖楼）亦开凿于这个时期。45号窟为三壁三龛式窟，窟内立中心方柱，该窟雕刻精细，结构巧妙，目前是四川地区唯一一个开凿于北魏时期的中心柱窟，也是四川省现存最早的一窟造像。38号窟亦为三壁三龛式窟，龛楣雕双龙交缠、龙首反顾。三壁三龛式窟在龙门石窟是比较常见的，中心柱在北方石窟中也是很流行的。

■ 嘉陵流香碑

写《心经》洞

武氏家庙东南是鼓楼，东北是写《心经》洞。写《心经》洞洞区有造像，分布于巨石三面，共计19龛，东面主要雕刻经幢和六道轮回的内容；西面造像常年埋于土中，2005年春在基建过程中被发现，主要内容为三世佛及释迦、多宝佛的题材；南面12号、13号洞窟为武则天的父母武士彟、杨氏开凿，时间为贞观二年（628年），窟内现存有武氏夫妇礼佛图一组，弥足珍贵。

大佛楼

大佛楼又叫大佛石窟，是位于则天殿上方最高处依山的摩崖造像石窟。原窟外建筑已毁，现所见之楼系1980年国家文物局拨款所建之新楼；由书法家李半黎先生题书“大佛楼”三字匾额于楼上，故习称“大佛楼”了。

大佛窟高7米，宽6米，深3.6米，开凿于初唐。主佛阿弥陀佛，立于莲台之上，左手曲举胸前，右手施无畏印，体态雄健魁伟，表情庄严肃穆。主佛左右侍立

■ 28 号窟大佛窟

迦叶、阿傩二弟子。迦叶袒右肩，左手执香炉，右手握拳下垂；阿傩左手捻串珠，右手上举，拇指中指相并。外侧观音、大势至二位菩萨，也都刻得眉清目秀，端庄慈祥。左右护法、金刚、力士等造像，虽有部分风化残损，但仍旧雄姿英发，形态不凡。这窟内南侧刻有一供养人像，他身着官服，头戴唐制双翅官帽，双手合十，跪于佛前虔诚祷告，在大佛足下，显得卑微而又渺小。

迎晖楼

迎晖楼石窟位于寺内大佛楼二层，是一组由北魏、北周至隋代 10 余个小龛组成的石窟群。其中，编号为 38 号窟的北魏晚期的龛窟保存较为完好。此窟为三壁三龛式，窟口设有拱门已残，龛楣上遗有双龙浮雕痕迹。龛内三壁刻“竖三世佛”，以南壁未来佛弥勒造像面部线条精致柔美，最为传神，是南北朝石窟秀骨清相风格的典型代表作品。

五佛

位于皇泽寺五佛亭内，俗称“五佛窟”。开凿于隋代，为敞口外方内圆的拱形窟，窟口方形，圆拱龛楣上方雕出桃形龛楣。龛内凿一佛二弟子二菩萨，像后浮雕双树及天龙八部。主佛高 180 厘米，头高 32.5 厘米，肩宽 46 厘米。内椭圆形头光，外桃形素面身光，着双领下垂式袈裟。胸部平直，身肢丰硕，立于圆形座上。弟子圆形素面头光，着双领下垂式袈裟，体形修长，直立于圆形座上。左右各塑二弟子及二菩萨像。龛后壁浮雕双树及人形化天龙八部护法像。

则天殿

皇泽寺的中心大殿。则天殿正中，为武则天真容石刻像，像高 180 厘米，由整块砂岩雕凿而成，武后结跏趺坐，头戴高宝冠，冠中饰坐佛，颈佩项圈，胸饰璎珞，披帛自双肩下垂绕体侧，双手于腹前做禅定印。该像做菩萨装饰，表现的是武后老年时期的形象，寓意其是弥勒佛转世以及晚年登基做皇帝这一史实，这也是国内唯一的一尊武后真容石刻像。殿内还陈列有1954年出土的后蜀孟昶时期的《广政碑》，是考证武则天出生在广元的重要史料。

女皇陈列馆

坐落于皇泽寺内北端最高处，建筑面积2300平方米。陈列馆富丽、典雅、辉煌，宫廷富贵气氛，体现大唐、大周盛世豪华的特有气度，是国内唯一一个大型的武则天专题陈列馆。著名雕塑家叶毓山先生专门为该馆创作了2.6米高的武则天青铜站像。

二圣殿

位于皇泽寺景区大门内正中，殿内正中为武则天和唐高宗李治的铜像。公元659年，高宗李治染风眩病，目不能视，为此武则天开始辅佐高宗治国，政务都交由武则天处理。史书记载：麟德元年（664年），每次上朝议事，帝坐于东间，后坐于西间，政无大小，皆与闻之，天下大权，悉归中宫，生杀大权，决于其口，天子拱手而已，中外谓之“二圣”。这在中国历史上是十分罕见的，充分显示了武则天卓越的政治才能。

武氏家庙

位于二圣殿左边，武氏家庙是武则天家人的祠堂，它坐落于皇泽寺南侧，紧挨鼓楼，在竹林的掩映下颇似一间别致的四合院。大门匾额上，刻有中国著名古建筑学家罗哲文先生撰写的“武氏家庙”四字。跨过两道门，进入院内，正中放置有一尊铜制大香炉，香火鼎盛，院墙上则挂满了游客信众祈愿的红布条。

祠堂是一间小小的建筑，正门两侧挂有古汉语学家徐征撰联、罗哲文先生手书的对联，上联为“朝廷虽已称周，史犹书三百年唐家世系”，下联为“帝业漫云易主，今尚留一小块武氏河山”。

中国历史上唯一的女皇武则天虽然改

二圣像

唐为周，建立了自己的帝国，但是众多史书都把武周朝归入了唐朝名下，而无论是李唐，还是武周，也都只是历史长河中的一瞬。

无论历史如何变迁，在广元，在皇泽寺，依然留有这座小小的家庙来纪念这位杰出的女政治家。家庙殿内正中供奉有一尊观世音菩萨的塑像，背后有“恩泽百姓，福赐万家”的锦旗，可见今日的武氏家庙不单单是纪念女皇的地方，也是很多老百姓的祈福之处。佛像两侧为仿铜所铸的武则天家人塑像，一字排开，父母居中，兄弟姐妹在两侧。

（李映龙 / 文　皇泽寺博物馆 / 图）

广元观音岩摩崖造像

此为全国重点文物保护单位。观音岩地处利州区盘龙镇新民村境内，塔山湾至摆宴坝之间，因为尚未对公众开放，知晓的人很少。

观音岩摩崖造像中，观音造像最多。摩崖造像分北段、中段和南段，南北长约500米，最早有500多龛窟，现仅存129龛窟，380多尊佛像。三段中，尤以南段的龛窟最为密集，多为方形浅龛。由于是有计划地开凿，龛群排列整齐，大小相近，层次分明，十分壮观。佛龛中有一块唐天宝十年的碑文，近400字，主要是赞美佛像，并叙述征讨南诏的天宝战事。龛旁还有25处题记，题记标明，造像均为唐中晚期开凿。观音岩以摩崖龛像为主，多为外方内圆拱形，双重龛，另外有中心坛式窟和方形龛两种。崖面布局采取分层排列，布满崖壁，雕刻细致，造像精美。

观音岩造像题材主要以单龛观音数量最多，有合掌观音、持经观音、圆光观音、威德观音、普慈观音、施药观音、德王观音、杨枝观音、十一面观音等，故当地老百姓称为“观音岩”。通观全崖造像，观音佛像多达80%，说明唐时民间对观音的信仰崇拜非常普及，成为民众信仰的主流。其次有释迦、阿弥陀、弥勒、文殊、志公、托塔天王等。再次有地藏、药师佛等密教题材。所造佛像丰腴、柔美，有质感，人物的表情、衣饰、天冠、姿态、手势、璎珞等凿刻得一丝不苟，尽管经历了千百年的风吹雨打，释放的美感仍然有增无减。

观音岩大部分佛龛是在天宝十年（751年）至十五年（756年）短短数年间凿出的，还有至德二年（757年）至大和七年（833年）的造像题记，摩崖造像时间长达80余年。与天宝南诏战事有关的官

员、将士开凿的佛像数量最多，引人注目。因安史之乱，随唐玄宗避难入蜀的随行人员所开凿的佛像，留下了历史长卷中的一页。解读龛旁题记得知，有一龛石窟是随行护驾将士捐款开凿的，有一龛石窟是唐玄宗的孙女、唐肃宗的女儿永和公主随玄宗入蜀捐钱开凿的。

通过佛龛中《释迦牟尼佛像赞》那块碑文，可以了解到当时6万将士在唐天宝十年南征南诏的悲壮故事。唐王朝扶持的南诏王国，时称“南蛮”，本想借其牵制青藏高原的吐蕃王国。而南诏羽翼丰满后，开始东进。朝廷决定兴师讨伐南诏，于天宝十年初派剑南节度使鲜于仲统率8万大军进击。

（傅尹　文／图）

剑阁县鹤鸣山唐代道教石窟寺

鹤鸣山地处剑门蜀道上剑阁古城东，古称东山，为中国道教名山，相传东汉时道教创始人张道陵在此驾鹤仙升，因此而得名。其山顶西侧开凿唐代道教造像群及琳琅满目的碑刻，令人目不暇接。如扬名天下的颜真卿书《大唐中兴颂》、唐代诗人李商隐《剑州重阳亭铭》等碑刻，自古以来令无数书家、诗家神往探访。道教造像计21龛窟，浮雕圆雕人物神怪数十躯，为我国道教石窟寺领域之珍品。其中1、2、3、4、5号龛所浮雕“五斗星纹”图、“六丁六甲”图、“无极演法”图，以及天尊手中所持的浑圆珠等阐释了我国道教深邃的文化内涵。

“五斗星纹”图

“五斗星纹”图，为1、3、4号龛主像背后头光上五颗圆形的星斗饰纹。其含义不仅为天师道“五斗米道”之教义，还广泛地融入了中国传统文化中的“五行”“五德”“五方”之意。我国古代与五行有关的学说虽然创立很早，但真正产生社会影响力还是从战国后期开始，也就是以邹衍为代表的阴阳学家，把五行与阴阳完全统一以后。

鹤鸣山的“五斗星纹”图，它不仅仅是表现单纯的“五斗米”宗教教义内涵，更是与宇宙星象学结合而产生的一门新的教义符号。“五斗”，其实就是北斗、南斗、东斗、西斗及中斗等五方星宿的总称，是典型的道教星宿崇拜的反映，更是我国古代道教徒研究生命自然所折射出的朴素唯物观及认识论。

■ 鹤鸣山唐代道教造像——长生大帝

“六丁六甲”图

此为鹤鸣山2号龛和5号龛内左右两壁各浮雕的十二员道教神像的称谓。“六丁六甲”之说，源于道经中的《灵宝六丁秘法》及《上清六甲祈祷秘法》。它们与道教传统文化中的三十六天罡、七十二地煞都是常见的道家神像群。剑阁鹤鸣山这两组六丁六甲图谱，深刻地表述了宇宙间阴阳两大对立元素的辩证关系。

“无极演法”图

此为鹤鸣山2、5号龛两组浮雕造像中丁、甲神将手持的鱼虫形状的法器的称谓，是根据道教太极内涵而言的，表示为两仪即阴阳生成之前的游离、鸿蒙状态下的无极现象。《太上老君清静经》中有这样的描述：“天为阳气，地为阴气，而天地何由大道之生也。每逢戌亥二会为混沌，混沌者，无极也。以待子会之半，静极一动而生阳，阳气上浮为天，在人为玄关。以待丑会之半，动极一静而生阴，阴气下凝以为地，在人为丹田。故曰天开于子，地辟于丑也。”剑阁鹤鸣山丁甲神所持鱼虫，正是从静转向动、以动移向静的一种相对运动的表述图像。

剑阁鹤鸣山上所存留的全国绝无仅有的道教石刻三图，充分证实了它在中国道教文化中的地位，由此可以看到中国道教文化中所蕴含的宝贵的哲学思想和核心理念。另外从剑阁鹤鸣山6—21龛所镌凿的隋唐时期“持扇”“持钵”“坐化”造像以及四号龛楣题记来看，雕凿精美，内涵丰富。特别是9—21龛“坐化”造像所表现的内丹分解图，从其胸腹手势等变化，反映了古代道士内丹行气的整个过程，此题材内容在全国范围看也属罕见。

剑阁鹤鸣山是剑门蜀道上耀眼的明珠，先祖不仅给我们留下了丰富的石刻艺术珍品，而且为我们提供了研究中国道教史、道教思想与自然现象关系、道教理论科学性等社科问题的宝贵实物资料。它是向世界介绍中国道教文化、思想的宝库。

1929年，日本著名建筑学家伊东忠太曾到鹤鸣山考察、拍照。他归国后便在《世界美术全集》以署名文章《剑州佛像石雕》介绍鹤鸣山石窟，并把鹤鸣山道教石窟寺错认为佛教内容，一时引起世界美术界的轰动和密切关注。

1956年8月16日，鹤鸣山道教石窟寺及石刻被四川省人民政府公布为省级文保单位；2013年3月5日，鹤鸣山道教石窟寺及石刻被国务院公布为全国重点文物保护单位。

“5·12”大地震后，剑阁县政府利用灾后重建资金，加大了对鹤鸣山石窟寺和碑刻等文物的保护力度，重新加修保护围墙，建成了“文博园”，长年对社会免费开放。2013年，鹤鸣山依托丰富的文物资源和优美的自然风光升格为3A级景区，从而使剑门蜀道又增添了一处高规格的文明探幽处。

（毋学勇/文　曾正强/图）

颜真卿书
《大唐中兴颂》摩崖碑刻

在千年古城剑州城东的鹤鸣山麓，历代碑文林立，摩崖造像密布，古称剑州八景之鹤鸣古刻。鹤鸣山唐代三绝之一的《大唐中兴颂》摩崖石刻无疑是其中最璀璨

■ 鹤鸣山唐代道教造像内丹修炼分解图

的明珠，它是我国现存几处集文学、书法双绝的《大唐中兴颂》碑刻中保留最清晰、完整之一的绝世佳作，属第七批全国重点文物保护单位——鹤鸣山道教石窟寺及石刻的核心组成部分。

《大唐中兴颂》为唐代文学家元结的代表作，撰于上元二年（761年）秋八月，唐代大书法家颜真卿书写，大历六年（771年）夏六月刻于湖南永州祁阳县（今湖南祁阳）浯溪入湘江口之浯溪东岸湘江南岸摩崖。鹤鸣山的《大唐中兴颂》碑为南宋隆庆府（治普安，今剑阁县）通判吴旰（南宋抗金名将、新安郡王、信王吴璘之孙，检校少保、太尉吴挺之长子）于绍熙二年（1191年）转刻，明景泰三年（1452年）剑州知州王玘盖亭保护，万历十年（1582年）剑州知事陆宗凯捐资镌深字迹（左侧小字刻注）。

鹤鸣山《大唐中兴颂》碑高3.12米、宽3.84米，左行直书，21行，满行20字，

不计题名款署、序颂共有263字。全文为：

大唐中兴颂有序

尚书水部员外郎兼殿中侍御史、荆南节度判官元结撰；

金紫光禄大夫、前行抚州刺史、上柱国、鲁郡开国公颜真卿书：

天宝十四年，安禄山陷洛阳，明年陷长安。天子幸蜀，太子即位于灵武。明年，皇帝移军凤翔，其年复两京。上皇还京师。於戏！前代帝王有盛德大业者，必见于歌颂。若令歌颂大业，刻之金石，非老于文学，其谁宜为？颂曰：

噫嘻前朝！孽臣奸骄，为昏为妖。边将骋兵，毒乱国经，群生失宁。大驾南巡，百僚窜身，奉贼称臣。天将昌唐，繄睨我皇，匹马北方。独立一呼，千麾万旗，戎卒前驱。我师其东，储皇抚戎，荡攘群凶。复复指期，曾不逾时，有国无之。事有至难，宗庙再安，二圣重欢。地辟天开，蠲除妖灾，瑞庆大来。凶徒逆俦，涵濡天休，死生堪羞。功劳位尊，忠烈名存，泽留子孙。盛德之兴，山高日升，万福是膺。能令大君，声容沄沄，不在斯文。湘江东西，中直浯溪，石崖天齐，可磨可镌，刊此颂焉，何千万年。

上元二年秋八月撰，

大历六年夏六月刻

元结撰写的《大唐中兴颂》反映了玄宗晚年疏于政事，听信谗言，导致安史之乱，并给百姓造成的深重灾难和困苦的史实，歌颂了唐朝平定安史之乱、收复两京的中兴业绩，表达了诗人痛恨藩镇割据、

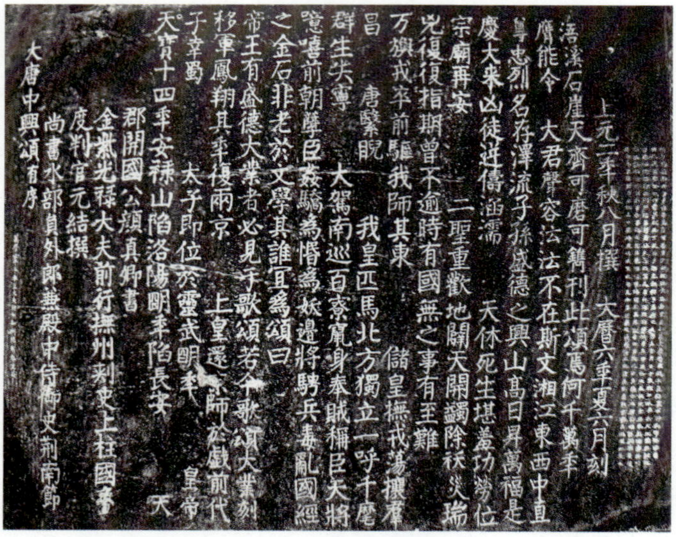

鹤鸣山宋刻颜真卿书《大唐中兴颂》摩崖碑

反对分裂、坚定维护国家统一的鲜明立场，并以微言揭露了玄肃之际政治变局的真相以及肃宗之不孝玄宗，元气淋漓，韵致深沉，是一首包含贬天子之微言的颂体诗。

颜真卿书《大唐中兴颂》是他书法进入成熟时期的典型代表，采取左行正书以隐喻和宣示孝道之义，以配合《大唐中兴颂》贬天子之不孝，放笔直写，一任自然，精严的法度已升华为平和的从容，确立了豪迈严谨的唐楷书风。

元结、颜真卿二人心心相印，天衣无缝地配合完成文学、书法双绝的传世杰作，是颜真卿左行直书的大楷绝品。成碑之后，各地慕名赴浯溪争相摹打、拓刻。北宋政治家、文学家欧阳修《集古录》称："《大唐中兴颂》，元结撰，颜真卿书。书字尤奇伟，而文辞古雅。世多模以黄绢，为图幛。""摹打既多，石亦残缺。今世人所传字画完好，多是传摹补足，非其真者。"

如今，四川资中，江西庐山、临川等地也有此石刻。鹤鸣山《大唐中兴颂》版本为原作拓印，刻于名工之手，颜书风格犹存，加之地处蜀道要冲，历代精心保护，广为传播，是当世保存最完整且每个镌刻文字均能清晰辨识的石刻书法珍品。

（李国强／文　曾正强／图）

鹤鸣山重阳亭和重阳亭铭碑刻记

剑州重阳亭、重阳亭铭并序石刻系鹤鸣山唐代三绝之一，位于剑阁县鹤鸣山麓，是国家第七批重点文物保护单位——鹤鸣山道教石窟寺及石刻的重要组成部分。

剑州重阳亭始建于唐大中八年（854年）九月，由剑州刺史蒋侑监造，至今已有1160余年的历史。因该亭九月建于东山之上，坐南朝北，为重九登高观景之所，故以"重阳"为名。重阳亭青石台基，圆柱八根立于覆盆式柱基之上，俊秀挺拔，卷脊顶，飞来椅。翼角凌空，碧瓦彤楹，朱栏霞明，雄冠山崖。北宋治平年间亭圮碑倾，历经千余年，或修或塌，时有兴替。

现存重阳亭系1982年剑阁县人民政府

拨款重建，复唐旧制，占地面积18.5平方米，高4.4米，灰色卷脊屋顶。南宋淳熙年间剑州知州张珗题书的“古重阳亭”四个隶书大字，阴刻在亭后正中壁上，字迹精刻镌深，苍劲有力。

重阳亭建好后，蒋侑意借重在梓州（今三台县）柳仲郢幕府充任幕僚的好友李商隐名望，使自己的政绩播美于当时，特邀请他撰写了《剑州重阳亭铭并序》一文，同年刻于重阳亭侧，明代剑州知州李壁于正德戊寅年（1518年）将亭铭碑移于亭左侧石刻造像龛内，碑高1.88米，宽0.85米，小篆书阴刻，共21行，415字。《剑州重阳亭铭并序》全文如下：

陪臣未尝屡睹天子宫阙，矧得舞殿陛下耶？然下国伏地，读甲乙丙丁诏书，亦有以识天子理意，尺度尧舜，不差毫撮，於绝远人意尤在。不然者，安得用江陵令，使上水六千里，挽大小虎牙、滟滪黄牛险，以治普安郡？令既为侯，讲天子意，三年大理，田讼断休，市贾平狱，户屈膝落，落民不识胥吏，四方宾颇来，系马縻牛，至树肤不生。乃大铲险道，绲石见土，其平可容考工车四轨。建为南北亭，以经劳饯。又亭东山，号曰重阳，以醉风日。南北经贯，若出平郡，无有噫嗟。越三年，民恐即去，遮观道路，乞请留侯像东山，实在亭下，侯蒋氏名侑。文曰：

仁之为道，隆磊英杰。天简其劳，羡以事物。惟君之明，惟蒋是欣，撮取不穷，如武有库。蒋之有世，以仁为归。伯氏之宜，仲氏之思，厥弟承之，纯而不纰。以令为侯，天子之德。汝侯为理，剑有寅昃。君南臣北，父坐子伏。饮牛沤管，田讼以直。市正狱清，谒归告休。朝雨滂滂，湿其帽头。民乐以康，愿有显庸。倾作南亭，北亭是双。至於东山，乃三其功。摧险为夷，大石是扛。亦既三年，民走乞留。伯氏南梁，重弓二矛。古有鲁卫，惟我之曹。惟仁之归，有世在下。其摅其超，尾鬣马马。惟蒋之融，由唐庞嘏。惟是亭铭，得其粗且。

唐大中八年九月一日，

太学博士河内李商隐撰

千余年来，蜀道多战事，楼台常毁损，重阳亭也难逃厄运，多次毁坏，历经两宋、明清、民国及当代近十次修复，唯唐代李商隐作亭铭的石刻碑一直保存至今，成就了碑为亭护、亭以碑闻，相得益彰的文物保存佳话。历代名人志士“以表前贤遗迹，以助溪山之胜”，或勒石题记，或为赋吟诗，在重阳亭前留下无数翰墨至宝，使鹤鸣山这座历史文化名山诗文常新、珍文荟萃，展现出历史文化的凝聚力和强大再生力。

（李国强／文　曾正强／图）

■ 鹤鸣山唐代李商隐撰《剑州重阳亭铭》碑

苍溪县寻乐书岩

寻乐书岩又名贾家洞，位于苍溪县城以西16公里东青镇东兴村的回岸山腰。清嘉庆五年（1800年），白莲教农民起义军进入苍溪东河、东青群众欲避兵乱，由寇自顺等人招工据岩凿石室两间，洞壁刻有文字以记其事。

道光中，当地儒生贾儒珍利用洞右下侧之天然岩壳，大加整治，并凿通道与上洞相连，又增凿石室数间，将石料砌成堡坎，石洞规模因此粗具。由于洞在古庙“回龙庵”之下，故名“回岸洞”

贾儒珍晚年常与其友许槃、李嘉秀等文人雅士在洞内谈诗论文，书壁刻石以乐其志。时不数载，洞壁书刻琳琅满目，美不胜收，乃曰其洞“寻乐书岩”。书岩内还有石泉、甘露泉，清澈甘美，四时不涸不溢，泉旁刻有诗文，盛赞泉水之奇妙。在石室外办“竹桥斋”，厚聘县内名儒考订、刊刻、翻印“四书五经”，增印《小学集注》，质地精良，信誉远蹈，一时文人学士往观不绝。

书岩以下建有亭台房廊，又以地势砌墙，墙内广植花木，馥郁芬芳，墙外古木参天，林荫蔽道，幽静异常。书岩内办有

养心义学，延师施教，时间达百年之久，为地方培育了不少人才。

书岩上下共三层，大小石室共7间，面积为470.3平方米，在约160平方米的石壁上石刻行、楷、隶、篆大小字迹152幅，19000多字，书家署名有郭尚先、龚有辉、李徽典、杨行端等21人。

内有石雕孔子、文昌帝、关圣大帝、八仙、观音、药王、财神、土地、送子娘娘、蚕丝公、蚕丝婆等像和浮雕5处、壁画9幅、神像35尊。凿洞时间自嘉庆五年至光绪十九年，历嘉、道、咸、同、光绪五代，樊玉麟最后一次刻字为止，整为100年。雕刻工艺细微，线条匀称大方。光绪十五年（1889年），贾儒珍75岁时将书岩改名为"九思祠"，乡人俗称"贾家洞"。民国以来，贾家衰败，贾氏子孙将"竹桥斋"书版卖尽。

寻乐书岩堪称川北天然的清代书法艺术展厅和珍贵的文化艺术宝库。1996年9月16日四川省人民政府批准其为省级文物保护单位。

（傅尹 / 文　赵洪文 / 图）

其他古崖（古石窟寺及石刻）

旺苍县普济镇佛子岩摩崖造像

1984年冬，旺苍县文化馆为编撰《文物志》，对全县文物进行了普查。调查中，在普济镇五星村佛子岩发现了唐代摩崖造像群，共编号1—30龛，220余躯。2001年10月，广元市皇泽寺博物馆、成都市文物考古研究所联合对佛子岩再次进行了考古调查。此次调查，共编号龛像41个，比过去增加了11个，又有较大发现。

佛子岩位于旺苍县城东南23公里处，东倚宝鼎罐，南连核桃寨，西临青江河，北接龙池山崖，呈东北—西南走向。佛子岩峭壁陡立，岩高约24米，摩崖造像自南至北绵亘120余米，占地面积约1200平方米，开凿于盛唐时期。崖面北上方横刻“天竺飞来”四个楷书大字。崖面上的龛像在“文革”被村民用炸药炸毁，许多精美的龛窟被炸得支离破碎。现在崖前树林中仍散落着许多残龛断像。

佛子岩造像龛形有外方内佛帐形龛、外方内圆拱形龛等形式。造像内容有阿弥陀佛和观音菩萨、地藏菩萨、不二观音、

■ 佛子岩摩崖造像

弥勒佛，一佛二弟子二菩萨二力士、一佛二弟子、一佛二菩萨（有专家推测是西方三圣）、西方净土变、佛塔等。其中有唐代天宝年间题记，可见佛子岩佛像开凿于盛唐时期。

佛子岩摩崖造像是川北唐代不可多得的佛教文化艺术珍品。佛像形象丰满，线条流畅，服饰华贵，具有唐代摩崖造像的典型特征。特别是“一佛四侍四菩萨”及佛阁“七佛”“西方三圣”等龛，各具特色，为唐代摩崖造像中的珍品。

佛子岩虽属于广元地区，但龛像却具有巴中地区造像的特点，如西方净土变以阿弥陀佛与五十二菩萨的形式表现以及外方内佛帐形龛等，即以巴中南龛寺造像的特点相似，与广元造像有区别，说明佛子岩造像主要受巴中石窟影响。

（傅尹 / 文　付蕊 / 图）

苍溪县三川镇阳岳寺摩崖造像

阳岳寺摩崖造像位于苍溪县三川镇阳岳村一组望天观半山腰西北面，村委会西北 2000 米处。

造像共七龛，分布在长 8.5 米，宽 3.6 米，即 30.6 平方米的崖壁上，横向排列，均为长方形龛口，龛内凿平顶。1 号龛高 45 厘米，宽 25 厘米，深 2 厘米。2 号龛高 115 厘米，宽 134 厘米，深 15 厘米。3 号龛高 90 厘米，宽 92 厘米，深 3 厘米。4 号龛高 137 厘米，宽 219 厘米，深 23 厘米。5 号龛高 90 厘米，宽 100 厘米，深 20 厘米。6 号龛高 13 厘米，宽 110 厘米，深 4 厘米。7 号龛高 63 厘米，宽 84 厘米，深 12 厘米。从造像内容和造像风格看，同时参考石壁上的题记，前六龛确定开凿于唐天宝十三年，第七龛约开凿于晚唐时期。造像的内容丰富，为浅浮雕，有西方净土变、五十三佛、二十五佛、三世佛、观音菩萨、地藏菩萨、药师佛、七佛等。其中五十三佛和二十五佛的题材可能与三阶教有关。有学者认为：这是四川首次发现有关三阶教内容的造像，这对研究唐代四川地区佛教宗派和佛经流传情况具有重要的参考价值。2007 年 6 月 1 日批准公布为第七批省级文物保护单位。

（李赵代）

苍溪县白驿镇赵家坡摩崖造像

赵家坡摩崖造像位于四川省广元市苍溪县白驿镇方山村三组，村委会西北 300 米处，系第三次全国文物普查苍溪县境内的重大新发现。该摩崖石刻造像，是在一巨大椭圆形石头上，沿东北面石壁呈环形开凿大小四龛，属唐代早期道教造像，雕刻工艺精湛，线条流畅，保存较好，是川北片区目前保存最早的反映道教题材的唐代摩崖石刻造像之一。

四龛均为外方内圆拱形龛（从左至右排序）。

1 号龛：坐西北向东南，外室方形敞口，高 130 厘米，宽 108 厘米，深 32 厘米；内室圆拱形龛，高 95 厘米，宽 80 厘米，深 9 厘米。龛内造一天尊四身男性胁侍二女真，龛口二力士，龛后壁浮雕护法天龙八部，龛内造像 13 尊。

2 号龛：坐西向东，外室方形敞口，高 190 厘米，宽 182 厘米，深 40 厘米；内室圆拱形龛，高 151 厘米，宽 144 厘米，深95厘米。龛内正壁雕主尊和二胁侍女真，主尊身侧雕一身小立像，左右壁均雕胁侍女真，龛口二力士，龛后壁浮雕有护法神像，整个龛内造像35尊。

3号龛：坐西向东，外室方形敞口，高66厘米，宽60厘米，深16厘米；内室圆拱形龛，高58厘米，宽43厘米，深8厘米。龛内正壁雕主尊和二胁侍女真，主尊身侧雕一身小立像，龛口二力士，整个龛内造像7尊。

4号龛：坐西北向东南，外室方形敞口，高173厘米，宽154厘米，深42厘米；内室圆拱形龛，高143厘米，宽129厘米，深95厘米，内室龛楣装饰一圈纹饰带，桃形光楣中开七圆拱形小龛，龛内正壁雕主尊和二胁侍女真，左右侧壁雕胁侍女真，整个龛内造像21尊，龛后壁顶部浮雕菩提树，局部彩绘尚存。2013年12月6日，广元市人民政府公布为市级文物保护单位。

（李俊昌）

剑阁县龙泉题刻

龙泉摩崖题刻位于普安镇双剑村四组，剑州古城后西街紧邻古驿道旁一凸出的连山青石面上。其岩石之下有一泓清泉，终年清澈，从不干涸，因其东侧有龙泉涧流经而得名。又传安史之乱，玄宗奔蜀驻跸普安郡（今剑阁县普安镇）期间，曾出城西门外散心饮用此泉，过后百姓便称此为“龙泉”或“龙泉井”。

“龙泉”摩崖题刻刻幅宽1.7米，高0.8米，分左右两部分，左部为清康熙三年（1664年）剑州知州乔钵草书阴刻“龙泉”二字，字径70厘米。乔钵，字文衣，

■ 清代乔钵草书“龙泉”题刻

明末贡生，直隶内丘（今河北省内丘县）人，工诗书，入清后，历任郏县主簿、湖口县知县、剑州知州等职。乔钵于康熙三年题写《翠云廊》诗，将剑门蜀道人工栽植三百里驿道古柏的盛况远播于世。乔钵在剑州任上，惠政频迭，为剑阁古代名宦，惜其所留墨迹甚少，此草书“龙泉”二字，笔势雄健洒脱，意态跌宕，结字沉稳而不失灵动，可谓榜书之中上品。

碑右为民国8年（1919年）谭文采楷书阴刻竖镌的14行题记，计360余字，字径7厘米。此300余字题记，字字用笔精到，平正中和，一气呵成，与“龙泉”二字形成大小真草的天然对比，相应成趣。谭文采，清末民国夔门（今重庆市奉节县）人，民国7年（1918年）五月任剑阁县征收局长，民国8年（1919年）五月离任。谭文采在剑阁任上一年时间，多有碑刻题留，如鹤鸣山重阳亭左侧石壁有其民国8年春楷书阴刻“剑阁”题刻，笔力险劲，用笔斩截。

剑阁古城“龙泉”摩崖题刻，为丰富剑门蜀道的古代碑刻内涵、研究清代名臣乔钵增补了极其珍贵的史料。

（王绍强 / 文　曾正强 / 图）

剑阁县何马沟事状碑

李榕撰书“何马沟事状”碑，原名为“特赏移赠中议大夫曾祖王父李府君始迁何马沟事状”。该碑位于下寺镇友于村三组李榕故居东侧清代私塾——镜墨斋遗址上。该碑由一整张宽215厘米、高85厘米的黎渊石刻成。黎渊石，属青石一种，因产于古代黎渊里，即今青川县竹园镇一带故名。其石质青灰细腻，极易镌雕碑刻及砚台等。李榕在很多场合都选择以黎渊石作为碑刻用材。

“何马沟事状”碑，为行书阴刻竖排，近900字，字径3厘米，保存完好。为了便于识读，书者有意将碑文分隔成上中下三排，上、中排均各分六部分，下排为五部分，计17部分，每部分标出数字导读。碑文内容记述了李榕曾祖父李苇早年居剑州东南乡大原山下，即今剑阁县樵店乡新房村李家盖。因其地贫瘠，水源奇缺，加之过早丧偶，子女众多，迫于生计，李苇与其子不得不离家奔波于外糊口创业。贱买贵卖，省吃俭用，后来家境逐渐好，于乾隆晚期迁居百余里外剑门关北下今下寺镇友于村何马沟。后至道光乙酉年（1825年），李苇之孙、李榕之父李时荣乡试中举，官至广东吴川县令。又至李榕时中咸丰壬子年（1852年）进士，后改翰林院庶吉士，历任江宁盐运使、湖北按察使，官至湖南布政使。“何马沟事状”碑，整体记述了李榕曾祖父李苇为了改变家庭贫穷艰苦的恶劣环境，远走他乡，带领子女与命运抗争的酸楚的创业历程，以及后来李氏家族在同治光绪时期的殷实发达情况。

“何马沟事状”碑文，通篇叙事简洁明了，详略得当，用词委婉平朴，往往只用数语，就刻画出鲜活生动的人物面孔，表现了李榕高超的文章撰写功底和语言驾驭能力。李榕自幼受家庭文化氛围影响，并在名师指点下刻苦认真读书习字，一生笔耕不辍，他师法古人但又不落于旧窠。他常说，写字之法“初求平正，务追险绝，复求平正”。意即开始习字之时，一笔一画都要横平竖直，端端正正，练到能十分熟练地表现自己的风格和意境时，还得坚持，再回归到平正初始，方能出成果。李榕晚年时，其书法艺术已达炉火纯青之境。光绪八年（1882年），年届63岁的李榕在友于庄“来源堂”家中撰书下了近900字的李氏家族“何马沟事状”碑。通碑书法，结字严谨大方，行楷相间，点画精到，端庄清秀，为其时刻碑名家赵兴昌镌刻，堪称李榕所书碑刻中的上乘之作。

李榕撰书“何马沟事状”碑，至今已历136年时间，为研究其家族变迁、书法艺术，以及清代剑阁的地理、农业诸方面信息提供了珍贵的实物证据。

（康驷忠）

剑阁县武连镇横梁子唐代摩崖佛教造像

剑阁县武连镇横梁子摩崖佛教造像镌刻在跃进村一组横梁子山麓一高6米、宽6米的天然巨石崖壁上，坐东朝西，大体分上中下三排，计16龛46躯造像，主像分别高22—58厘米不等。其中上排编号为1—4号龛，中排编号为5—7号龛，下排编号为8—16号龛。由于巨石顶部凸出一块50厘米左右、形似帽檐的石台将造像覆盖，最大限度地避免了阳光雨水的侵蚀。从7号龛顶及14、15、16号龛下的大约六段历代题记辨读来看，7号龛顶“贞观廿一年任玄荣”题记最早，由此可知，横梁子造像年代至少镌凿于公元647年，已历经1371年了。

从横梁子造像的内容来看，有一佛一龛的、二佛一龛的、一佛二弟子一龛的，一菩萨和二菩萨分别凿龛的，以及一力士和二力士分别凿龛的。从1号龛左侧，4号龛右侧、右下部，8号龛左侧，16号龛右下部桩孔，以及该石壁下部遗存散乱的

■ 横梁子唐代摩崖佛教造像

赵家湾唐代摩崖道教造像

条石来看，应是古人为了悉心保护该壁造像加盖雨棚所凿，并经常前来礼拜祈福。这可能正是横梁子造像能从初唐较为完好地保留至今的主要原因。

横梁子摩崖造像西北约500米处，为唐代武连县旧址（今武连职中），古金牛道自西南向东北穿经，是古代金牛道上的经济文化重镇。横梁子摩崖造像为进一步研究唐代剑门道上的佛教传播及造像龛窟开凿、艺术风格等提供了珍贵的实据。

（王绍强／文　曾正强／图）

剑阁县东宝镇赵家湾唐代摩崖道教造像

剑阁县东宝镇东升村赵家湾摩崖道教造像开凿于东升村四组一块宽6米、高5米，距地面2米高的红砂石崖壁上。坐东朝西，背靠燕子山，前临小西河。该造像分上中下三排开凿，计14龛24躯，造像高20—34厘米不等。上排从左至右编号为1—6号，从左至右编号为7—10号，下排从左至右编号为11—14号。其中1、2、3、4龛眉及7、11、12龛门镌刻有题记，但皆无年款，但从造像风格可断定，为唐代开凿。

从赵家湾14龛道教造像上的至少七处题记来看，摩崖造像当时不是一人出资开凿，而是众多供养人的资财和对道教极度崇信的结晶。又从造像开凿内容来看，主题表现为一天尊二弟子与一天尊两类，可见当时民间对道教神仙崇拜的主流趋势。再从所有题记书法风格来看，如“造”字走之底、“天”字捺画等字迤长多显隶书意味，由此可窥见“今隶”仍在初唐民间的应用现象。

赵家湾在唐代属剑州（所辖范围大致为今剑阁县）武连县（今剑阁县柳沟镇以西一带）辖地，为古代金牛道上的重要县，历代佛道两教繁荣兴盛，至今在民间根深叶茂。毋庸置疑，这些宗教现象都受到了金牛道这条古代南北经济文化传播的交通大动脉深刻影响。赵家湾摩崖造像为进一步研究唐代道教造像龛窟开凿、神仙崇拜等提供了珍贵的实物资料。

（王绍强／文　曾正强／图）

剑阁县柳沟镇赵松墓志碑

2010年9月，剑阁县柳沟镇新民村修建自来水站时出土了两块建于明嘉靖二十六年（1547年）的墓志铭碑，经文物专家仔细辨识研究，两块碑记录，墓主为明代嘉靖年间（1522—1566）兵部尚书、剑州（今剑阁县）人赵炳然的父亲赵松。此两块墓志碑无论从撰文及书写者的地位、书法艺术、结构体例，还是所反映的孝文化、墓主家族的变迁及明代封赠礼制等来看，都具有较高的史料价值。

两碑均63厘米见方，厚9厘米，分别为盖碑和志碑。其中盖碑为红砂石质，碑额右上部较为残损。从右至左篆书竖排4行15字，字径13.5厘米，行距5厘米。内容为“□新喻知县文林郎节齐赵君墓志铭”。其中“□”字左下隐现两横画，从古代盖碑篆书习惯和墓志铭内容可知，“□”应为“封”字。盖碑为小篆字体，书法锋芒内敛，刚劲有力，结体圆润，略呈耸势，颇得“玉筋篆”神韵，又更为丰满，属典型的明代篆书书风，可谓明代篆书中之精品。志碑为大理石质，碑额中、右部有残损。碑文保存较完好，系楷书阴刻。从右至左竖读，计30行819字。字径1.2厘米，行距1厘米，字距0.5厘米。墓志书法出自唐人法度，结字平稳，点画精到，属庙堂“馆阁体”书法一类，不愧为一幅上乘的书法作品。

赵松墓志铭撰文者为徐阶（1503—1583）。据《明史·徐阶列传》及有关资料载：徐阶，明松江府华亭县（今上海市）人，字子升，号少湖，嘉靖二年（1523年）以探花及第授翰林院编修，后升任通议大夫、吏部左侍郎、国子祭酒，后官至礼部尚书，兼文渊阁大学士。作为一介平

■ 赵松墓志盖碑

民的赵松，其死后为什么能得到如此显赫的官员为其墓志撰文及书写呢？其人脉原因在于墓主次子赵炳然。

墓志铭是悼念死者的一种文体，古人常将其镌刻于石碑之上，随死者埋入墓内。墓志由上下两层同样大小的方形石碑组成，上层称为“盖碑”，也称篆盖石或盝顶盖，习惯用篆书题写，故古人称其为篆盖，其功能是简要介绍死者的爵位名号。下层称为“志碑”，一般由前“志文”、后“铭文”两部分文章组成。前部分“志文”，也称序文，首先介绍墓志的撰文者、书写者职位姓名等的情况，接着记叙死者世系、爵位及生平事迹等内容。“志文”常占据很大篇幅。最后一部分是“铭文”，多用对仗、排比四字韵句对死者的德行操守进行赞美歌颂。关于墓志的缘起众说纷纭，目前学术界较为突出的有西汉、东汉、魏晋、南朝四种说法，一般公认，在南朝时期墓志已具有较为固定的文体及格式。

赵松墓志铭结构体例亦不例外，也分为盖碑和志碑两部分。盖碑用篆书竖排，简略介绍了赵松获赠的爵位及名号。“志碑”前部分首先介绍了该墓志的撰文、篆盖和书写者官职姓名等情况，紧接着介绍墓主家世。即从其七世高祖赵致中于南宋末年由洛阳入蜀于隆庆府（今剑阁县）任知府，后因兵乱不能归还中原，遂迁家于隆庆府剑门乡的家史变迁原因。继而介绍墓主祖父至其本人三世的家庭境况。文中谈及墓主少时的聪颖、孝顺，以及青年时的忠义豪气等性格特点，后以年满60岁构疾而终的人生历程。再后评述墓主妻郑氏之贤淑、慈孝、勤俭以及子孙如何贤达等。整篇志文事理清晰，层次分明，详略得当。

铭文部分，每四字成句，计20句，大体押韵。对墓主赵松品格和德行给予了极高的赞颂，词简意切，可谓字字珠玑。

（王绍强　文/图）

朝天区曾家镇虎狼沟摩崖造像

虎狼沟摩崖造像，又名吊滩河摩崖造像，地处朝天区曾家镇太平村北5公里的观音岩，位于川陕甘接合部，四川省北部边缘，地处龙门山断裂带，属亚热带湿润季风气候。吊滩河西岸崖壁上，两山夹一河谷，吊滩河从中间流过，山的上半部分为耕地，下半部分为灌木林。两山的半山腰及吊担河的上下游都为自然村落，有一条山间小路沿河从摩崖石刻所在的岩壁下经过。

造像及石刻凿于吊滩河西岸的观音岩崖壁上，雕凿于清代。造像坐西向东，分布面积约200平方米。四龛造像7尊，摩崖题刻2幅。1号龛宽0.8米，高0.9米，深0.4米。圆雕观音1尊，青砂石质，高0.8米，手持净瓶，结跏趺坐于莲台上。2号龛长1.7米，宽0.8米，深0.2米，一佛二菩萨二弟子，主尊高0.8米，肩宽0.3米。3号龛雕像4尊，宽2.1米，高1米，深0.2米。

摩崖题刻均距地面3米，高0.6米，宽0.4米。记载了造像缘由及过程，施工者、捐资者姓名。由儒学生员汪如泽撰文、匠师张先德刻制。该摩崖造像及石刻为研究该区域清代的宗教艺术、石刻艺术提供了宝贵的实物材料。

（雷均宇）

昭化区大朝乡罗家山摩崖石刻

大朝乡摩崖石刻位于大朝乡五堆村六社罗家山山腰，当地叫碑湾里。共两副石刻，一为“砥矢周行”，二为“化险为夷”。“砥矢周行”凿刻于明天启四年(1624年)，在古蜀道东侧崖岩上，版面宽1.2米，高2.3米，字径0.4米。竖行楷体大字，落款为“天启四川仲秋，相槐新开，捐俸募工，季冬告成，裁官店一铺，捷二十里，西通蜀省，北达帝都”。

“砥矢周行”出自《诗经·小雅·大东》:“周道如砥，其直如矢。”“佻佻公子，行彼周行。既往既来，使我心疚。”《鹿鸣》:“人之好我，示我周行。”《说文》:“行，道也。”“行”最初的意义为十字路口，后引申为通行。周，指周文王。周行，指大道、大路，用在这里指通京大道。砥，磨刀石，意为平坦。矢，箭，射箭。“砥矢周行”意思是说，像磨刀石一般平坦和如同射出的箭一样笔直的通京大道。赞颂了新修官道。落款记载了修道时间是1623年8—12月，采用了捐资和募工等方式，并且裁减了官店一铺，驿道改建后，减少路程20里。

“化险为夷”摩崖石刻凿于清光绪五年(1879年)，也在道路东侧的石壁上，版面高2.15米，宽1米，字径0.41米，竖行楷体大字，落款题记，上款为:“培修道路，李大老爷邑贤侯德政。”下款为:“光绪戊子季春，六里士庶公立，谷旦。”“化险为夷”出自唐代韩云卿《平蛮颂序》:“变氛沴为阳煦，化险阻为夷途。”意思是变险阴为平坦，此处用本义。落款记载了道路培修组织者是邑侯李大老爷，时间是光绪四年(1878年)春天，由当地的人员为其刻碑记功。

此两通石刻紧邻，体制基本相同。一为修建道路之初，一为后来者培修，时间跨度255年。字体文字保存完好，记录了人们开凿与培修蜀道的事实，文字简练，言简意赅。为研究剑门蜀道历史文化、交通史、石刻艺术提供了重要的参考价值。

（任国富/文　刘文龙/图）

■ 罗家山摩崖石刻

■ 桔柏渡晚景

第十章

古渡

概述

地处嘉陵江上游的广元，境内河流众多，除嘉陵江外，还有白龙江、清江河、东河（宋江）、南河等江河，它们分别在昭化、苍溪等地汇入嘉陵江。其他小溪小沟，更是数不胜数。

作为长江重要支流的嘉陵江起源于秦岭，源头在陕西宝鸡市的凤县，经陕西略阳、宁强后进入广元。曾经作为交通要道的渡口，大小无数。广元老城分处嘉陵江东西两岸，在上千年的时间中，应该存有重要渡口，可惜无史料留存。旺苍坝过东河到广元的马家渡，应该也是一个重要渡口，可惜也无史料留存。

但至今留有史料记载并还有相当名气的桔柏渡，可谓是广元古渡中的重中之重。

（傅尹）

昭化区桔柏渡

桔柏古渡，是金牛古道上的要津，数千年来，官吏商旅、墨客骚人、方士僧侣、差役骑卒，往来如蚁。码头边，舟船川流，车马络绎。于是古渡旁有了数千年繁荣的葭萌驿，有了历尽沧桑的葭萌关、天雄关，有了闻名远近的战胜坝、摆宴坝。古渡两岸，演绎过许多历史大剧，留下了众多传世佳话。

史载，公元前316年，张仪、司马错率领秦军，从陕西沿金牛道南下，征伐古蜀国。秦军抢先控制住桔柏渡口，一番激战，渡过了桔柏渡，攻占了葭萌城，消灭了古蜀王开明十二世的主力，进而吞并了古蜀、巴、苴三国。这便是著名的秦蜀葭萌之战。

500多年后的公元213年，汉中张鲁趁刘备主力南下攻刘璋之机，派麾下将领杨帛进攻葭萌城。葭萌留守霍峻奋勇迎敌，双方对峙于桔柏渡。杨帛诱降不成，又过不了桔柏江，只得悻悻退兵。

不久，益州（成都）的刘璋施出围魏救赵之计，企图趁刘备的根据地葭萌城空虚，袭占葭萌，以解西川之围，遂令部将扶禁、向存率万人之众，溯嘉陵江而上，围攻葭萌，战于桔柏渡。益州军久攻不下，势成骑虎。葭萌守将霍峻却以逸待劳，趁敌疲之机出城袭击，打得益州军大败而退，向存的脑袋还丢在了桔柏渡。

新旧唐书所载唐玄宗幸蜀，“遇有双鱼负舟过津，议者以为龙”的故事，就发生在这里。相传唐明皇还在渡口南岸罢兵三日摆宴，此地至今还叫“摆宴坝”。《郡县志》记载唐僖宗逃奔四川，又在桔柏渡口汇合，水急浪高，行船难渡，且因白龙江水白、嘉陵江水赤，初相汇合，还各自保持自己的流向和本色，“泾渭分明”，清浊不混，似如两龙翻滚。历代诗人杜甫、姚合、杨慎、王世贞、唐乐宇等过此，均有题咏。渡口原有碑刻30余通，现所存无几，然而老百姓记得最清楚的，莫过于《唐县令何易于腰笏拉纤碑》。

这一通碑述说唐懿宗年间，益昌（今昭化）县令何易于自己扎腰挽袂，把笏板插在腰间，为利州刺史崔朴的春游行乐船引舟拉纤，以抵制顶头上司崔刺史不顾农事大忙，要他抓百姓去拉船的行为。县令的举动，羞愧得崔刺史只好停船罢游。这通碑塑造了一个大义凛然、为民请命的清官形象，同时代进士孙樵路过益昌，询得此事，写了《书何易于》的文章，以此对那些不顾百姓死活的酷吏和腐朽的用官制度进行了无情的揭露和鞭挞。渡口的诗碑，也有不少是赞誉何县令的。清代张船山的诗云：“两水依然绕县流，唐代仙吏古无俦，榷荼独喜焚帝诏，腰笏何妨行画舟。

碑下耕农应堕泪，桑阴桑妇不知愁。咸通进士孙樵笔，常令行人重利州。”当地百姓更是众口皆碑，传为千秋佳话。

公元759年，一个阴冷晦暗的冬日，一位青衫鹤骨者携着家小，在萧瑟西风中向桔柏渡口蹒跚行来。他们牵着瘦马，从竹子架设的浮桥上走过。这人即是大诗人杜甫，为避乱，被迫离开中原，顺金牛道前往西蜀。过了桔柏渡后，诗人的心情略感轻松，“西辕自兹异，东逝不可要。高通荆门路，阔会沧海潮”便是写照。诗中的“兹”，是指桔柏渡。远离了动乱的中原，来到这安静的环境，夫子长舒一口气。是桔柏渡给了他心灵的慰藉。

汉代的司马相如，唐代的王勃、刘禹锡、白居易、李商隐，明代大才子杨升庵等许多文人名士从桔柏渡走过。他们遭遇不同，心境各异，但对桔柏江、对葭萌驿都充满了感情，留下了许多传世诗文，也为这古老的渡口和古驿增添了厚重的色彩，罩上了绚丽的光环。

公元965年，花蕊夫人随孟昶流亡北行，夜宿葭萌驿站。感怀国破家亡的哀愁，花蕊在馆壁上题《采桑子》，因军骑催促，只得半阕，却一字一泪。

初离蜀道心将碎，离恨绵绵。春日如年，马上时时闻杜鹃。

1175年冬，一个雪后初晴的下午，年届五十的陆游从陕西南郑返蜀途中留驻葭萌。他无法排解报国无门、郁闷孤寂的愁绪，在这渡口边的酒肆，引杯畅饮至黄昏。然后醉醺醺回到馆驿，思绪联翩，夜不能寐，于是填《清商怨·葭萌驿作》一首：

江头日暮痛饮，乍雪晴犹凛。山驿凄凉，灯昏人独寝。鸳机新寄断锦，叹往事，不堪重省。梦破南楼，绿云堆一枕。

那羁旅愁肠、凄凉心境，至今读来也让人颇感悲凉。及到80多岁的暮年，他还吟出“乱山落日葭萌驿，古渡悲风桔柏江”，那样苍凉悲壮、撼人心魄的诗句，足见对这桔柏渡、葭萌驿印象之深，感情之笃。然而如今的渡口，既无房舍，更无酒肆，只有一片荒滩、几许杂树和连天丝雨了。

时空更替，交通发达，金牛古道早成遗迹，淹没在枯藤老树、荒草寒烟中了。桔柏古渡，也无可奈何地没落了。数千年的喧嚣，被眼前的冷清、荒芜、寂寞所取代。江面不见行船，码头也了无生气。只有细雨中的一叶渡船，还倔强地横在江边，似在坚守那千年古渡的传奇……

（傅尹／文　江南／图）

广元老城晒轩门古渡

说起广元老城晒轩门渡口，得从晒轩门说起。抗日战争时期，驻扎广元的川军部队有一个师，师长叫杨晒轩，还兼任广元警备司令，他积极为广元县城整顿市容：翻修街道，倡导清洁卫生，广元城面貌为之一新。广元对岸的古庙皇泽寺后面石壁上有摩崖石刻造像，是古代遗留的艺术珍品。杨晒轩以警备司令名义出示保护，并补修了剥落破损的头像。他又受聘为私立广元太华中学的董事长，为该校建设和发展做了大量工作，使该校办出了成绩。他支持太华中学的教导主任陈文蔚留美深造，每年帮助他凑足学习费用。

广元是川陕交通的咽喉、货运来往的门户，杨晒轩严令查禁贩运鸦片烟。他曾在全师军官会议上说："本师官兵不准贩烟吸毒，如有违犯，定予重惩；如偷偷摸摸阴着干，那一定是不学好的坏种！"他在广元期间，治军理政有方，城区群众对他多有好感。后来广元新辟了一道城门，广元人把它定为"晒轩门"，又新修了一座亭子叫柳荫亭，以周亚夫细柳治军的故事来赞誉他。

晒轩门下就是通向嘉陵江西岸的古渡口。从今天的晒轩门展望嘉陵江上下游，此处到对门的皇泽寺距离最近，而且江面平缓，是渡口最好的选择地。

据考，这个渡口的对面应该是古之就有的问津驿。那么，晒轩门渡口以前的名字就是史书上记载的问津渡。传说三国时诸葛亮行军，在此询问渡口，所以取名问津渡。

唐代时此处为水陆驿，称嘉陵驿，晚唐改称嘉川驿，明清又称问津驿。此为往来要津，故唐人白居易、岑参、武元衡、元稹、李商隐、薛涛等及宋人文同、司马光、陆游等在此皆有题颂。此渡附近有黑龙潭，又称江潭，为武则天之母"感孕金轮所"之处。晒轩门建起后，晒轩门渡口就叫出了名，反而问津渡一名就被遗忘了。

1958 年嘉陵江铁桥建成后，晒轩门古渡自然消失，但民间还是多把此地称作老码头。

（傅尹 / 文　付蕊 / 图）

利州区利州南渡

清《四川通志》载："渡在县南一里。"利州南渡是古蜀道上重要的渡口，考其地在今蜀门大桥下的南河“古渡路”一带。唐温庭筠有《南渡孤舟》诗，诗云：

澹然空水对斜晖，曲岛苍茫接翠微。
波上马嘶看棹去，柳边人歇待船归。
数丛沙草群鸥散，万顷江田一鹭飞。
谁解乘舟寻范蠡，五湖烟水独忘机。

首联叙述渡口所见的平静景色，次联以候渡者的身份观看渡船往返、人马匆匆过渡。三联描写过渡时人马声响使群鸥惊散。尾联表达想寻范蠡“忘机”而不被人理解的心情。前三联再现了当时利州南渡繁忙的景象。

今日南渡，已被钢筋水泥大桥替代。南渡之南“群鸥”散集之处，已成为繁华的闹市街区，赋了予古渡新的内涵。

（傅尹／文　付蕊／图）

苍溪县临江古渡

苍溪县城西去二里许，嘉陵江边有一渡口名曰“临江渡”，乃古渡也。唐代诗人杜甫避成都兵乱，流寓阆州（今阆中）。于代宗广德元年（763 年）深秋，送客苍溪，曾临此渡。放船回阆，题有《放船》诗云：

送客苍溪县，山寒雨不开。
直愁骑马滑，故作放船回。
青惜峰峦过，黄知橘柚来。
江流大自在，坐稳兴悠哉。

杜甫以此吟咏嘉陵山水抒怀。后来苍溪人民为纪念诗圣此行，修建亭台以示不忘，名曰“送客亭”。

南宋孝宗乾道年间（1165—1173），爱国诗人陆游就抗金名将蜀帅王炎幕，由剑至苍，路经青山驿留题：

太息重太息，吾行无终极。
冰霜迫残岁，鸟兽号落日。
秋砧满孤村，枯叶拥破驿。
白头乡万里，堕此虎豹宅。
道边新食人，膏血染草棘。
平生铁石心，忘家思报国。
即令冒九死，家国两无益。
中原久丧乱，志士泪横臆。
切勿轻书生，上马能击贼。

其后，在他的《怀旧》诗中有“最忆苍溪县，送客一亭绿”之句，是纪念诗圣杜甫苍溪之行的。这也可以证明临江古渡乃唐宋要津。

乾隆《苍溪县志》记：吴智，莆田（今福建省莆田县）人。明成化年间（1465—1487）奉命督学四川，舟泊苍溪，有七律一首：

秋老荒城气倍凉，岧峣云树郁苍苍。
居民依麓云为舍，古寺栖岩石作床。
山接巫峰晴照远，江连巴峡碧天长。
杜陵送客当年事，剩有空亭对夕阳。

清道光初，县令书纶在临江渡东少屏山下的石壁刻“杜少陵放船台”六个大字及杜甫《放船》诗，并刻《题杜少陵放船台》诗：

策马踏青烟，高台带渺绵。
峰峦前代是，诗句几人传。
寒雨苍溪县，长江老杜船。
碧波流不尽，遗迹重名贤。

道光二十六年闰五月，知县事毛俊章竖立石碑，亲笔题“唐杜少陵送客至此”（碑今存文化馆）。

清乾隆三十六年（1771年），县令余大鹤以城墙不固、河堤失修，鸠工在临江渡山岩上开科取石；修筑城墙、河堤、马道，开凿不少洞窟。道光二十八年（1848年）又傍山岩凿一石楼塑观音菩萨像，即慈云阁。县令泽宽在慈云阁中有石刻小记。

同治十年（1871年），县令蔡懋康复大修河堤，以御江波，又在临江洞山岩大量取石。审形度势，详为规划，兼顾仙佛洞府。前辟石坪广场，空旷开朗，自撰《摩崖记》刻于石壁。

其后，复于岩上左右凿了不少石洞，仙佛妙相、石刻泥塑，望之俨然，走廊过道、庵房客室，都是岩石凿成，形式别致，因而它又以临江洞称。

临江胜地，古以“渡”名，继以“洞”称，最后又以“寺”显。但苍溪乡土的习惯只称临江渡，而不称临江洞或临江寺。盖古渡要津，溯源亦远，故永世不忘。

（李蕴璞 罗武忠）

朝天区大滩古渡

大滩之名，是因古时境内嘉陵江在今九井湾附近至川陕交界的菜白滩的江流上有四段险滩，即九井滩、鱼梁角滩、羊角砭滩、菜白滩等。水激滩险，礁石丛立，是舟楫往来危险之地，故曰大滩。据北宋景德二年碑志载：“三泉北九井滩、鱼梁角、羊角砭、菜白滩，巨石多也，行十舟九害之，告舟主者四大险滩也。”大滩渡口历史悠久。

据有关资料记载，唐朝以前在九井湾设置九井驿场，并有九井驿水码头。唐乾符年间，嘉陵江洪水暴涨，淹没了九井驿场舍，遂将场址迁移于距离九井湾上游2公里的茅坝子，宋哲宗年间场址又迁今茅坪村，明武宗正德二年（1507年）将茅坪场迁至大滩场，随之在附近建立了水码头。这就是后来人们称之的大滩场和大滩渡口所在地，位于今大滩镇新生村一组老大滩的王爷庙。

古时，大滩境内嘉陵江河道礁石林立，滩险浪大，行舟常常遭遇不测。宋哲宗元祐年间，利州路转运使陈鹏组织疏浚嘉陵江航道，排除礁石。重修《广元县志》（民国志）记：“县北大滩，有巨石曰鱼梁、龟堆、芒鞋嘴，参差相望为舟行患，宋元祐四年（1089年）转运使陈鹏悉凿平之。”又据《蜀中名胜记》卷二十四载：“大滩（九井滩）旧时有蛤蟆、青牛、青䲡三巨石，伏水为舟楫害。淳熙间利路提刑张嚢峪募降冉得者治械如桔槔状，冶铁为杵，重千五百斤，抛掷半空而下，三石具碎，化险为夷。”嘉陵江疏通后，上下舟筏往来频繁，大滩码头上下住户渐增，逐渐繁荣。

到了明崇祯十七年（1644 年）建神宣驿，撤销九井驿，大滩场街面逐步扩大，市场一天一天兴旺。据《大滩碑》记载：明万历年间大滩场上商家已达二百余户，街道狭长二里有余，场口人流拥挤，大宗商货有蚕丝、木耳、柿饼和各类药材，当地农户主要购买的日用盐、布匹、百货等均通过大滩渡口的船只往来广元运送，每天停靠在大滩渡口码头的船只多达几十只，渡口异常的热闹繁忙。大滩（包括现在的大滩、文安、马家坝、柏杨、青林一镇四乡和筹笔、陈家各两个村）成了川甘陕接合部的商贸繁盛之地。

民国 33 年（1944 年），广元汉江工程局水运工程处在嘉陵江九井至羊角砭险滩整修河道工程，砌龙干一千八百多米，从而保证了舟筏的顺利畅通。民国 34 年（1945 年），原民国大滩团防局团总胡永锡在大滩场兴办了一个造船厂，共造木船 10 只，载重量均在 10 吨以上，为大滩水运和市场的繁荣起到了一定的推动作用。据 1950 年调查统计，停在大滩渡口的船只一天多达 50 多只，仅纤夫就多达三四百人。每天开往广元城的船筏接连不断，嘉陵江纤夫的号子声响彻山谷。

（刘克武）

剑阁梁山寺

下篇 其他重点文物遗存

概述

广元除有价值有影响的“十古”外，还有一些在全国、全省、全市范围内有较大影响的文物古迹，它们或是国家与省级文物保护单位，或是蜀道文化、商周文化、战国文化、先秦文化、三国文化、战争文化、广元特色女性文化、红色文化的组成部分，或是“十古”的延伸物，或依附于“十古”而生存，或独立于“十古”另具特殊品质，有传说、有故事、有特色，年代久远、在全国、全省、全市、本县、本地区有名气、有影响。

或者说，从文物古迹的角度，它们有着自身的特色与观赏价值，值得一提。

（傅尹）

■ 柳桥节孝牌坊

第十一章 古牌坊

昭化区柳桥乡贞节牌坊

柳桥石牌坊位于四川省广元市昭化区柳桥乡平乐景区。

这是一座高大的古石牌坊。青石刻的筒瓦上是斑驳的苔藓，通体石头略带墨色，底座的地砖缝中长出星星点点的野草，更显得古朴沧桑。清代时，柳桥吕侯氏之夫早逝，她没有再嫁，精心侍奉公婆，抚弟至朝廷命官。嘉庆闻奏赐“节孝”，地方“奉旨旌表”，建此牌坊。

柳桥石牌坊建于清嘉庆十一年（1806年），为“圣旨旌表”吕侯氏而建造的孝节牌坊，到今已历时210多年。牌坊坐东向西。有四楼、四柱、三门、八鼓、八龛、十二翘角、六卷角。高8.36米，通面阔5.91米，其中明间2.83米，次间1.54米。明间高3.14米，次间高2.18米。四根石立柱呈长度形，规格为45×54厘米；前后施抱鼓石，高1.86米，抱鼓石上坐四个石狮和四个石虎。牌坊基座长6.5米，宽2.27米，有月台。明间和次间均用两道石额坊，其石横枋间镶石装板，左次间石装板正面和背面分别刻“冰清”“桂秀”二字，右次间石装板正面和背面分别刻“玉洁”“兰芳”二字，明间石装板前后题刻“节孝”二字，皆为楷体阴刻。顶楼凸起于匾额之上，匾刻“圣旨旌表”四字，屋面为歇山顶，脊饰刻有中堆和石鸱吻6个，刻筒瓦10件。柱、梁、枋上刻有形态各异的人物造像及鸟、兽、花草浮雕。抱鼓石上置坐狮，底座刻狮子、老虎、麒麟、独角兽各四个，鼓外刻有下山虎和如意、宝剑绶带等吉祥物。前后额枋刻有36组浮雕画，内容有孙悟空大闹天宫、嫦娥奔月、八仙、嫘祖采桑、百官议事、三国戏剧等。

整个牌坊上的人物雕像计186尊。翼角檐下有二龙戏珠、双凤朝阳等内容的镂

空雕刻。牌坊建筑注重形式上的对称性，如左右对称和正反对称，具有强烈的美感。在内容上，雕刻注重对称中的变化，人物、花草、瑞兽、器物均表现出这种鲜明的特点，有文武、阴阳、雄雌等分别构成对称。牌坊承载了丰富的建筑学、民俗学、历史文化学、工艺美术学等方面的内容。细读牌坊，既可获得视觉艺术的美感，也可从中学到丰富的传统文化知识，了解200多年前的石刻艺术。

1933年7月23日，红四方面军在元坝子建立嘉陵县苏维埃，为宣传红军的政治纲领，动员群众参加红军和实行土地革命，在石牌坊上錾刻28条标语，如“共产党万岁”“扩大红军”“平分土地”“赤化全国”等，后来人们称为“红军牌坊”。

柳桥石牌坊具有历史文物和革命文物的双重价值，不仅承载着源远流长的封建社会历史文化，而且石刻艺术和建造技术精湛，历时200多年保存完好，在雕刻和建筑两方面都有较高的艺术价值。尤其是28条红军石刻标语，不仅反映了当时革命斗争的历史，而且蕴含的红军精神成为激励后人的精神财富，是开展爱国主义教育和革命传统教育的活教材。1980年7月，柳桥石牌坊被四川省人民政府公布为第一批省级文物保护单位。

（任国富/文 赵辉/图）

昭化区黄龙乡孝节牌坊

黄龙石牌坊为孝节牌坊，位于广元市昭化区黄龙乡明水村兴泉（清泉）寺东侧200米处，建于清代同治年间，坐北向南，为大清同治九年（1864年）圣旨旌表王氏的节孝牌坊。

黄龙石牌坊面阔6米，通高8米，红石砌成，四柱三间三楼出檐多脊石雕坊。顶宽一丈三尺五寸，厚四尺五寸，正中顶端三尺见方的“寿”字石帽，八鼓六龛，十二翘角，柱、梁、坊上满布镂空雕刻，坊前、坊后额板楷书“圣旨旌表”，主额题“节孝”大字，上首书“钦命四川提督学院翰林院”，下首书“报呈”二字。左右两边各书四字，组成对仗。东西上联为“冰心宛在”，下联为“介节凛然”。西面上联为“其人如玉”，下联为“矢志酬金”。下中额为碑记，简述王氏“青年矢志皓首完贞”事迹，并加评述“此诚冰霜节操、品同金石者也”。“敢即耳闻目见者以志不朽云”，记叙修建牌坊的目的。一楼左右额书“冰清”“玉洁”。牌坊“寿”字顶，中层嵌“福”“寿”的变形图案，雕饰包括龙凤呈祥、戏曲场景、人物、花草瑞兽等为主，雕刻精细、纹理清晰，工艺精湛。石质建造以方体为主，每层檐下置斗拱式样，祥云、龙鱼吻饰。

“圣旨旌表”的王氏为仲新仁之妻。相传仲新仁与王氏结姻后，在迎娶婚驾临入大门时，仲新仁突发重病辞世，王氏得知此情时，立誓愿为夫尽孝侍奉父母，在说服送亲族人后，送亲婚队喜进仲门，当晚由夫之母提鸡与王氏拜堂成了亲。王氏一生以孝为先，敬奉公公婆婆至终生，冰清玉洁，自守贞节伴其寿终，承业收养一子，呕心沥血育子成人，其美德名扬乡里，世人称赞，受到朝廷表彰并赠“圣旨旌表”匾一块。仲万品为报慈母之恩，在族人的帮助下，为王氏在此建立起“孝节牌坊”一座。

该牌坊保存完整，其所展现的雕刻艺术和人文风情为研究清代民俗和石刻技艺提供了宝贵的实物资料，是昭化重要的一处省级文物保护单位。2016年，黄龙乡人民政府、区文广新局及明水村共同努力，投资70万元对孝节牌坊进行了保护性修缮。

（仲俊先 任国富　文／图）

旺苍县福庆乡贞节牌坊

旺苍县福庆乡贞节牌坊修建于清朝嘉庆年间，坐落于福庆乡农经村和牌坊村的交界处，约高4米，宽3米，由四根柱子、三层雕刻工艺堆砌而成。牌坊的横匾上有据说是当时皇帝御赐的“冰清玉洁”四个大字，牌坊的碑板上撰写了当事人的主要事迹，工艺精细。

由于时间过久，个别字迹已经模糊不清，该牌坊属于省级文物保护单位。

（傅尹）

旺苍县木门镇老街孝节牌坊

木门古镇位于旺苍县东南边缘，地处旺苍、南江、苍溪三县交汇处，古有“一脚踏三县”之称。木门古镇小巧、秀美，是省级历史文化名镇。在古镇老街东端，有一座孝节牌坊，始建于清道光十七年(1838年)，原是为旌表周王氏的“孝节”而建造的。孝节牌坊高8.18米，宽8米，进深1.85米。原有的文字已经模糊不清，但上面錾刻的16条红军标语却特别醒目。

1933年1月，红四方面军解放木门，并在这里建立了中共长赤县第五区委员会和长赤县第五区苏维埃政府，领导工农群众打土豪、分田地，开展轰轰烈烈的保卫苏区、建设苏区的革命斗争。为了广泛宣传党的政策，号召劳苦大众踊跃参军参战，推翻国民党的反动统治，建立工农兵自己的政权，西北军区政治部、红三十军政治部在石牌坊上分别刻下了“共产党万岁”“工农专政”“消灭日本和一切帝国主义军阀”“平分土地，建设苏区”“参加红军，分得顶好的田地!”等16条标语。

如今，牌坊上面錾刻的红军宣传标语中，“赤化全川”“工农专政”等文字十分醒目。察看题留在牌坊上的落款，为“西北革命军事委员会”“红三十军政治部”。1935年4月，红军撤离木门出发长征后，木门人民千方百计将红军石刻标语牌坊保存了下来。

（傅尹）

剑阁县白龙镇贞节牌坊与“奉天敕命”圣旨碑

剑阁县白龙镇春风村六组，有一处清代乾隆二十六年（1761 年）留存的石质贞节牌坊及满汉文“奉天敕命”圣旨碑，雕刻精美，寓意深刻，是剑阁乃至川北珍贵的清代牌坊与敕命碑的实物见证。

贞节牌坊为四柱两层三开间歇山屋面形制，通高5.3米，通宽5.8米，明间枋柱0.4米见方，高3.25米，四柱前后均施抱鼓。明间宽2米，额枋下圆雕卷鼻象首雀替，其寓意为太平有象。额枋上嵌石匾一道，匾面分左、中、右三部分，中间部分楷书阳镌“贞节”二字，左侧浮雕仙鹿芝草，右侧浮雕鹤舞松枝，寓意为长寿安康、松鹤延年。

位于“贞节”牌匾正上部竖嵌浮雕“奉旨旌表”牌位一道，其中“旨、旌、表”三字楷书阳刻竖排，“奉”楷书阴刻于“旨、旌”二字右侧。在“奉旨旌表”牌左右两侧各浮雕两条昂首云龙，正上方中部浮雕一怒目张口扬爪之龙首，狰狞凶煞，以喻皇权之威严。“奉旨旌表”牌匾上施歇山屋面雨厦，雨厦顶部正中圆雕一葫芦镇顶，以喻福禄绵长。左右次间各宽1米，次间左右额枋浮雕狮子绣球纹饰，鲜活灵动，构图饱满，寓意祥瑞事事如意，次间顶部作歇山雨厦屋面。

“奉天敕命”满汉文字碑竖于“贞节”牌坊右前方，碑通高215厘米，宽90厘米，厚20厘米，底座宽115厘米，厚69厘米，高25厘米，圆首，青砂石质。碑额高浮雕上下四五条水龙，龙身潜隐于波涛之中，姿态各具，经考证为“潜龙图”，谐音“乾隆”，寓指清代高宗乾隆皇帝。五潜龙造型独特，龙嘴似鳌鱼闭嘴状，龙尾呈金鱼尾，飘逸而灵动，龙爪潜隐，龙甲鳞披，龙眼炯然神出。整个“潜龙图”镌凿严整，神韵飞动，意态神奇。碑额上端“潜龙”口衔一高浮雕“奉天敕命”四字额牌，牌高40厘米，宽13厘米，寓意“乾隆圣旨”。“奉天敕命”四字为篆书阴刻竖排，其中“敕”“命”二字因风化剥蚀，严重残缺。碑身正面左右两侧分别阴镌满汉文字圣旨碑文，满汉文正中上部各高浮雕方形阴刻九叠篆书印玺一枚，内容因年久风化难识读，印面11厘米见方，两印平行等高，表明满汉两族在大清地位平等相待。汉文圣旨碑文为楷书阴刻竖排两道圣旨，12行，计212字。

春风村清代石雕贞节牌坊及满汉文“奉天敕命”圣旨碑，为研究清代贞节牌坊建造艺术、封赠文化及考证当地何氏家族变迁史等，提供了重要的实物资料。

（何仁兮／文　曾正强／图）

剑阁县鹤龄镇何氏贞节牌坊

剑阁县鹤龄镇岳坪村一组何中文老人院子楼门口，有一座木石结构贞节牌楼，按其何氏族谱记载，建于清乾隆时期(1735—1795)，后经族人多次修缮，保存至今。

岳坪村何氏贞节牌楼为四柱三间小青瓦歇山屋宇式结构，由基石、立柱、额枋、字牌和屋面五个部分构成。通高5.8米，通宽8.8米，进深5米。明间宽2.50米，柱径0.35米，次间柱径0.24米。明间额枋为两张木板镶粘而成，为建造初期原物，宽2.22米，高0.72米，厚0.03米。中部楷书描金，从右至左读“贞节”二字，字径0.65米。明间额枋上施六铺五层木质斗拱，通高1米，做工精巧繁复。左右次间额枋为木板构造，为近年新嵌。正面右、左早年原先分别镌刻有楷书“万古”和“流芳”四个描金楷书楷字，背面右、左分别镌刻有“千秋”和“清声”四个描金楷字，惜其皆毁坏于“文革”早期。左右

次间额枋上分别施三铺三层木质斗拱，通高 0.6 米。四柱前后均施浮雕鲤鱼纹福禄型抱鼓石，高 1.75 米，构图丰满，雕刻精细，雕刻线条立体感极强，寓意鲤鱼跳龙门和福分、禄位。

何氏贞节牌坊后过石板铺设天井，上七级阶梯式踏道，台基高 0.9 米，为四柱三开间混合式梁架悬山式小青瓦屋面堂屋，明间抬梁式梁架宽 4 米，左右次间穿斗式梁架各宽 3.1 米，通宽 10.2 米，通高 6.5 米，进深四间用 5 柱 11.3 米。明间后壁设何氏祖先神龛，龛前置条形木质供桌。堂屋前壁早年曾悬挂两道清代木匾，分别为“郎烈可风”和“乡商称重”。

据岳坪当地何氏族谱记载，其清乾隆时祖母杨氏，温婉贤淑，秀丽端庄，18 岁与其高祖何公结发为妻，婚后不久，何公未留子嗣便英年早逝。杨氏后来为续何家香火，于是将何公胞弟之子何中琥过为继子，后杨氏含辛茹苦养育何中琥读书成家，直至人丁兴旺，儿孙满堂。杨氏守节 78 年，终生未再改嫁，直至 96 岁寿终正寝。清政府为了宣传杨氏对何公从一而终的坚贞品德和养育子女的艰辛，特下拨银两为杨氏建贞节牌楼。近二百年来，贞节牌坊历经风雨剥蚀，不倾不圮，巍然屹立。

岳坪村何氏贞节牌楼为研究清代牌楼建造技艺及当地何氏族人变迁等提供了珍贵的实物资料。

（何中文 / 文 曾正强 / 图）

■ 利州区魁星楼

第十二章

古楼

利州区魁星楼

利州魁星楼又名奎阁楼，坐落在广元城西 38 公里的三堆镇政府办公楼旁的三堆文化站内，始建于清道光三年（1823 年）。该楼取其“魁星点斗出状元”之意得名而修建。

魁星楼为木质阁楼，呈宝塔式从底向上逐渐收缩。楼内间有悬道楼梯而上至顶层，门窗栏杆及整个楼宇造型典型独特，气势雄伟，四壁窗棂阁檐下，有连环壁画等 40 余幅，全是重彩工笔或写意中国画，内容有“岳母刺字”“桃园结义”等。楼角飞檐倒挂蓝天，四根粗大的红木柱支撑着整个楼宇，古朴端庄。

因年代久远，魁星楼楼层部分建筑遭自然和人为的损坏，曾经过两次维修。第一次是 20 世纪 40 年代国民党昭化稽征局在该处驻扎时，出资修建过该楼，并在阁楼上建起了图书室、阅览室。

第二次是 1981 年，由三堆镇政府出资对阁楼进行了加固维修。整个魁星楼高 18.4 米，共四层，底层为长宽各 9 米的正方形。魁星楼的结构独特，民族风格突出，保存完好，距今有 170 多年历史，成为剑门蜀道—天下雄关—昭化古城—白龙湖—九寨沟等旅游线上又一文化景点。

（刘平元 / 文　刘志国 / 图）

昭化区魁星阁

昭化魁星阁位于昭化柏林沟镇魁星街中轴线上，传说修建于东汉永建三年，距今有1800多年的历史。每一位见到这座古老魁星楼的人，都会产生一种历史的沧桑感。

魁星楼因供奉“开文运点状元”的魁星神而声名远播，方圆百里的学子争相朝拜。魁星楼高15米，三层楼台，造型别致，飞檐走翘，雄伟古朴。相传是全县文武生员聚会之地。魁星楼为全木结构，古蜀道石板街穿底层而过，中层为戏楼。旧时戏班当街唱戏，四乡八岭的百姓、南来北往的商贾挤在街头引颈长望，一派繁华胜景。第二、三层间的楼梯旁还有圆形观景窗，三层为三檐六方，柱头上为斗拱，檩枋上彩画依稀可见。内堂塑魁星像，左手握朱笔，右脚踩鳌头，喻“魁星点斗、独占鳌头”之意。

在科举时代，人们祀奉魁星为一方神圣，天上文曲星下界，主管科举考试。这就吸引了那些渴望金榜题名的学子，或盼望自己的子女能学业有成、考上清华北大之类的名校，从而出人头地的家长们前来朝拜，香火特别旺盛。

有一则民间故事讲，魁星原本是一位书生，生得奇丑无比，面麻脚跛。但是他心志远大，经发愤苦读，于某科考试成绩优异，进了“廷试”。皇帝殿试时曾问他为何麻脸，他答曰“麻面满天星”。问何以跛脚，答曰“独脚跳龙门”。他博得龙颜大喜，被钦点状元，后来修行成神，专主文运。另有一则故事却说，魁星生前虽满腹经纶，可因其面目丑陋，屡试不中，最终愤而投海，幸被鳌鱼救得，升天成神。故事毕竟是故事，虽然唯心思想也不可取，但它至少说明了在百姓心里，始终有着古老的心理安慰，那就是对生活美好、对文化需求、对人生成功的渴求。

（田澍塘 康斌 杜嫣然 / 文 傅尹 / 图）

剑阁县石城场清代戏楼

石城场戏楼坐落于剑阁县羊岭镇桥河村一组山梁小集镇的南端，其脊檩墨书题记显示，该戏楼建造于清同治八年（1869年），坐南面北，气势恢宏。为木结构单檐歇山式青筒瓦屋面，无斗拱，九檩，面阔三间15米，进深三间7.3米，通高9米，总占地120平方米。

石城场戏楼戏台为楼阁式，上铺木板，底层约普通人高，为储放杂物等用处。戏楼明间柱础为圆雕石狮，通高0.75米，憨萌而不失威猛。戏楼明间正面木质雀替镂空透雕“夔龙拱璧”“蜿蜒”“回纹”等纹饰，精巧细腻，内涵丰富。戏台内梁枋、屏风、壁柱等多用墨绘戏曲传统人物等内容，构图饱满。屋面正脊高约1米，中塑1.2米高的葫芦形宝刹，葫芦中部用石灰、糯米黏合青花瓷碗碎片拼塑两条飘条，晴空照射下，闪闪放光。正脊前面浮雕“双龙戏珠”，后面浮雕“经书宝剑”暗八仙内容纹饰，生动意趣。两端为对向陶制螭吻，鱼尾高跷灵动。螭吻，又称鱼龙，传其为龙王第九子，因善水好吞火，古人常将其塑于庙堂宅院殿脊两端，以镇火患。

石城场，古代为剑阁东南方与昭化、苍溪、阆中接壤地，经济活跃，文化氛围浓厚。但凡重要传统节日，四县的富户乡绅便争相出资捐物，请戏班前来唱戏，有时唱戏长达十天半月，真正是暗合了“你方唱罢我登台”的古谚。每逢戏场，就必然吸引来远近大批的商贩。届时，各种货品应有尽有，互通有无，盘活当地经济。

（伏跃超／文　曾正强／图）

剑阁县火烧寺戏楼

火烧寺戏楼位于剑阁县鹤龄场老街南端。据史料记载，现址在元时曾为佛寺，后毁于兵火，明末在现址南约50米处肇建戏楼，清雍正时因戏楼局部着火，街坊及当地士绅便将戏楼主体梁架拆除北移至现址重建，戏楼、场镇因此得名。

戏楼坐南面北，为木结构单檐歇山式青筒瓦屋面，抬梁式梁架，无斗拱，六架椽屋前后乳栿劄牵用四柱，面阔三间7.6米，进深7.5米，通高7.5米，占地面积57平方米。屋面正脊前后雕塑二龙戏珠等传统图案，夸张而不失严谨。戏台正面四柱木雀替上下三层镂空雕刻古装戏剧故事人物，刻画生动，神态万千。戏台内堂天棚为苏式彩绘巨幅《三国演义》人物故事，绘制技法精妙，色彩富丽堂皇。戏台后壁用木板隔断为内外间，与左右耳房配搭作为演员化妆室及休息间，空间窄小而实用，构思精巧。

火烧寺场与苍溪县接壤，自古就是嘉陵江西岸的经济重镇。明清以来，文化氛围极其浓厚。每逢重大节日或庙会，川剧演出在火烧寺便成了十里八乡和场镇居民必须兑现的享受。

1935年3月29日凌晨，红四方面军第三十一军强渡嘉陵江后分兵三路，围攻火烧寺场一带驻守的川军，战斗一直持续到上午8时，共歼灭刘汉雄部200余人，俘虏400余人，缴获了大量的武器弹药，是红四方面军强渡嘉陵江后长征中取得的第一个重大胜利。此战后，红军很快占领剑阁全县，旋即成立了赤化、金仙、普安三个县级苏维埃政府。火烧寺戏楼与其紧邻的街坊便成了赤化县苏维埃政府所在地。

火烧寺戏楼为研究明清时期的戏楼建造技艺提供了珍贵的实物例证，对研究剑阁地方川剧发展史以及红四方面军革命史填补了宝贵史料。1988年，火烧寺戏楼被剑阁县政府公布为第二批县级文物保护单位。

（陈继刚 / 文　曾正强 / 图）

剑阁县元山镇南华宫戏楼

剑阁元山场与盐亭、南部、梓潼三县接壤，明清时“湖广填四川”，江西、陕西、湖南、福建、广西等省区移民便看好了四州县接合部的元山场。思乡心切，移民就在元山场修建了陕西会馆、江西会馆、福建会馆及南华宫、文昌宫，其中气势雄、规模大者当属南华宫。

南华宫坐西朝东，呈四合院布局，山门于早年拆毁，现存正殿、前殿和南、北厢房，占地1300余平方米。正殿为木结构单檐悬山式屋顶，抬梁式梁架，无斗拱，九檩，屋前后乳栿劄牵用六柱，面阔五间20.22米，进深五间11.4米，通高6米，素面台基高1.5米，明间垂带式踏道10级。正殿内早年曾泥塑有老子、庄子等数十尊道教神像，后皆毁坏。东、西厢房木结构悬山屋面，各面阔六间22.2米，进深三间7.6米。最特别的是前殿为上下两层单檐歇山式屋面木结构戏楼，抬梁式梁架，无斗拱，八架椽屋前后乳栿劄牵用四

柱，通高19.5米，面阔三间12米，进深三间10米，素面台基高0.2米。

戏楼底正中隔通道将其分为左右会客及艺人休憩室，通道前后对开木雕圆门，镂雕、浮雕、漆饰并施，做工精细，纹饰精美，古朴典雅。由底楼左侧木楼梯上二楼戏台，戏台用圆木檩承载木板铺成，左右耳房设有化妆室。戏台前沿安装了镂空方格活动门六扇，平日作为茶楼隔扇，一遇唱戏时就灵活拆除。

清代早期至20世纪中后期，元山场骡马会、商品交易会、元宵会、文昌会、观音会、药王会、关帝会等，享誉方圆数百里。为活跃人脉，集聚商机，陕西、江西、福建三会馆主事都争先筹措经费，组织戏班前来唱戏。演唱的经典川戏剧目有《红鬃烈马》《木莲传》《铡美案》《窦娥冤》《十五贯》《审诰命》《玉堂春》《八件衣》《九人头》《清风亭》《卷席筒》等。所演唱的连台戏，一般都是商家大户慷慨出资，一唱就是近一月时间。

（何兴宝／文 曾正强／图）

剑阁县大路河古戏楼

大路河（原名龙凤场）古戏楼，位于剑阁县秀钟乡青岭村四组。大路河场过去上通广元、陕西，下至江油、成都的要道和通商口岸，是转运物质的重要场所。大路河街全长400米左右，街东端有座气势恢宏的古戏楼，名曰大路河戏楼，今称之“红军楼”。该戏楼从脊梁墨书题记显示，始建于清道光癸未年（1823年），距今约200年历史，坐东向西，为木质结构单檐歇山式翘角楼，青瓦屋面，抬梁式梁架，无斗拱。面阔三间15米，进深11米，通高9米，总占地面积165平方米。

大路河戏楼共两层，一楼立有八根石柱，四面漏空，高约2米，二楼戏台为楼阁式，由一楼八根石柱支撑，楼面为木板铺设，楼柱为木柱，每根柱子上刻有各式各样的花纹，两边为厢房，供演员化妆、换服之用。整个建筑设计科学，雕梁画栋，具有较高的技术价值。

1935年4月，红军来大路河后，把大路河戏楼作为宣传阵地，他们利用赶场天为百姓表演精彩节目，如《送郎当红军》《活捉田东瓜》《打倒邓猴子》，高唱《三大纪律八项注意》，后人称此戏楼为“红军楼”，只可惜“红军楼”不幸在“5·12”特大地震中垮塌，现仅残存几根刻有红军宣传标语的石柱。

（张映学）

昭化平乐寺

第十三章

古寺庙

剑阁县觉苑寺

觉苑寺位于剑阁县武连场头西端，坐北朝南，背负武侯坡，面临小西河，遐迩闻名的古蜀道从寺庙东侧面穿过，为规模宏大的明清时期木质结构建筑群。前为天王殿，又名藏经楼、道遥楼，中为大雄宝殿，后为观音殿，东西两侧为保存完整的厢房。整体呈中轴线对称，四合院布局，占地面积达3200平方米。

觉苑寺始建于唐代贞观年间（627—649），初名弘济寺，北宋元丰（1078—1085）时赐名觉苑寺，其后一度名为龙华禅院。南宋时新建大藏经阁，元末寺庙毁于兵火。明代天顺年间（1457—1464），僧人净智与弟子道芳睹礼峨眉山后途经觉苑寺，见其倾颓败落，不忍远离，于是集资修建大雄宝殿和泥塑、木雕佛像，并于大雄殿四壁绘制释迦牟尼年谱壁画，历经八年，方才完工，并将寺庙更名为普济寺。清康熙初年，恢复觉苑寺名，其时寺院规模之大、寺僧之多、佛事之盛，一度引领川北佛寺。

天王殿建造于民国初年，是在宋代藏经楼的基址上新建的，为木结构重檐歇山顶小青瓦屋面，抬梁式梁架，无斗拱，12架椽屋前后乳栿劄牵用四柱。面阔五间25米，进深三间12.4米，通高12米，素面台基高0.6米，明间有阶梯式踏道三级。20世纪50年代至90年代，天王殿底层曾

■ 觉苑寺天王殿及牌坊

■ 觉苑寺佛传壁画故事之“盲儿见佛”“因妇得度”场景

改建为两层，作为武连区粮站办公和职工住宿用房，90年代末归县文管所管理。

大雄宝殿是觉苑寺的建筑核心，建造于明代天顺年间，至今已历554年时间。为单檐歇山屋面青灰色陶制筒瓦屋面，抬梁式梁架，四檐施斗拱。面阔五间16米，进深三间13米，通高12米。大殿前平台宽2.7米，条石砌筑台基，台基高1.58米。明间前置垂带式踏道七级，左右两侧面安五步垂带石阶来连接配殿。前檐明间和两次间安六扇抹格扇门，明间格扇为斜形窗眼，次间隔扇为方形窗眼。两山施檐墙，墙用木骨、竹筋做胎，内外均上泥抹灰。大殿堂四周用檐柱共18根，其中两山面各设分心柱1根，殿内不设分心柱。全殿共用柱子24根，柱子都设置在纵横交接的十字网格交点上，只减去了明间前侧的两根金柱和殿内的四根分心柱，此做法在建筑上称“减柱造”。大殿檐柱使用了侧脚和生起，天花和藻井以上施草袱。大雄宝殿的建筑结构、修造风格、平面布局等都十分讲究，它极大程度上遵循了宋代官颁建筑条例《营造法式》中的规定及要求。

大雄宝殿内四壁上，以工笔重彩、沥粉堆金技法绘制释迦牟尼佛本生故事灿然一堂，计14铺，209个故事，面积达139.79平方米。虽历经500余年时间，人物依然须发毕现，花鸟鱼虫无不惟妙惟肖。每个故事都以四字为榜题，简洁明了。故事与故事之间以山石云树亭台楼阁等自然间隔。另外，在佛坛背壁有三铺壁画，内容为礼佛和护法，共33.79平方米。佛本生故事记述了释迦牟尼从出生、出家、修道、成佛、传教，到涅槃的整个人生历程，如树下诞生、习学书数、金刀削发、六年苦修、成等正觉、降妖伏魔、普渡众生、双林入灭、火焚金棺、均分舍利、译经传法。故事环环相扣，曲折生动，感人肺腑，从不同侧面反映了当时的社会现实、善恶真伪，以及因果循环等观念。同时，壁画还客观真实地反映了明代中叶的宗教信仰、风土人情、宫廷生活、民间习俗等。

观音殿为单檐歇山屋顶，小青瓦屋面，清代中晚期建造，抬梁式梁架，无斗拱，十架椽屋前后乳栿劄牵用六柱，面阔五间21.5米，进深五间13.8米，通高7.9米，素面台基高1.5米，有垂带式踏道七级。东西厢房为木结构悬山屋顶，小青瓦屋面。面阔14间55.5米，进深两间12.6米。

1956年8月16日，觉苑寺被四川省人民政府公布为第一批省级文物保护单位。2001年6月25日，觉苑寺被国务院公布为第五批全国重点文物保护单位。

（母学勇/文　赵辉/图）

陆放翁《宿武连县驿》诗碑

觉苑寺观音殿陆放翁诗碑，镌刻于明代正德戊寅年（1518年），方首，阴刻，

■ 陆游《宿武连县驿》诗碑

青砂石质。碑高145厘米，宽65厘米，厚5.5厘米。碑额为“陆放翁诗”四字隶书，碑文为行草书，分为陆游《宿武连县驿》七律诗和明代正德戊寅年河南道监察御史卢雍次陆游韵，右左两部分碑额及碑文为卢雍书写。“陆放翁诗”四字，其书风源出仇英汉隶，结体方正，法度严谨，用笔方圆兼备，平正中多显秀逸之气。碑文行草书，书风力追二王，点画精妙，笔势遒劲，清朗俊逸，刚健中含婀娜韵致。

南宋乾道七年（1171年），陆游应四川宣抚使王炎之邀，投身军旅，任职于南郑幕府，因他坚持抗金，屡遭主和派排斥。乾道八年（1172年）冬月，幕府解散，陆游奉诏入蜀。陆游沿金牛道南行，越剑门过剑州、凉山铺、柳池沟驿，翻垂泉铺，来到武连县城时，已是天色昏晚，灯火隐约，此时的他已是人驴俱疲，只得找驿站歇息。此时正值寒冷冬天，人生茫然和苦痛无时无刻不折磨着他的灵魂，令他百感交集，于是写下了《宿武连县驿》：“平日功名浪自期，头颅到此不难知。宦情薄似秋蝉翼，乡思多于春茧丝。野店风霜俶装早，县桥灯火下程迟。鞭寒熨手戎衣窄，忽忆南山射虎时。”

明代正德十三年（1518年），河南道监察御史卢雍巡按四川，路过武连驿，拜谒觉苑寺，得知陆游留宿武连县题诗之事。寺僧求请卢雍将陆游诗书写镌刻于碑，卢雍当即应允并赐韵一首录于陆游诗左。其诗为：“野寺经行不用期，前朝赐额少人知。回看凌谷千年事，长啸乾坤两鬓丝。高阁雨来秋意早，短墙云度夕阴迟。钟声带月催霜节，犹是山僧入定时。”

觉苑寺卢雍书陆放翁《宿武连县驿》诗碑，在民国时期，阆中县曾将其拓印复制竖于锦屏山，该复制碑至今尚存。该碑诗文与书法，是陆游、卢雍两位宋、明先贤在蜀道古县——武连结缘的有力见证，堪称我国明碑中之珍品，为研究南宋诗人陆游的蜀道行踪与明人书法提供了极高的史料和书法艺术价值。

（王绍强 / 文 曾正强 / 图）

■"夫子之墙"组碑

彭聚星"夫子之墙"组碑

武连觉苑寺，不仅以精美、华丽、恢宏的明代佛传壁画扬名海内，更以珍藏的数十方唐至明清以来的碑刻遐迩闻名，其中清末民国时期著名书法家彭聚星所书的"夫子之墙"四通行楷榜书组碑具有极高的书法艺术和历史价值。

彭聚星（1854—1922），字云伯，一字云石，号绿筠庵居士，清末四川云阳（今重庆市云阳县）人。光绪十四年（1888年），彭聚星参加四川乡试，一举成名。光绪二十年（1894年）三月，彭聚星赴京参加会试，因不慎摔断右臂而留居京城。在京期间，有幸拜翁同龢、张之洞等名家为师，不久，"断手彭聚星"便在京城声名鹊起。彭聚星诗文、书画造诣高深，真草篆隶四体皆备精，绘画犹擅梅兰竹石，意境高远而超然脱俗。

"夫子之墙"组碑为青砂石质，每字一碑，字体为行楷阴刻平凿横排，四碑均厚9厘米，其中"夫"和"墙"碑高110厘米，宽90厘米。"子"和"之"碑高90厘米，宽80厘米。款尾为行书阴刻两小石碑，内容为"庚戌九月，夔门彭聚星书"。"庚戌九月"四字款碑高70厘米，宽32厘米，厚4厘米；"夔门彭聚星书"六字款碑高90厘米，宽28厘米，厚4厘米。据武连场王守义老先生讲，此"夫子之墙"四字组碑本为武连场清代文庙照壁上的遗物（这与四方碑上钉孔现象相符），20世纪中后期被移置于觉苑寺保存。从"夫子之墙"四字书风来看，楷行相糅，互为彰显，笔力沉稳雄浑劲健，磊落凛然豪放。其书风虽出于"颜"，但又不失飘逸隽秀之美。

（王绍强 / 文 曾正强 / 图）

张问陶诗碑

觉苑寺观音殿内竖有清代诗人张问陶的一方诗碑，为民国2年（1913年）剑阁县知事张政督镌。该碑为红砂石质，高1.5米，宽0.9米，厚0.045米，字径4厘米，楷书阴刻，整体保护较为完好。

张问陶（1764—1814），四川遂宁人，字仲冶，一字柳门，号船山，杰出诗人、诗论家，著名书画家，因善画猿，亦自号"蜀山老猿"。乾隆五十五年（1790年）进士，官至江南道监察御史、莱州知府等职。张问陶撰有《船山诗草》，现存诗3500余首，其诗才华横溢，与袁枚、赵翼合称清代"性灵派三大家”，被誉为“青莲再世”“少陵复出”，为清代“蜀中诗人之冠”。

乾隆五十三年（1788年）三月，张问陶赴京师参加顺天府恩科乡试，考中举人第13名。乾隆五十四年（1789年）正月后，张问陶与其兄张问安在京师同时参加了会试，皆双双落榜，不久即返川。这期间，张问陶每到一地必有诗，或凭吊古迹，或流连风景，显示出卓绝的诗词创作才华，沿途写下了数十首纪游诗，犹在剑阁境内题留甚多。张问陶两年内经剑门蜀道往返京师三次，都留住武连驿。觉苑寺诗碑共镌刻其诗作六首，分别为《武连看褒水春涨》《武连驿夜雨》《武侯坡》《逍遥楼》《觉苑寺》《种松乡》，其中五言律诗两首、五言古诗四首，全为咏叹武连的古迹逸闻，表达了诗人对社会生活的感悟与对羁旅之苦的倾诉。

觉苑寺的张问陶诗碑，为进一步研究清代诗人张问陶的诗风、人生履历以及武连历史人文等提供了难得的实物佐证。

（王绍强）

剑阁县香沉寺

在剑阁县东南与阆中市交界之处，群山怀抱、碧水环绕的香沉镇治地有一座香火绵延700余年的古刹——香沉寺。该寺曾名香山院、香城院、藕云观、慈云院，清代更名为香沉寺，距古剑州城（治今普安镇）80公里、保宁府城（治今阆中市保宁街道）45公里，是剑门蜀道剑阆道上的重要历史文化遗存，2012年被批准为第八批四川省历史文物保护单位。

香沉寺开基于南宋末年，建于元初，兴于明清，盛于民国，佛祖殿抬梁上的“大元国四川省广元路思都乡母大成建”墨书题记犹存，建成时间比故宫早100余年，堪称川北宗祠活化石。

该寺建寺之初，为母氏宗祠，明初扩修后置孔子、老子塑像，改称孔殿，实现宗祠向儒家学堂转型。明景泰元年（1450年）佛祖殿内置释迦牟尼像，两旁置十八罗汉金饰像，由宗祠变为佛、儒场所。清朝时期，拓展修前后二殿。清末民初建两侧厢房，建成教室20余间，兴办新学，宗教场所与学堂并存。自新中国成立至2016年，寺庙改为学校，成为教书育人之地。寺内文昌阁联：“欲登贤书且向吾门求利器，想步天衢请来我家问前程。”从侧面阐释了该寺功能。香沉寺由家族宗祠拓展为学堂、儒教、佛教圣地，又重新回归学堂的曲折经历，为研究700多年来川北地区宗族文化、儒

家文化、佛教文化的发展历史提供了重要依据。该寺抬梁上现存墨迹清晰的楷书题记17条以上，清晰记载了当时捐建寺庙者的属地、职务与亲属关系，为研究元代基层政权设置、姓氏人口变迁提供了珍贵史料。

民国时期，香沉寺占地面积为万余平方米。佛祖殿（正殿）居中，前有天王殿（前殿），后有两层一底的藏经阁（现为观音殿，称后殿），寺内有配置房八间，设客堂、禅室、方丈室、僧室、斋房，两侧各建厢房，形成靠东北面西南、以大佛殿为中心的四合院布局。1987年至1989年因兴办学校，拆建部分厢房，现仅存天王殿、佛祖殿、观音殿、左右厢房五部分，占地面积1740平方米，总建筑面积735平方米。佛祖殿建筑面积为248平方米（为阆中五龙庙文昌阁的2.5倍），面阔三间，进深六架椽，近正方形，元代建造，抬梁式井字形梁架，带前廊，前廊用单杪双下昂六铺做斗拱，山面及后檐减跳为斗口跳，两层飞檐翘角悬八风铃，正脊双龙戏珠，屋顶盖圆筒琉璃瓦，柱梁同粗，柱径55厘米左右，雕梁画栋，滚龙抱柱。20世纪60年代，两层庙宇楼角被拆，按民房格局改为歇山顶，小青瓦屋面。天王殿面阔三间，明末清初修建，悬山顶，小青瓦屋面，抬梁式梁架。观音殿，清代修建，面阔五间，重檐歇山顶，小青瓦屋面，穿斗式梁架。左右厢房位于天王殿两侧，清代修建，皆悬山顶，抬梁式梁架，小青瓦屋面。现存左厢房三间，右厢一间。

香沉寺佛祖殿整体结构保存完好，是广元市唯一、四川仅存的10余栋元代木质结构建筑之一，堪称元代川派建筑艺术瑰宝。

（李国强／文　傅尹／图）

剑阁县剑州文庙

剑州文庙位于剑阁县剑州古城普安镇北卧龙山麓剑阁中学内。据清同治《剑州志》等史志记载，它肇建于宋代，而后历代皆有修缮。现存剑州文庙呈四合院布局，坐北朝南，分大成殿、魁星楼及东庑、西庑，总占地面积1036平方米。

大成殿为清顺治十四年（1657年）重建，单檐歇山顶青筒瓦屋面，抬梁式梁架，面阔五间23.23米，进深16.54米，12架椽带前廊。魁星楼又名魁星阁，雍正四年（1726年）重建，双层单檐歇山式小青瓦屋面，穿斗式梁架，面阔九间29.24米，进深8.85米，前后十二架椽带后廊。东、西庑于雍正四年（1726年）复建，均单檐悬山顶小青瓦屋面，穿斗式梁架，面阔五间21.8米，进深7.8米，八架椽带前廊。

■ 剑州文庙祭孔场景

元末剑州遭兵火，州学被毁，文庙部分残存。明朝初年，剑州文庙及学宫逐渐恢复，明洪武五年（1372年），剑州知事董养性于旧址之左，取民房数间构为堂斋。明正统十四年（1449年），知州宋诚在旧址之右重建儒学，修大成殿和东西斋舍，立重门于外，门外设习射场地，周围绕以垣墙护栏。

至此，剑州文庙及学宫完全修复。明代，剑州文庙及学宫曾进行过多次修葺。

清顺治十四年，剑州知州徐恭重建大成殿。康熙二十三年（1684年），剑州知事成都司马阎永吉重修考棚。康熙五十一年（1712年），剑州学正杨鹏羽修棂星门。雍正四年（1726年），剑州知州李梅宾重修东西坊，建魁星阁、钟楼、鼓楼、启贤祠、名宦祠、乡贤祠，凿泮池。至此，剑州文庙建筑形制臻于完备。

至21世纪初，剑州文庙年久失修，摇摇欲坠，破烂不堪。2005年7月，剑阁对剑州文庙进行了全面维修。剑州文庙经修复后为砖木结构，四合院形制，大红色调，显得古朴庄重。文庙照面为一楼一底的木结构棂星楼，大门上方高悬“兼山书院”木大匾，大门两旁挂有木刻门联：

河岳英灵钟此辈；国家元气在斯文。

进入大门，迎面是气派的宫殿式大成殿，大殿门额悬“万世师表”木匾，殿内供有大理石雕刻的孔子立像，殿前放置有长方形鼎式铜铸大香炉，为人们敬仰、参拜孔圣人提供场地。院内栽植有银杏树、紫荆树、牡丹花、杜鹃花等名木花草，环境幽雅。

（张新忠／文 冷帆／图）

剑阁县梵天院

梵天院，当地俗称“上寺”，位于剑阁县上寺乡场东北角凸起的活龙山脊，坐北朝南，前抵清江河北岸，整体呈中轴线对称，四合院布局，现存前殿弥勒殿、中殿大雄宝殿、后殿观音殿及左右厢房五部分建筑，占地面积1900平方米，布局严整而恢宏。梵天院始建于明代成化八年（1472年），清道光（1821—1851）及光绪年间（1871—1908年）维修。弥勒殿为木结构歇山顶，明间系重檐，次间及稍间为单檐，小青瓦屋面，抬梁式梁架，素面台基高0.6米，面阔五间20.6米，进深7.5米，通高9.5米。明间汉

梵天院天王殿

白玉弥勒佛像，袒胸露乳，笑容可掬。佛教认为，弥勒佛是释迦牟尼的继任者，其以超世间的忍辱大行于世，所谓“大肚能容，容天下难容之事；开口便笑，笑世间可笑之人”。弥勒两侧泥塑四大天王，他们怒目圆睁，各持法器护持佛法，一进殿门便使人感受到强烈的威严阵势。

大雄宝殿为单檐木结构歇山顶，抬梁式梁架，小青瓦屋面，檐下施斗拱五铺，面阔三间 10.6 米，进深 9 米，高 6.7 米。明间三身泥塑佛像，古朴而不失庄严。观音殿居后，单檐木结构歇山顶，抬梁式梁架，小青瓦屋面，檐下施斗拱六铺，面阔三间 10.6 米，进深 9 米，高 6.7 米。左右厢房为穿斗式梁架，悬山顶小青瓦屋面，面阔七间 21 米，进深 3 米，高 4.7 米，与弥勒、大雄、观音三殿协调布局，平日主要用作来寺僧起居用度等。

2015 年，梵天院寺僧在翻盖大雄宝殿屋面时，发现了两匹瓦背留有“大明成化八年挂搭僧等”和“成化八年挂搭助缘僧智宽性兴”两段内容的青瓦。两瓦均长 30 厘米，中部宽 25 厘米，厚 2 厘米。两瓦比普通青瓦笨拙厚重，整体保存较为完好，只是烧制火候有点欠佳。

由此可知，题字者应是在梵天院制烧瓦期间用树枝木签之类的锐器在泥坯上随手题划，以此记录下了当时前来梵天院挂搭的“智宽、性兴”两位僧侣。成化八年即 1472 年，这与现有梵天院最早建造记录时间——“万历十三年（1585 年）县人朱彩建”相比，至少前推了 113 年。看似两匹很平常的青瓦，却对梵天院的肇建时间提供了极其珍贵的佐证。不难猜想，梵天院至少在明成化八年肇建，后又历经了万历时以及其后的清道光、光绪多次培修及新建，如后世人逐渐在观音殿后增建殿堂，至光绪年间（1871—1908）形成了四道天井、五重殿堂的古建筑群规模格局。

（康驷忠 / 文　曾正强 / 图）

剑阁县白兔寺

白兔寺位于剑阁县碗泉乡白兔村第一、三组的开阔平地上，呈四合院布局，坐北朝南，现存正殿、前殿及东西厢房，总占地面积为1084平方米。白兔寺原为东西两寺，相隔200米，西侧为上寺，早年毁坏，今存东侧下寺。2007年寺僧在翻盖天王殿明间前屋面时，发现两匹明万历年间的灰筒瓦题记，记载了白兔寺后殿大佛殿肇建于明万历乙卯年（1615年），前殿天王殿建于明万历丙辰年（1616年）。从白兔寺天王殿抬梁墨书题记可知，现存为清雍正丁未年（1727年）维修。

正殿为大佛殿，木结构单檐歇山式屋面，抬梁式梁架，八架椽屋乳栿劄牵用四柱，面阔三间14.3米，进深三间10.4米，通高8.4米，素面台基高0.3米，有阶梯式踏道二级。

前殿为天王殿，木结构单檐歇山式屋面，抬梁式梁架，东西檐下做通廊，前后檐下施斗拱各12朵，左右檐下施斗拱各4朵，总计施斗拱32铺。六架椽屋前后乳栿劄牵用四柱，面阔五间19.1米，进深三间12米。台基踏道均已毁坏。

东西厢房均面阔两间9.8米，进深三间8.2米，穿斗式梁架四穿七柱。天井为清代早期以方形石板铺就，前后殿明间之间横铺青石板踏道。

白兔寺这种密集的斗拱现象，为研究我国古代建筑的营造流变及明清时期的庙堂建筑做法提供了珍贵实例。1988年，白兔寺被剑阁县人民政府公布为第二批县级文保单位，出于保护需要，寺内住户相继搬出。2014年，白兔寺升格为四川省文物保护单位。

（王绍强／文　曾正强／图）

剑阁县金仙文庙

金仙文庙位于剑阁县南金仙场镇中部西侧。据庙中留存清代碑刻可知，肇建于元代，后于明代成化年间（1465—1487）复修，现存庙宇为清道光十年（1830年）复建。庙宇坐南朝北，四合院布局，现存正殿、前殿、财神殿、观音殿和泮池五部分，总占地面积1300平方米。

正殿，又称大成殿、夫子殿，木结构单檐歇山式屋面，抬梁式梁架，无斗拱，八架椽屋前后乳栿劄用四柱。面阔五间7.5米，进深三间4.2米，通高6.2米。素面台基高1.4米，阶梯式踏道7级。

文昌宫位于院北面，与大成殿相对。木结构单檐歇山式屋面，抬梁式梁架，无斗拱，八架椽屋前后乳栿劄用四柱。面阔七间11.65米，进深三间3.8米，通高6.8米，素面台基高1.2米，阶梯式踏道6级，明次间为圆雕四头石麒麟柱础，威风凛然。

财神殿与观音殿东西相对，均为木结构悬山式屋面，抬梁式梁架，无斗拱，八架椽屋前后乳栿劄用四柱。面阔六间6.95米，进深三间2.7米，通高5.6米。

泮池为明代时开凿，青石条砌筑，位于夫子殿前1.3米处，东横4.3米，南北纵2.6米，深2米，南北做单拱桥。在古代凡是入学的幼童，皆要换上学服，首先经过拜笔礼后，再由老师带领，经泮桥跨泮池入大成殿拜文圣孔子，此入学仪式古称入泮礼。在泮池东南、西南角处，明清之际，原对植两株黄杨树，今仅存东南角一株，树高3.7米，树干达0.3米，树冠6米，几乎遮蔽泮池，亭亭如盖，今已历经数百年岁月洗礼，依然四季葱绿，青春不老。

古代，金仙文庙每年定期举办祭孔、文昌、观音等庙会，场面壮观，声势浩大，广泛影响川北一带。金仙文庙较为完好地保留了大成殿、文昌宫、东西殿宇、泮池等建筑，是我国古代院落式文庙实例的见证，为研究金仙镇古代的祭孔文化、地方文化等提供了珍贵的实物资料。

（梁方生/文　傅尹/图）

剑阁县白龙庙

白龙庙位于剑阁县白龙场西北一凸起山脊之上，坐西北朝东南，整体呈四合院布局，建筑总占地面积为550余平方米。现存建筑为清代同治癸酉年（1873年）修缮。据民国丙寅年（1926年）张政编纂《剑阁县志卷四·祠庙》载：“白龙庙，在县南一百里，即古法轮院，为唐宋古刹。”又载：“白龙场文昌宫，即古青龙寺。”

白龙庙现存木结构的前藏经楼、后文昌宫及左右厢房。藏经楼，为木结构单檐歇山式屋顶，小青瓦屋面，抬梁式梁架，无斗拱，八架椽屋前后乳栿劄牵用四柱，面阔五间24米，进深三间5.4米，通高5.4米，素面台基高0.8米。有52级阶梯式踏道直通藏经楼明间的八字山门，气势恢宏。

文昌宫，为明间木结构重檐歇山顶，小青瓦屋面，抬梁式梁架，无斗拱，八架椽屋前后乳栿劄牵用四柱，面阔七间24米，进深四间9.4米，通高8米，素面台基高0.68米，有青石制作阶梯式踏道4级。左右厢房为穿斗式木结构悬山顶，小青瓦屋面，各面阔四间6.1米，进深3米，通高5.4米。

1935年3月28日，红四方面军强渡嘉陵江后，白龙庙曾短暂用作红四方面军三十一军某部指挥部。

（王湖益／文　曾正强／图）

剑阁县灵芝寺

灵芝寺，位于剑阁县公兴镇新生村二组剑南公路东侧玉带河河岸一突兀的船形台地上。灵芝寺肇建于宋代，元至明中叶一度毁坏，现存至2000年修复完毕的前殿、中殿建筑主体梁架为明代万历二十一年（1601年）复建，坐北朝南，四合院布局，分前殿、中殿、后殿和东西厢房，总占地面积为1980平方米。

前殿又称真武殿，木结构单檐歇山屋面，抬梁式梁架，无斗拱，六架椽屋前后乳栿劄牵用四柱。面阔三间9.5米，进深三间7.6米，通高6.5米，素面台基高0.8米，阶梯式踏道6级。

中殿为观音殿，木结构单檐歇山屋面，抬梁式梁架，无斗拱，六架椽屋前后乳栿劄牵用六柱，面阔三间12米，进深五间12.2米，通高5.5米。

后殿为新建的大雄宝殿，木结构重檐歇山式屋顶，高约16米，面阔5间16米，进深5间约15米，20个柱子为钢筋水泥铸成，墙体为砖砌。东西厢房为木结构悬山式屋面，穿斗式梁架。

据民国《剑阁县续志》载，宋时灵芝寺前巨石穴中天生一泉，终年不涸，清澈甘洌，为灵芝寺寺僧及古代附近居民生活用水主要依靠。饮之则神清脾爽，浴之则疥癣、斑疹等自除，古人遂取名灵泉。宋人高举曾作《灵芝寺灵泉记》，其文云："……寺前有石，盘薄数十丈，巨石中，天生一泉，径甫尺许，其深则屈曲不可测，水色清泚……"元明以来，灵芝寺时毁时建，方圆百里内百姓前往灵芝寺求取灵泉井水、祈福消灾者络绎不绝。

（左松　文晓波／文　曾正强／图）

剑阁县江神庙

江神，即江河护卫之水神。古人为了防镇水患，常于江河岸边为其建造祠庙，并称为江神庙。在长江中下游水运发达的地区，江神庙往往成为船帮聚会的主要场所。清江河发源于青川县北与甘肃接壤的唐家河一带，自古以来，水量充沛，夏秋之际极易暴涨泛滥，往往对沿岸村镇造成极大的破坏。剑阁下寺场江神庙在今沙溪村二组的清江河北岸、宝成铁路北侧的天竺院前殿柱前，清代称其为“下寺”。因乾隆壬寅年（1782 年）清江发大水，殿前柱子及江神被冲毁。癸卯年（1783 年）下寺场士人旋于寺西侧建造了三间规模相当的江神庙。至光绪癸未年（1883 年）时，时隔百年，神庙倾颓破败，乡民又合资重建。受乡亲所托，李榕撰书了下寺场江神庙碑，其时他已年届 64 岁。

新中国成立初期，江神庙曾被分给当地无房户居住，后庙圮废。该碑为李榕常年指定的刻碑名匠赵兴昌刻字，为一整通黎渊石镌刻而成，通高 140 厘米，宽 94 厘米，厚 6 厘米。字体为行书阴刻竖排，全文 338 字，字径 5 厘米。改革开放之初，下寺镇文化站负责人偶然在江神庙废墟中发现江神庙记碑刻，见其保存完好如初，便立即收回文化站保护，其后因文化站易址，又运至天竺院弥勒殿托寺僧保管。

2013 年，龙江小学为研究李榕学术及家风文化，特设李榕纪念馆，遂移该碑到纪念馆至今。几经辗转，江神庙记碑刻已历时 135 年。江神庙记碑，为研究李榕书法艺术及诗文，以及古代剑阁的地方神灵崇拜等提供了珍贵的实物例证。

（康驷忠 / 文　曾正强 / 图）

剑阁县梁山寺

剑阁梁山寺，位于剑山绝顶，即海拔为1180米的剑门七十二峰之桃花峰与逍遥峰中间的舍身崖上。民间传说这里是梁武帝修真之地。考史得知：梁山寺始建于唐。后世历代有修葺，清乾隆十三年（1748年）时扩建为两进四合院，建筑面积达947平方米。20世纪60年代初到“文革”，时期以寺院为基础，在这里建设起了506电视转播台，90年代后期开放为正式宗教场所，从2003年起，就由四川省佛学院毕业生释传能在此住持，香火日渐旺盛。

原来的天王殿已毁，现存的弥勒佛是2018年才安放的。其背后是观音殿。殿内观音菩萨通体穿金，神态慈祥而安宁，善财、龙女双手合十，胁侍两旁，更显虔诚。四周悬挂手绘十八罗汉的造像，个个神情各异，栩栩如生。观音身后则是护法韦驮。

出观音殿，后为一天井。左厢供奉了民间最为喜爱的财神赵公明和药王孙思邈。右厢原是藏经楼，现为僧人禅房。原来在此有一个八角井，毁于“文革”，后来改建成放生池。每年夏涨时，水中便有一种叫作蠑螈的两栖动物浮现，身长在12—15厘米，黑背而金腹，有四肢且肢生五指，宛若游龙，本地信众称为墨龙。放生池旁有一株虬枝劲节、荫蔽禅院的紫薇树，据传为当初建庙时种下的，已逾千年。每年夏秋季节，花繁叶茂，蔚为壮观。

正面大雄宝殿的门前上有一横梁，上边有建寺木工墨书题写的“岁次雍正十年壬午……”等字样的记载。殿中分别彩塑有药师佛、释迦牟尼佛和阿弥陀佛三尊造像，两侧虔诚地侍立阿傩、迦叶二尊者。四根柱子上金龙蟠腾，两旁塑十八罗汉，形态各异，与芸芸众生相同。据庙碑记载：乾隆九年七月十七，该寺的指松和尚“竟于万丈岩前，手扶竹杖凌空而去，撇四大于岩下，毫无损伤。跏趺危坐，望之如生”。其脱化处，就是舍身岩。

（王林乐／文　曾正强／图）

剑阁县彰顺王庙

剑阁县彰顺王庙，又叫邓艾庙，位于剑阁城郊的北庙乡孤玉山南麓。据考，庙始建于唐朝以前。邓艾葬于孤玉山后，历朝历代的剑州人都建庙护墓以祀之。宋代王象之《蜀碑记》曰："唐时剑州已有邓艾庙碑，斯庙之兴，其在唐以前乎。"《碑目考》载，唐长庆四年（824年）剑州刺史邢丹曾题刻《魏太尉邓艾神庙记》碑；唐中和五年（885年），剑州刺史郭淮立石刻《邓艾卫圣侯碑》。

历代不断扩建维修，今仅存正殿。庙之大殿中原有邓艾父子塑像。殿门上匾书"乱世英雄"，两侧木刻对联："越天险已入蜀，战未生还，漫诩将军夸智勇；筹万机而擒王，身能死决，堪称父子是英雄。"

庙后孤玉山上有邓艾墓。《剑阁县志》载："墓为土冢，周围砌石，墓前立有高3米、宽1.3米的石碑，书刻'魏征西将军邓艾墓'。1967年，墓穴被掘，考古发现，墓道至墓门以青石修建，一石椁中两棺，两棺中间相距2米，每棺穴长3米，高1.8米，宽1.4米，为邓艾父子合葬墓。"当地有关邓艾的传说颇多：孤玉山有块长方青石，放过邓艾尸体，后人称为"摊尸石"，其上刻有邓艾简历；邓艾将士磨刀之地称"关刀河"；放过军鼓和军印之地称"鼓楼山""印台山"，等等，都表现出剑阁人对邓艾传奇人生的叹惜与崇敬。

邓艾，字士载，河南棘阳人。魏景元四年（263年）秋，司马昭遣钟会、邓艾率兵伐蜀，一举攻克汉中，蜀将姜维退守剑门关，魏军久攻不克，邓艾探知有路可通江油，便于是年十月率兵偷渡阴平，乘虚攻下江油，破绵竹关（今德阳黄许镇），直取成都，刘禅降，蜀汉亡。钟会对邓艾灭蜀立下头功深怀嫉妒，便杜撰假情报奏魏主，“艾所作悖逆，变衅以结”，诬告邓艾有异心。司马昭密令“槛车征艾”。钟会得旨后，派监军卫瓘去成都拿获邓艾和其子邓忠，用囚车押送回洛阳定罪，行至绵竹，将其杀害。邓艾部将想将邓艾父子尸体运回洛阳，但走到剑州孤玉山下时，人困马乏，加之邓艾父子被冠以“反叛”之罪，怯于运尸回洛阳会殃及自身而受罚，部将们又见孤玉山树木葱茏，山林幽静，便将邓艾父子就地安埋。

关于邓艾父子是否葬于孤玉山、其墓是否为真墓，清代剑州翰林李榕考证认为：“艾父子因叛逆罪就戮，其本营将士舆艾尸首，怵于严罚，不敢归葬，择所莅之地坟穴而封树之。”他认定邓艾就葬于孤玉山，且墓为真墓。《剑阁县续志》也载：“邓彰顺王庙，在县北二十里孤玉山，祀魏征西将军邓艾，庙后艾墓在焉。”

前蜀高祖王建于天汉元年（917年）封邓艾为“彰顺王”，令各地立庙供祀，由是剑州邓艾庙在宋、元、明、清及民国时期香火旺盛。20世纪80年代发现的明弘治八年（1495年）撰刻的石碑，也对邓艾的死因及邓艾庙祭祀的盛况做了详细记载。民国时期，剑阁专区专员林维干书题刻并立了“邓艾墓”碑。邓艾庙和邓艾墓在剑阁人的呵护下，历千年而不毁。

（吴成／文　曾正强／图）

剑阁县志公寺

过剑溪桥沿着入蜀的砭道前行150余米，在古树掩映之下，就是著名禅宗法师宝志和尚的道场——志公寺。

《剑阁县续志》载：“志公寺传为志公脱化处，前临剑溪，志公寺即其遗址也。”该寺坐西朝东，依山迭建。据康熙三十三年所立的《培修志公寺大佛金身暨沟凉亭碑记》所载：“志公立庙始末根由，有自来矣。稽庙始于南宋理宗宝庆二年丙戌（1226年）建竖庙宇，至康熙五十年（1711年）重建……”迄今已有792年的历史。

古志公寺占地约800平方米，为歇山屋面建筑，共有各种殿宇14间。从入蜀砭道进入山门，在两通古碑之间约有20级石砌台阶，台阶两边都是高达3.5米的石砌堡坎，其上两边各形成一个平台，分别有

一个由几间小屋包围而成的天井，每个约20平方米，在天井中各栽有一株合抱粗的槐树和梧桐。

经过一道洞圆山门，就进入第一重殿中。此殿为三开间，中间面积稍大而两边较小。殿宇脊梁约5米高。穿殿而过就是一个约150平方米的大天井，左右各有两间厢房，正中台阶之上即为三间正殿，其中大雄宝殿较大，为“三开六扇门”。据实测：大雄宝殿脊高7.5米，檐高4.5米，

开间为5米，进深10.2米。其两边配殿除开间为4.6米外，其余皆与大雄宝殿一样。

古志公寺的整个建筑皆使用传统的穿眼斗隼技法，梁柱挑处均是现在难得一见的象鼻斗拱，殿堂四柱皆采用“生起”之法。所用木材都是柏木和传说中的“马桑木”，大雄宝殿现存全是圆周为52厘米的马桑柱头。柱础均落在雕花磉墩之上，阶沿条石刻有吉祥而古朴的缠枝花纹，虽遭泥土掩盖、风化剥离、苔藓侵蚀，其图案依稀可辨。

这些古旧的殿堂既是远去历史的见证者，更是研究古代建筑科学的难得标本。

志公寺殿堂上原有的塑像早就没有了踪影，因为曾做加工作坊和教书学堂，周边殿堂都被改造过。党的十一届三中全会后，志公寺成为剑阁正式开放的宗教场所。1998年由剑阁县委统战部和县政府民宗局批准，由释常译住持志公寺。其间，以石木结构和传统营造手法进行了部分修葺改造，并塑起满堂佛、菩萨的造像。在正殿两边各接出一间作为偏殿，增设了财神殿和药师殿；另外重修了一座天王殿，将进出山门由东向改为南向。

2008年“5·12”汶川大地震后，经有关部门决定，整合上级拨付的“灾后重建寺庙维修转款”1500万元，征地50余亩，新建了山门、天王殿、观音殿、大雄宝殿、钟鼓二楼、寮房、客堂。又经现任住持释宗圣的努力，添置钟鼓法器、宝盖幡幢，斥巨资迎来全铜贴金的各殿佛祖、菩萨造像。

至此，志公寺道场规制全部得到完善。

（王林乐/文　曾正强/图）

苍溪县临江寺

苍溪临江渡在第十章《古渡》中另有介绍，临江渡最后又以寺名，曰“临江寺”。民国《苍溪县志·名胜》曰：“渡江而上，石磴数十步，回望城郭如画，复前行数十步，巍然在望，有兰若（梵语：佛寺）焉。入寺门则见有台榭，园地势之自然，皆以石栏绕之，芳草纷披，名花掩映。”后来历经晚清、民国，在岩洞之下平衍地方，又添置了不少亭、台、廊、榭，广植竹树花草，并沿渡口筑有长堤，绕以石墙，建有山门，形成苍溪城郊的游览名胜——临江寺。

游览临江渡，渡江登岸，送客亭屹立于寺右的石岩上。步石阶而至山门，门首匾额：“胜地不常。”入寺门，过小径便见古式建筑，傍山石洞，构成殿堂楼阁，石洞前面，广场左右，就势取形修筑长廊短榭、危楼小亭，名花异草，映日成趣。广场石壁两侧刻有“神仙洞府”四个大字，每字约4平方米，为清同治十一年（1872年）县令书法家蔡懋康手书，笔力雄浑，遒劲挺拔。

全寺岩洞楼阁，可以分为正中、左侧、右侧三大部分，正中石楼两层，高耸广场之上，是禅院主体，下层为韦驮殿。殿广18平方米，高3.5米，洞顶呈拱形，中塑韦驮立像，全身盔铠，持降魔杵，注目肃立，俨然一位护法尊者。殿门两侧石壁上刻对联三副：

第一联云：洞启楼台，端临字水；天生图画，曲抱嘉陵。

第二联是光绪三十年（1804年）翰林书法家、知县事姜秉善撰书的：占尽嘉陵三百里，好山好水，萃临江渡一隅，果真图画天然，洵足称楼台千古，风月千古；俯视汉昌八万户，某村某社，傍慈云阁四处，无数桑麻地利，且愿以生聚十年，教训十年。

第三联是民国7年(1918年)县知事熊道琛所撰书：群山翻晦明，□□□□□，□□□□，大江流日夜，安得兰舟桂楫，溥渡生灵。这一联上联只存留“群山翻晦明”一句，下联全毁坏。

韦驮殿门额镌“泽被生灵”，横匾为县令泽宽题书。其上镌“嘉陵第一楼”大横匾一幅，非常显眼，乃道光八年(1828年)县令、广东花城进士、书法家宋灏所书。铁画银钩，笔力透石。殿之上层为“慈云阁”，阁额刻楷书“慈云阁”三字，两边石楹刻篆文短联：“金绳开觉路，宝筏渡迷津。”

由广场而左沿曲径，绕竹林，拾石级登慈云阁。在其与大观亭分路处有一石坊，额曰：别有洞天。两柱刻联：打扫胸襟游此地，放开眼界入斯门。左上至石门，刻

有“伊然南海”四个大字。入门，有石刻灵宫像，顶盔贯甲，钢鞭高举，金脸赤须，三目怒睁，是道家所谓镇守山门之神。再上为长窟复道走廊。塑有文殊普陀及其他神像，过走廊前行，有一石洞内塑“水府三官”，神龛右侧有一小井，泉水清冽，味甘而凉，涓涓长流，大旱不枯，避暑游人取勺畅饮，沁人心脾，神清气爽。

过此即入慈云阁，门联刻：“此中真洞府，以外即凡尘。”中塑观音菩萨，慈目善眉，高坐莲台。神帐掩映，神灯长明，香烟袅袅，终年不断。石阁北面，辟开长方大孔，配置木制明窗六扇，启窗凭栏，郊外花明，江上风清，荡胸抒怀。

过慈云阔右小门，又有一石洞，名曰“送子娘娘殿”。在旧社会，迷信早得贵子的善男信女虔诚信奉，香火特盛。过此进右侧园门，为客房、斋堂、住宅，深幽清寂，冬暖夏凉。慈云阁两侧石洞之前，行人过道，绕以木栏回廊。置有钟鼓，阶下小庭，砌以花台，盆景花卉，排列有序。阁前飞檐鸱嘴之下，朱藤下垂，随风飘拂，铁马叮咚，清声悦耳。善诗词者，常舞文弄墨，题壁刻石，琳琅满目，美不胜收。佳者已选入民国《苍溪县志·艺文志》。

石坊左侧上方，有大观亭，雄踞全寺最高处，危楼三层高入云际。登临其上，放眼纵观，远处云山，近郊花柳，江城烟火，嘉陵舟楫，尽收眼底，使人目送千里、胸迎万象。

由寺右侧扶石栏循级而上，达八仙洞。洞高 2.5 米，长 14.2 米。洞中岩壁石雕吕洞宾、韩湘子、张果老、汉钟离、蓝采和、铁拐李、曹国舅、何仙姑八洞神仙，吹箫击筑，弹弦敲板，假寐沉醉，神情毕肖。左右两壁就石做长榻，可坐可卧。倚门临风，大江在下，有时竞渡呼船，山鸣谷应，余音绕洞，久久不绝。

韦驮殿前广场建有戏楼，每当春秋佳日，观音盛会，常在此演戏，城乡男女乐聚于此。敬香礼佛，纵观畅游，皆大欢喜。城中名吃好酒，大多设摊售卖。亦有携盒提篮，就地野餐，尽情畅饮。戏楼两边，地势平坦，右面紧靠石槛围墙，建有长廊，窗明几净。江岸古柏，翠色参天。左面短榭，傍岩建成。倦游小憩，殊有情趣。

临江胜景，称“渡”、称“洞”、称“寺”，聚珍会奇，历经修葺，不但是苍溪的游览胜地，也是嘉陵第一楼阁。新中国成立前即有近郊公园之称，是阳春访胜、盛夏纳凉、遣兴逸情、游目骋怀的最好地方。新中国成立之初，人民政府曾拨款培修，将佛像、石洞粉饰一新，加固楼阁，重盖亭榭，增种名花异草，培植修竹翠柏，更觉可爱。

（李蕴璞／文　刘徽／图）

苍溪县中土观音寺

中土观音寺位于苍溪县中土镇，始建于南宋嘉定十五年（1222 年），清乾隆六年（1741 年）重建。历史上，观音寺香火鼎盛，殿内立有泥塑如来佛、观音、水旱十八罗汉、文昌、灵官、牛王等神像，为历代川北规模最大的观音道场。

观音寺前后呈三重四合院布局，为传统的四合院庙宇。整座建筑分为钟鼓楼、观音殿、大佛殿、戏楼和厢房，全寺有大小房屋共 60 余间。其山门、万年台、钟鼓楼、观音殿、大佛殿均在一条南北纵向的中轴线上，两侧为偏殿和厢房，共有天井 9 道、楼台 7 座。建筑整体布局规整，设计巧妙，做工精良，雕花精美，气势恢宏。观音寺濒临东河，山水滋润，树木葱郁，风景怡人。

观音殿为单檐悬山式屋顶，面阔六间，长 23.8 米，进深 13 米，面积为 300 平方米。后殿为中高左右低的悬山式屋顶，殿长 16.2 米，进深 9.2 米，计约 150 平方米。左右厢房和偏殿均为平房。观音殿内原塑有释迦牟尼、观音等佛像，1951 年“土改”时被乡人毁坏。钟鼓楼为三重檐歇山式屋顶建筑。最高层檐下施五铺作计心造斗拱，除柱头转角铺作外，四边各施补间铺作四朵，每朵拱的耍头后部接一横木成昂尾状连接内檐；中层檐下施六铺作计心造斗拱，铺作法与上相同。但前后面檐下的华头做成象鼻状，并出有45度斜出象鼻状假昂。最下一层，左右各延伸三间，共面阔七间，长29.3米，进深12米，通高19.3米，除柱头铺作外，各间均等分的用补间四朵，全为六铺作偷心造。

钟鼓楼火球顶至地面，高达20余米，颇为壮观。钟楼大梁有“大清乾隆六年建”的题款，这是观音寺清代重建的历史依据。

1983年4月，苍溪县人民政府公布观音寺为县级文物保护单位。2002年9月，广元市人民政府将其公布为市级文物保护单位；2007年6月四川省人民政府公布其为省级文物保护单位。

（严肃）

苍溪县烟丛寺

烟丛寺位于苍溪县陵江镇少屏村二组，县城西南1000米处。该建筑坐东朝西，占地面积483平方米。县志记载：其始建于晚唐，毁于明代嘉靖年间，清代晚期重修。单檐悬山式，穿斗木结构。前殿面阔21米，进深5.9米；内院侧殿面阔4.18米，天井长6.3米，宽9.6米；正殿面阔11米，进深7.1米，高5.6米。正殿及左右两侧殿泥塑菩萨数尊，造型艺术各具特色。

烟丛寺对研究清代木构建筑的建造风格、形制、规模及历史文化具有重要的参考价值。

2002年9月24日，广元市人民政府批准公布为市级文物保护单位。2012年7月16日，四川省人民政府批准公布为省级文物保护单位。

（李俊昌／文　刘徽／图）

苍溪县云台观

苍溪县境内的云台山，云台山上的云台观，山观合一，是著名的道教圣地。

东汉顺帝时沛国人张道陵在四川鹄鸣山创立“五斗米道”，活动地区在今川西北和陕南一带。五斗米道一经创立，张道陵就在各地设道场，作为五斗米道的中心，这个中心称为治，共二十四治（后来与二十八宿合并增加到二十八治）。二十四治除玉局治在成都南门，其余均在山上。苍溪云台山治就是张道陵设的二十四治之一。设治之时，云台山治和其他治一样，“杀牛祭祀”，“置以土坛，戴以草屋”。

与此同时，道士又在云台山上合炼神丹大药，所以云台山上现在还有炼丹炉、炼丹池、丹灶堂、九转亭、浸药泉等遗迹可寻。包括云台山在内的这28座名山，后世都成了道教圣地。不仅如此，据《道藏》收录的宋贾善翔《犹龙传 · 度汉天师篇》，张道陵亲自到云台山传道、炼丹，并于汉桓帝永寿三年九月九日卒于云台山治。道教创始人、一代天师亲自到云台山传道炼丹，并卒于云台山治，这在道教史上是重大的事情。

正因为重大，所以不少古籍对这方面的事情都有记载。《太平御览》引《十道记》说：云台山“高四百丈，即汉张道陵升真之所”。又引《郡国志》说：云台山“天柱岩下，有一桃树，高五丈，外皮似桃，心肉似柏。张道陵与王良、赵升试法于此。四百余年，桃迄今不朽”。《周地图》说：“汉末张道陵在此学道，使弟子王长、赵升投身绝壑，以取仙桃。长等七试已迄，九丹遂成，随陵白日升天。”《道经》也说：“永寿二年重九日，道陵将诸品秘录、斩邪二剑、玉册玉印，授其长子衡，乃与夫人雍氏登峰绝顶，白日升天，时百二十三岁。”

（罗武忠 / 文　刘徽 / 图）

苍溪县紫云宫

紫云宫位于苍溪县元坝镇，坐西北向东南，单檐悬山式穿斗木结构，占地面积306平方米。正面面阔18米，进深15.9米，高10.4 米。门楼高2.6 米，宽3.6米；柱间刻联：“任凭往贾来商春夏秋冬有求辄应，但看平风静浪荆梁雍豫无处不通。”戏楼长18米，宽14米。建于大清乾隆四年，大清道光二十九年、民国16年、20世纪80年代初均进行过维修。

该建筑为研究该区域的建筑类型和建筑特点提供了实物资料。2013年12月6日，广元市人民政府公布其为市级文物保护单位。

（李俊昌 / 文　刘徽 / 图）

朝天区大安寺

大安寺位于广元市朝天区小安乡天荡山南麓。始建于唐贞观初年，相传为尉迟敬德监修，宋称圆通寺、明称观音寺、清代称大安寺。据明弘治十四年（1501 年）所铸《建立观音寺记》铁碑载：“大明国四川都司利州卫神宣驿，地名雄鹅鼻云雾山，佛门崇林，广大无边，禅宗续教，万古流传。于正统年间，沐庵祖师开山重举雄鹅鼻云雾山观音寺，续接性命、性满、性定。有山僧性满，宝号大澄，接续禅僧祖胜，宝号古鉴。于成化年间，宝号禅僧古鉴，入山祖通贤、道惠、道澄、兴寿等，竖立重刻刊圣像。今弘治十四年，同发善心，引进十方、团结良缘、共成胜事，铸泻置造明钟二号、铁香炉、云枝共五件者……”说明大安寺为明代重建，证据确凿。

另据清光绪年间《维修大安寺前后左右石工并添修玉皇殿粉塑各殿神像与补修一切属寺碑》载：“吾北路东沟，有圆通古刹，俗称大安，不知创自何年何代，唯得坏脊有字一行云：‘大宋乾德元年维修。’噫，培修在宋，初创建非唐即汉矣！”可以佐证。

另据大安寺大雄宝殿前廊明间檐柱覆盆状柱础题记“大清乾隆五十八年春日弟子潜觉和尚立”可以证明，大安寺正殿大雄宝殿确于乾隆五十八年（1793 年）维修。

大安寺历经战乱，多次毁坏又多次兴建。现存庙宇为清代维修，占地 20 余亩，建筑面积为 1513.76 平方米（其中：天王殿大雄宝殿东西廊建筑为 1423.76 平方米、玉皇殿为 60 平方米、厕所为 30 平方米）。主体建筑保存基本完好，但亟待维修。

明朝时期，沐庵主师开始重建大安寺，经三代僧众历 70 余年，到正德元年（1506 年）告竣。寺庙有大殿三重两厢，照三亭三座，环山土地庙七座，镇山山神庙一座。主殿占地近 2000 平方米，气势恢宏。寺内原有泥塑大佛三尊、泥塑天尊四尊，高一丈八寸。铁铸罗汉十八尊，阎君十位，倒坐观音一座，铁香炉四口，万斤鸣钟一口，小钟二口，云枝一件，铜铸观音一尊，印度纯金佛像一尊。其余圣像为木雕与石雕。计大小造像共 308 尊、大乘经书与表记一万余卷。

大安寺古建筑现存有天王殿、大雄宝殿、东西廊（厢房）、玉皇殿。主体建筑大雄宝殿为三间八架前檐廊穿斗抬梁混合式木结构悬山式建筑，两侧带耳房。正面檐柱共六根，四根为主殿檐柱，两根为耳房檐柱。其布局形式在已知传统建筑中极为少见，其灵活性反映出川北民居传统建筑的特点，其具功能性又富于哲理。檐柱除两侧耳房檐柱的高度低于正殿四根檐柱外，柱径均一致且柱径较大，其用料之制与北方官式（大式）建筑区别明显。柱头均施青绿旋子彩画（带铠甲花纹）。大安寺古建筑对研究明清时期的四川古建筑有较高的学术价值。

清光绪年间所修东西厢房（配殿）为重檐前廊九檩三间穿斗式悬山建筑，共九开间。前山墙带偏厦，檐柱、金柱用料硕大，柱头施青绿旋子彩画。檐柱有斜撑（撑斗），与挑檐枋相接处用散斗（十八斗），其装饰作用强于结构功能，与阆中古民居中的撑斗极其相似，似有汉代四川民居建筑的遗风。

2002年9月24日，大安寺被广元市人民政府公布为广元市文物保护单位。2007年6月1日，又被批准为四川省文物保护单位。

（杨滋和　雷均宇）

昭化区广善寺

众多的古寺庙，是昭化区柏林沟镇的奇观之一。历代佛教盛行，香火不断。保存得比较完好的是广善寺。

据清乾隆壬戌碑记："柏林沟广善寺为汉代名刹，寺前大柏树一株，院内二株，故曰柏龙乡，又曰柏林沟。"广善寺在唐、宋、明、清年代香火极为兴盛，是川北地区的著名禅院。广善寺周围古树掩映，环境清幽，人称河畔佛国、林中古刹。现存寺庙为清乾隆七年（1742年）复修，现有三重殿堂，层层递进，步步登高，塑有佛像数十尊。前为大雄宝殿，中为弥勒殿，后为观音殿。因为历史原因，几经修缮，数度兴衰。在20世纪50年代，广善寺佛像被毁，乡政府、学校、医院、粮站、供销社诸多单位皆设于寺内，1991年7月经广元市人民政府和昭化区人民政府批准，恢复了佛教文化生活，并命名为区级文物保护单位，重塑如来，梵音再起，善男信女虔诚而来，香火一日盛过一日。广善寺饱经沧桑，阅尽人间春色，数千年能香火不断，实属不易。

广善寺的门前有两株参天古柏，像一对桅杆耸立在庙门，当地人们把它们叫作"张飞柏"，又名"桅杆柏"，传说是三国时期的蜀国虎将张飞引军过此所植。其树高30余米，枝繁叶茂，如两把巨型的遮阳伞撑于门两侧。树梢常聚乌鸦无数，它们早飞晚归，往来于"五岚"胜迹之间，年年若斯，成为柏林沟独一无二的奇观。通

常说，乌鸦这种鸟儿不吉利，但佛曰“道生于平和安静、德生于谦和大度”，柏林沟人不讨厌它们，显示了柏林古镇百姓的包容与纯善，也是人与自然和谐相处的典范。广善寺的门前还有一株古柏，树龄比桅杆柏久远得多，与庙门前的两株桅杆柏呈等边三角形排列。

寺内保存完好的文物有九龙碑、秦砖汉瓦、明清木刻“五福临门”、乾隆碑记等。九龙碑是广善寺的镇寺之宝。驻足九龙碑前，不能不感慨它做工的精巧，图案霸气，线条流畅，装饰精美，可见当时匠人技艺的不凡。相传北宋大观三年赵佶做太子时，到过柏林沟一带，并在寺内小憩，称赞广善寺弘扬佛法，以慈善为本，忍辱为行，并赠银两。后来赵佶当了皇帝，利州府南道民众与僧人刻制九龙碑一座以谢龙恩。碑宽 90 厘米，高 120 厘米，为镂空石雕。碑身左右分四条龙，顶上一条龙，雕以翩翩瑞云，以示乘苍龙而青云直上之意，碑中间楷书“皇帝万岁万万岁”七个大字。此碑距今已逾 900 年。1993 年在广元举办的西交会上，文物专家鉴定其为国家三级文物。

寺内还有一块五福临门匾，也是一件珍品。这是一扇精美的镂空木雕，匾宽 113 厘米，高 172 厘米，匾四角雕为蝙蝠、中间为一龙身组成一个福字，四只蝙蝠，取其谐音为“福”加上中间那个福字，故称“五福匾”。古人讲究五福，一曰寿，二曰富，三曰康宁，四曰修好德，五曰考终命。寿、富即长寿、富贵；康宁，指无病痛；修好德，用今天的话来说，就是高尚的思想品德；考终命，就是不死于意外非命。故五福临门寓意健康长寿、吉祥如意，表达了古人对生命、生活的美好追求。特别值得一提的是，广善寺内有四个石磉凳，上面雕刻着典型的印度图案。这种图案的磉凳，国内只有河南洛阳的白马寺中才有。

（田澍塘 康斌 杜嫣然 / 文　刘文龙 / 图）

柏林濟古柏參天蒼柏顯神威
廣善寺名廣盛世法廣佑衆生

昭化区昭化文庙

昭化的文庙建于宋代，历史上经历过七次扩建和维修。后来大部分建筑被毁，仅大成殿梁柱是明代修建时的原物。现在的文庙，是2008年按原来的规格在原址上恢复重建的。

文庙左边有一棵参天古柏，有1700多年的历史，遗憾的是于2004年枯死。大门外有三座石碑坊，中间牌坊门楣上题“棂星门”三字，喻孔子为文曲星下凡的圣人。左右两边牌坊的门楣上分别刻有“德配天地”和“道冠古今”，赞扬孔子的“德”博大宽厚，能与天地齐配；“道”无人可比，从古至今位居第一。

“万仞宫墙”是文庙大门口的照壁。据《论语》记载，孔子的弟子子贡曾在朝廷辅佐鲁国国君。有一次，鲁国大夫叔孙武叔上朝时对大家说：“子贡比孔子学问深，比孔子要强些。”在场的子贡就打了一个比方说：“人的学问好比宫墙，我的这道宫墙不足肩头高，别人很容易看到里面有多少东西；我老师的那道宫墙有数仞高，别人看不到里面的东西，只有找到门走进去，才能看到墙内的雄伟建筑，可找到门的人太少了。”叔孙武叔顿时为自己的浅薄感到无地自容，说“夫子之墙数仞”。

人们觉得这句话不足以表达对孔子学问渊博的敬赞，于是明代胡瓒宗题写了“万仞宫墙”镶在“仰圣门”上，这是“万仞宫墙”的最早出处。后来乾隆又在仰圣门换上了自己的御题，所以“万仞宫墙”这四个字又出自乾隆之手。

穿过“棂星门”，有三座石桥，中间

的名叫“状元桥”。古时，只有考取状元的人或皇帝驾临，才有资格从桥上经过；在昭化，只有考取头名秀才的人才可以从桥上经过。桥下的水池叫泮池，半圆形，像半个月亮。

泮池的来历有两种说法：一是说周代天子的宫前设有一个圆形水池，而诸侯的居所设池只能拥有一半，以示地位尊卑的区别，故称为“泮池”。二是说天子读书的地方称为“辟雍”，“辟雍”有池水环绕；而诸侯读书的地方池水只能是半绕，故称“泮宫”，泮宫之水称“泮池”。因此，古人称学生入学叫“入泮”。

跨过泮池，穿过大成门，就到大成殿了。大成殿是祭拜孔子的地方。大成就是“集天下之大成”的意思。孔子曾被加封为“大成至圣文宣王”，故孔庙称“文庙”，其主殿称“大成殿”。

大成殿是宋代建筑，斗拱榫卯结构，层层相嵌相扣，不用一颗铁钉，汶川大地震时，未受到丝毫损坏。大殿两边侧有东庑和西庑，是现在仿建的。大成殿内的正中供奉有孔子的塑像。陪伴在孔子身边的四个人是他的弟子或再传弟子，称为“四配”，按顺序依次是复圣颜回、宗圣曾参、述圣子思、亚圣孟轲。与孔圣共享祭祀的还有“十二哲人”。他们的塑像分列在东庑和西庑，分别是闵损、冉雍、子贡、子路、卜商、有若、冉耕、宰予、冉求、言偃、颛孙师、朱熹。

文庙祭孔，每年祭日为农历二月十一日和八月二十七日，八月二十七日是孔子的诞辰。按民俗，书院、泮学每年开学，科考考前或放榜后，学子都要去祭拜孔子。

院内有两棵古柏，分别有1200年和1500年的树龄，它们见证了昭化的变迁，也见证了文庙的兴衰。

（任国富／文 刘文龙／图）

昭化区方山寺

方山寺位于今广元市昭化区王家镇方山村八社，现存正殿，又名大佛殿，此殿始建于明成化癸卯年（1483年），距今已有535年的历史了。进深18.6米，宽20.7米，高15米，有36根木柱，殿内有30根，殿外6根支撑的斗拱瓦木建筑，总面积为385平方米。殿门两侧各有一道高3米、宽1.2米的记事碑，两碑首额分别为篆、楷两种字体铭刻的《重修方山寺功德碑》。立碑的时间：右碑为龙飞万历辛卯孟夏月佛旦，左碑为龙飞万历辛卯孟春月谷旦，时间相差三个月。其中右碑文字保持完好，左碑损害十分严重。右碑碑文如下：

重修方山寺碑记

县南百里之郊，有寺曰方山，界抵柏林，路通苍阆。古葭萌县之遗址有铭存焉。此寺自汉明帝迎佛中国、梁武舍身事之，敕建招提，始为萧寺之名也。夫道唯一耳，教乃三焉。昔成罹分，缺一不可。自佛老而为寂戒之教，所谓统众德而大备。未详昏旦独招其宝，皆为法也。吾意一以贯之，统邑众德，[留]字计昏有何异耶？三教如人两眼，故亦不可或缺。如来灭后五百岁而摩腾、竺法兰以经来华，人始闻其言，犹重昏之见宝花；后五百岁达摩以法来华，人始传其心，犹昧旦之观白日。自达摩六传大鉴，五叶芬芳，如贯意珠，有先后而无异世之言。真宗者所谓顿开衣法，只准以为真印。灯□□佛□授□意宝，古今岂假言哉。按寺创自大宋，世有哲人，建名戒定院。想因胡元乱废，我朝大明洪武皇帝尽扫胡元，人民乐业，以为广元之福地。今之大檀张斋义，云岗守鄂居士，始祖张世禄，召□就干，旧址修立殿堂，更名方山寺。北僧如历，号云岩，乃圆斋之徒。成化癸卯，改政风水，修殿三身而灯捻无传。伏请南隆东祥宝珠上首……

碑文大意如下：

❶“县南百里之郊”，所指为今广元县出南门，经南山至龙潭驿、三元场、梅岭关、元山驿、石井埔、放马坪、柏林驿，到方山寺正好为100里。明代广元县在城内设（坊），近城设（厢），乡村设（里），广元县下设六里，今柏林镇为白龙里，方山寺归白龙里管辖。

❷“汉明帝迎佛中国。”据《汉书》载：明帝永平十年（67年）夜梦金人飞翔于金殿之上，问众臣为何意，臣告之，“此乃西方之佛化为金身点化我朝是也”。明帝然之，即派羽林郎中秦景、蔡愔等13人出使西域。三年之后使团从西域请来摄摩腾、竺法兰二僧人并带回佛像和佛经42章。明帝即在洛阳建（白马寺）将经文供奉其中，史称“佛教来华之始”，距今1949年。

摄摩腾、竺法兰以经来华，人始闻其言，不明其理，500年后达摩以（法）来华，始传其心，时间正好是中国南北朝时期，由于军阀割据，连年战乱，民不聊生，佛教的因果报应六道轮回之说，很容易为世人所接受，在门阀世族的倡导下取得统治者的支持，得到了广泛传播和发展。

❸“梁武舍身事之。”据《南史·梁本纪》载，武帝萧衍崇尚佛教，企图将中国建成佛教之国。大同二年（536年）举国上下大建寺庙，京城480所，全国有2800余所，他本人曾译注《般若经》卷五十或一百，为十方三世诸佛之母，终其一身斋讲不断，末年舍身同泰寺。

❹“敕建招提，始为萧寺之名。”其时敕建的寺庙统称为萧寺。方山寺始建于南梁武帝大同二年，为全国2800所寺庙中的一所。“敕建招提”，即皇帝恩准敕建的诏书。宋代有哲人以帝姓命名为（萧寺），故称“夫道唯一耳”，距今已有1480年的历史了！

❺“教乃三焉。昔是罹分。”当年的萧寺是按三教的格局、统一设计建造的。由此可见，我国南梁时期皇帝虽然崇尚佛教，并未排斥儒、道二教。正如碑记所载：“统立众德而大备，众德乐乎有何异耶，三教如人两眼故亦不可缺。”

❻ 碑记中的“胡元乱废”，是指此地的萧寺始建于南梁武帝大同二年，毁于元朝末年，毁前历史为832年。

明洪武十年（1378年），云岗守鄂居士张氏始祖张世禄，召众于旧址复建观音堂，更名方山寺。庙向丑山未，正中为观音殿，左侧是十王殿，右侧是娘娘殿。此寺位于金帽山正下方六里之地，与正前方的赤岚寺为同一轴线。故有“赤岚光前，金帽浴后，左环右抱，明山暗水”之称。1983年，此殿却被人为地拆毁了！毁前历时为605年，拆毁至今33年（未恢复）。

据方山寺大佛殿三门侧《重修方山寺功德碑》(右碑）记载：明成化癸卯年（1483年），北僧如历扩建三身殿，即今大佛殿，进深18.6米，宽20.7米，建筑面积为385平方米，正中是释迦牟尼佛，后有阿弥陀佛配享三清诸神、十八罗汉，两侧为厢房，保留至今历时为535年。

明万历辛卯年（1591年），寺僧慧通扩建天王殿，殿长（进深）13.3米、宽20.7米，建筑面积为275平方米。殿中是燃灯古佛，两边为四大天王，殿后塑韦驮。正殿两侧为厢房，左厢为斋缮房，右厢为僧房，此殿于1981年拆毁，毁前历时390年，拆毁至今37年（未恢复）。

整个方山寺三大殿，分别为明洪武、成化、万历三次修建。总建筑面积为915平方米，全寺（包括天井在内）长60米，宽71米，共计4260平方米。由于前、后两殿分别被毁，现存的中殿至今已有533年的历史！为今昭化区王家镇境内唯一保存完好的明代古建筑。

（李均枝）

昭化区长阳寺

虎跳长阳寺是一座历史悠久的佛教寺院，两进院落，高架立木冷摊瓦建筑，坐落在南斗村三组的哨楼嘴，占地面积约四亩，由大佛殿两楹、配殿、僧舍、厨房和山门组成。相传长阳寺建于李唐，历来香火旺盛。昭化县民国敌伪档案载：“长阳寺在第二保一甲少老嘴上，肇建于李唐。占地面积四亩，大佛殿二楹，小房二十五间。”曾住过长阳寺的老人回忆，在大雄宝殿的横额上曾有“钦敕尉迟恭监修”的字样，历代有过培修或扩建。据当地上一代老人回忆，明洪武年间和尚觉圆、觉孔、觉帅曾化缘募捐培修，清道光年间再次培修。

其建筑为立木穿斗高架结构，大佛殿为斗拱、飞檐、筒瓦、彩脊，古色古香，金碧辉煌，肃穆壮观。殿前的院坝里有两棵桂花树，一棵是金桂，另一棵是银桂。金桂寄生一小黄荆，被誉为“黄金入柜（桂）”。银桂树茎硕大，三人方可合抱，尚余半截树桩，临风半朽，枯干新花，具有强烈的历史沧桑感。

大雄宝殿居于正中位置，塑有三尊大佛，即三世佛。中间的是释迦牟尼佛，左边是阿弥陀佛，右边是药师佛。塑像造型比例协调，披金挂彩，富丽端庄，慈眉善目，端坐于莲台之上，衣饰纹理生动。佛龛的顶端为木天花板，八卦攒顶式样，中心绘制太极图，一眼望去，仿佛正在旋转。佛龛背屏绘制着线条流畅的壁画，古朴典雅。龛前设置圆柱形藏经台，上面的箱子里曾放置众多经卷。旧时远近举行神坛、庙会、祭祀等，至此取经卷使用。佛龛两侧塑造十八罗汉和十二圆觉等佛像，造像形态逼真，惟妙惟肖。

相传，本地人有肚子痛的，就去摸摸大肚罗汉的肚皮，不久就不痛了。殿前为滚龙抱柱，前大后小，缠龙各具姿态，生动鲜活。据传，多年以前，雷电大作，大雨倾盆，老和尚正在擀面条，忽听见大殿有响动，便拿着菜刀过去察看，见一条巨龙一足踏于门槛，正欲腾飞。老和尚措手不及，一刀砍去，剁掉了龙的一趾，巨龙方才返回梁间。之后，老和尚担心龙飞走，便在每条龙的脚趾上各钉了一枚钉子。

穿过佛殿侧门进入后院，殿内供奉着燃灯佛、文殊和普贤。燃灯佛身披袈裟，赤足立于莲台之上。文殊和普贤分别坐青狮与白象。院中有两棵参天古柏，冠盖如云，阴翳蔽日，异常清幽。

寺后为普陀崖，塑观音赤足立于莲台像，神态安详。山门内塑有四大天王像，高与屋齐，寓意风调雨顺，给人以教化。前左右为东岳殿和西岳殿。相传东岳管生，西岳掌死。东岳造像和蔼可亲，给人愉悦之感；西岳面目狰狞，恐怖吓人，给人威逼之感。相传，西岳殿内曾塑小鬼，并安装有机械，进入寺内之人若不小心踩中发条，小鬼就会迎面跳出来，用绳索套住此人的脖子，令人惊恐不已。有位少女进入寺内，不慎踩中发条，几欲吓死。后来，为保寺院安宁，寺僧撤去了发条机关。1933 年以后，由于战乱等原因，僧众逃亡，香火渐渐断绝。1952 年被当地改为粮库，60 年代后又改为粮油加工厂。1985 年，政府将寺庙划归虎跳小学使用，作为宿舍和厨房。

后来，长阳寺被公布为区级文物保护单位；2013 年 12 月，被公布为市级文物保护单位。

2014 年，亭子口水利工程修建，长阳寺被整体搬迁到南斗村居民点南。

（任国富）

昭化区平乐寺

平乐寺，距广元市区 14 公里，离昭化城区 2 公里，占地 200 余亩，坐落在群山之间；寺周群山环绕，林木葱郁，满山松柏苍翠欲滴；两侧山势高大险峻，宛如巨龙飞腾而来，形成九龙捧圣之势、二龙抢宝之姿。寺侧石锣石鼓相对（相传耳附于地，朝可闻锣鸣，暮可听鼓响），是潜心修行、研习佛法的佛教圣地，也是川北地区最大的佛教寺院，誉有“川北第一丛林”之雅誉。2013 年 7 月，被评为国家 4A 级旅游景区、文化旅游景点。

平乐寺始建于唐开元年间，始称化城院，明天顺年间（1457—1464），经朝廷恩准，化城院得以扩建。因建寺数百年间广元境内未发生兵荒马乱，便借《楚辞 · 九章 · 哀郢》“哀州土之平乐兮，悲江介之遗风”而改称平乐寺，契合佛经“平心易气，世世安乐”之意。此时寺院总建筑面积达 1000 多平方米，包括正殿、中殿、前殿、观音殿、阎罗殿、东西走廊、禅房、客房等建筑，寺内供奉各类佛像 369 尊，拥有僧人数百人，信众数十万人，高僧辈出，香火久盛不衰。清乾隆年间，社会稳定，经济繁荣，百姓富裕。乾隆七年，平乐寺再次得到整修，此时它已发展成为我国禅宗五大宗派之一——临济宗的圣地，寺内现存第 36、37 代临济宗祖师墓碑，向世人展示着平乐寺在佛教界的显赫地位，时至清末年，毁于战乱。

新中国成立后，平乐寺得以复兴重建。

1993年5月以后，相继恢复了天王殿、观音殿、大雄宝殿、罗汉堂、幽冥十殿、钟鼓楼、居士楼、五观堂、七佛殿、三圣殿、藏经楼等，还从缅甸请回了20余尊玉佛。

2008年5月12日，汶川大地震使得寺内建筑物多处受损：钟鼓楼屋檐垮塌，形成危楼；罗汉堂屋顶垮塌，塔身发生严重倾斜，泥塑罗汉多半被毁；七佛殿、三圣殿、藏经楼屋面脱落，屋顶垮塌；大雄宝殿立柱撕裂……

元坝区相关部门本着安全、实用、庄严、美观、节约与适度超前的原则，在广泛征求寺内外僧众意见的基础上，于2009年制定了《广元平乐寺规划及建筑方案设计》，历经几年艰辛，重建了天王殿、观音殿、钟鼓楼、幽冥十殿，维修加固了大雄宝殿、七佛殿、三圣殿、三宝楼、罗汉堂、居士楼、五观堂，新建了露天观音拜台、财神殿、僧舍、极乐宝塔、塔林等，占地面积得以扩大，建成如今占地200余亩、广元最大的佛教寺院。

（杜华赋／文　赵辉／图）

利州区桓侯庙滚龙石柱

桓侯庙滚龙石柱，又叫盘龙石柱。了解桓侯庙滚龙石柱，得先从桓侯庙说起。桓侯庙，即张飞祀庙，俗称张爷庙，建于清代道光十四年（1834年），距今184年。其旧址在广元老城北街市印刷厂内，坐东面西。未搬迁时，尚存大殿为一面阔五间、进深四间11架的单檐硬山式建筑，总面阔28.5米，总进深12.6米，其中明间净宽5.15米，次间净宽4.55米。因老城改造，于1998年7月异地拆建在距城区4公里的雪峰村雪峰寺旁200米处。

桓侯庙滚龙石柱是指桓侯庙殿前檐的四根石柱，是该建筑的精华之作。柱分明间柱、次间柱两种，柱高5米，直径0.4米。明间柱立于一只带须弥座的戏绣球的驮柱狮背上，其上高浮雕以云龙缠柱，形态生动。次间两柱，为须弥座石像托础，础上立柱，柱顶各刻一只向下俯卧的小狮，后腿盘踞，前腿伸出，口咬楹联之吊环，楹联边缘饰以花纹、龙纹、兽纹等。

桓侯庙滚龙石柱整块石头高度之长、直径之大，柱上云龙雕刻精美，形象生动，在广元市境内独一无二，和省级文物保护单位觉苑寺大殿的石柱别无两样。它是古代广元劳动人民智慧的结晶，对研究广元古近代文化的发展有着重要意义。2002年广元市人民政府公布为市级文物保护单位。

（刘平元）

利州区毗卢寺

毗卢寺位于广元市利州区荣山镇大地村，占地约200亩，距广元市城区29公里。地处于广（元）阆（中）驿道上，不仅香火十分旺盛，而且拥有良田数十顷（唐初颁布了僧尼受田法令），是川北颇负盛名的一座大型佛寺。2007年，被列为利州区文物保护单位，2013年被列为广元市文物保护单位。

据仅存的乾隆三十七年（1772年）吏部儒学正堂进士褚元位撰写的《后补毗卢院碑记》记载："毗卢寺者乃古刹"，"于明末年焚之"，"请五华洞（云冈石窟）禅师谭海兹住持于可取忘念建造"。这个记载，虽然没有介绍该寺最初的修建时间，但明确记载了毗卢寺重建于1772年。从南北朝梁武帝普通二年（521年）建造的国家级文物保护单位——四川安岳毗卢洞石窟和广元毗卢寺墓碑风雨腐化的程度及壁画风格来看，再借助碑文"于明末年焚之""请五华洞禅师谭海兹住持于可取忘念建造"佐证，该寺始建年代应为隋唐之前。

据实地考察，该寺院曾经规模宏大。从南至北向上，沿中轴线有前殿、中殿、后殿三重大殿，依次是山门、伽蓝堂、祖师堂、释迦殿、钟楼、鼓楼、毗卢殿，两侧是僧舍等建筑群，共108间，建筑面积及寺内活动场所近10万平方米。当地农民翻耕土地时，还捡到了许多银圆。寺庙的柱石、石碑、石板、石兽及工艺石刻等，除在原处砌了四道高大的耕地堡坎外，其余被当地老百姓用来修建厕所、板圈、水渠，或者铺设道路。

在寺大门口，左右各有一口净深2.8米的大水井。大门右侧有一棵七人合抱（直径约3.5米）的银杏树。树根空隙处，可放置一方桌，供人玩耍棋牌。寺大门左侧100米处的荆棘灌木丛中，残存两口烧砖瓦的土窑，年代较为久远。寺后30米的大片茂密松林中，有13座和尚墓穴，除一座于咸丰十一年（1861年）所立的墓碑字迹清晰外，其余大多字迹腐化，有七八座被泥土掩埋，只能看到碑顶。另一座高大的双石门墓穴，据说石门在"文革"破四旧中损毁。墓穴左侧上方，有一个可进入墓内的圆洞，直径约1米，是盗墓人所挖。据广元万安博物馆馆长郑奇卫介绍，墓穴内墙壁有精美的壁画，具有吴道子风格，弥足珍贵。

毗卢寺历史悠久，佛文化深厚，具有代表性。诸如南京市玄武区毗卢寺、河北省石家庄市毗卢寺、陕西省武功县毗卢寺、辽宁省喀左县毗卢寺、广东省遂溪县毗卢寺、四川省遂宁市毗卢寺等均已列为国家或省级文物保护单位，可见其价值。

（严映明）

利州区天曌山古寺庙群

从广元城区西行，沿回龙河上山，不足 20 公里即是天台山。2011 年，为纪念一代女皇武则天，改名“天曌山”。天曌山集佛教与道教庙宇于一山，如西禅寺、梵天寺和灵台观等，是省内外朝拜者的圣地。天曌山已建成国家 4A 级旅游景区，被命名为天曌山国家森林公园。

■ 天曌山美景

梵天寺

居于天曌山的台首，有“蜀门金顶”之称。相传贞观元年至五年，武则天父亲武士彟在利州任都督期间，幼年武则天曾随母亲上天台山游玩拜佛，离开利州前又到梵天寺拜佛，与家人一起亲手植下五株柏树，后人尊称为“武家柏”，至今长得郁郁葱葱，枝叶茂盛。

梵天寺始建于魏晋南北朝时期，前身为道观，唐代已成规模，历经唐、宋、元、明、清等朝代，清代时扩建，后因战乱和匪患，原有寺庙几乎全部损毁，只剩下观音庙和几间旧房。1989 年禅宗临济宗第 45 代传人净天法师率弟子来天曌山重建，1996 年建成大雄宝殿。2008 年“5 · 12”地震期间，寺庙损毁严重。利州区人民政府抓住灾后重建的有利时机，对梵天寺进行科学规划与重建。经过三年时间的努力，至 2011 年，一座具有唐代建筑风格的寺庙全面竣工。新建的梵天寺建筑面积达 2894 平方米，分三路布局：中路为天王殿、大雄宝殿、观音殿、藏经殿；左路为鼓楼、斋房、寮房；右路为钟楼、方丈室。同时突出女皇文化内涵，为武则天专门修建了建筑面积近 3000 平方米的则天大殿，寺内坐立佛像 200 余尊，

■ 梵天寺

寺外石岩雕刻有武则天与佛教内容的石刻壁画，恢复了唐代状元塔、法师舍利塔和司马光“读书台”、蟠桃石遗址等多处景点，供来者参观游览。

2011年利州区将天台山改名天曌山，并在半山腰的“曌望台”石壁上镌刻一个巨大“曌”字，以显示名山之威严。

西禅寺

坐卧于天曌山腰部，初建于隋朝，盛于唐代。明朝年间，因泥石流，山体滑坡将寺庙掩埋。又有“因战乱而被焚烧”之说。明代洪武年间（1368—1398）重修西禅寺，并发现《重修西禅寺之碑记》的石碑留存至今。

西禅寺有不少民间传说。相传明代万历年间(1573—1619)，有位叫薛平的八府巡按大人，由京都去蜀途经利州来到天台山西禅寺，观察地形山势似“九龙捧圣”，山势雄奇，认为此处是难得的风水宝地。回京后奏请皇帝恩准他削发为僧，来西禅寺潜心参禅悟道，既为天下亡灵祈福超度，又求神灵护佑皇帝洪福齐天、百姓安居乐业。之后数十年内，利州从未遭受过水旱洪涝灾害，百姓过着丰衣足食的日子。薛大人功德无量，整整活了108岁才圆寂。后世为薛大人修建一座石头舍利塔，墓前矗立11级石塔。每逢庙会，便有人成群结队前来寺内烧香朝拜，以示怀念薛大人恩德。故西禅寺亦名“薛平寺”。

1988年，西禅寺所在的盘龙镇东升村村民张忠武居士，特礼请新都宝光寺净天法师和济善法师等来家中商议为广元弘扬佛法、重建寺庙之事。有人提出将薛平寺改名“西天寺”，济善法师坚持取“西来禅意”之意，名为“西禅寺”。后来在西禅寺建设过程中，挖出一块古碑，石刻“重建西禅寺记”六个篆书大字，即印证了济善法师的修行功深。

改革开放以来，随着党和国家宗教政策的不断发展，天曌山寺庙得到空前的恢复和修缮。1989年初，禅宗临济宗第45代传人净天法师率众弟子，应广元市人民政府邀请来广元开放天曌山寺庙，经过五年时间的大规模艰苦重建，1993年至1996年，西禅寺和梵天寺、佛光寺相继建成大雄宝殿、地藏殿、观音殿、僧人寮房等30间以上的大寺庙，金碧辉煌，气势壮观。

2008年，汶川地震使西禅寺严重受损，寺庙采取“以寺养寺、募捐重建”等方式进行了重建。新建的西禅寺主体为清式仿古风格，中轴线上为天王殿、大雄宝殿、七佛阁、藏经楼；左右对称分布有客堂、五观堂、法物流通处、念佛堂、祖师殿、僧人寮房、方丈楼、办公房等建筑。钟楼和鼓楼分列于前，左侧建有5000多平方米的观音祈福广场，塑立32尊观音菩萨化身像。一年一度的清明庙会和迎新辞旧祈福法会及其他法会，都在观音祈福广场举行，吸引着众多八方宾客。

佛光寺

原名观音庙，位于天台山小寺沟。据传，建于初唐时期的观音庙菩萨灵验，香火盛极一时。20世纪六七十年代“文革”时期，该庙遭到破坏，仅存旧房三间，用以做本地生产队的办公室和粮食保管室，继后再办成大队初级小学校。1982年底，从山西五台山请来一名法师，住持观音殿，建复寺庙，并更名为佛光寺。1989年，净天法师从陕西省安康市来广元天台山，集资100多万元重建佛光寺。1993年7月，原全国政协副主席、中国佛教学会会长赵朴初先生题赠了“佛光寺”寺名。

佛光寺在2008年“5·12”地震中遭到破坏严重，在政府的支持下，寺庙自筹60万元，使受损建筑很快得到修复，佛教活动恢复正常，住庙居士多时达20人。

灵台观

古称“龙台观”，位于距梵天寺六七公里外的天台山后山，是天曌山道教活动之地。据《道教圣地广元》记载，天台山道观始建于东汉光武建武三十二年（25年）。明清时代，天台山为道教名山。清乾隆年间，山东胶州道士管一清来天台山住持道观，使天台道观得以恢复和发展。一清道士通达经文，精通采气辟谷之术，经常往来于阆中和广元，羽化在天台山，享年104岁。为修复天台山道观，1994年，利州区本籍人士倪理兴道长主动上山集资修建灵台观。灵台观楼亭顺山势而建，现有祖师殿、慈航殿、灵台殿、三清殿、太清殿、药王殿六个大殿，占地50余亩。农历三月三是道教庙会，每年这一天前来天曌山朝拜灵台观的信教者络绎不绝。

灵台观建筑风格典雅，造型别致，坐落于群山翠绿之中，显示出道教的高尊与静谧。

（杨正平／文　赵辉／图）

■ 灵台观雪景

旺苍县铁佛寺

在国家级自然保护区米仓山南麓的川陕交界之处，有一处国家4A级旅游景区——鼓城山—七里峡风景区。在景区大门以西的深山密林中，曾经隐藏着一座建于明代的寺庙，因寺内有五尊各重千余公斤的铸铁造像，故被称为铁佛寺。现仅存观音、文殊、普贤、韦驮造像头部残片，安放于景区的米仓山自然博物馆。许多游客看到栩栩如生、美轮美奂的菩萨头像，无不惊叹，惋惜这些国宝被毁。

铁佛寺位于今米仓山镇金竹村四社，距县城约70公里，地理坐标为北纬32°37′01″，东经106°27′57″，海拔为1070米。鼓城乡在明朝隶属于广元县则天乡西关堡。根据铁佛寺现存造像残片上模糊不清的文字判断，建寺及造像的时间约为万历四十七年，即1619年。寺庙占地面积为600多平方米，根据山脉走向——坐西北向东南做中轴线布局，穿斗木结构，青瓦屋面。建筑由正殿、下殿、厢房、八字山门、连接正殿和厢房的短石墙组成。横向，布局完全对称，纵向，设置了三级等高线，正殿下殿落差约1.2米，下殿与山门落差2米左右。

铁佛寺正殿三大间，总长约18米，进深约7米，房高约7米。木结构为五柱落脚九柱口，中间无隔墙，使用六椽栿，亦称为抬梁。木材主要选用当地所产的硬杂木青冈栎，坚硬结实耐腐蚀。正殿穿斗以下墙体为板筑泥墙，抹瓦灰勾白线，其余墙体为竹编夹草黄泥填平，石灰抹墙面。屋面使用当地烧制的青瓦，脊梁用特制泥烧装饰砖造型，滴水檐使用瓦当。

铁佛寺共有各类造像50余尊。其中铸铁造像五尊，分别为释迦牟尼佛、文殊菩萨、普贤菩萨、观音菩萨、韦驮神；泥塑造像有10多尊，分别为佛陀二侍者阿傩、迦叶，地藏王菩萨，独雄大威德金刚，大势至菩萨，龙神土地，关羽及关平、周仓，观音左右的金童玉女，清代住持黄登云、尼姑黄金。陶像为十八罗汉、二十四诸天。五尊各重千余斤的铸铁造像，佛陀、观音、文殊、普贤安放于正殿，韦驮安放于天井靠下殿之处。

铁佛寺在“文革”前就已经被毁，一些被毁的铁佛头像被有心人想方设法地悄悄保存了下来。从目前旺苍县文管所收集保存在米仓山自然博物馆的四尊铁佛头像及其他残片上，还可一睹明代高超的铁佛造像艺术和风格。

观音头像残片：头戴三叶宝冠，冠上有佛陀坐像，相貌端庄慈祥，两耳下垂，眉清目秀，双目微闭，额中圆形佛痣，双唇自然闭合，面含微笑，带有女性的柔美之气。此头像比较完整，应是目前存世的古代观音造像极品。残片高 0.64 米，宽 0.4 米，重 83 千克。

从铁佛寺残存的四尊明代造像的风格来看，它们继承了唐宋以来佛教人物造像艺术的传统，圆润、丰满，线条明快、流畅，五官各部位比例适当，脸谱具有写实风格，较少修饰夸张，贴近现实生活，体现了佛家对世俗美的追求。但鼓城乡明代铁佛寺造像在艺术表现形式上比唐宋时期更加臻于成熟和完美，人物刻画更加细腻、传神，通过表情展示出人物丰富的内心世界。从四尊头像的面部表情来看，观音慈祥，文殊严肃，普贤端庄，韦驮机警，其形态、神情各异，其表现无一不和他们的身份地位息息相关。

（赵军 史怀万）

旺苍县静乐寺石刻佛像

静乐寺位于四川省广元市旺苍县白水镇河边村三社，两合石山南面半山腰。原寺庙建筑坐北向南，建筑占地面积约 700 平方米。大雄宝殿旧址内存红砂石质释迦牟尼坐佛三尊，通高 1.88 米，宽 1 米，坐于莲花座上，座高 1.28 米，佛像背部阴刻楷书年款“清顺治年制”。

20 世纪 70 年代，于正殿遗址上新建土木结构建筑，素面台基，人字形屋架，悬山式小青瓦屋面，面阔三间 23.79 米，进深 6.73 米，高 7.4 米。原西厢房遗址上建砖混结构房屋，素面台基，悬山式小青瓦屋面，面阔五间 20.4 米，进深 10 米，高 7.03 米。后墙处于滑坡山体。三尊佛像保存完整，是目前广元市区内清代圆雕佛像最大的一处，文物价值较高。该石雕为研究当地的石雕艺术提供了宝贵的实物材料。

（柏汉华）

旺苍县南峰寺

旺苍城南的南峰寺始建于唐朝，历经战乱风雨，几度兴衰。“文革”中拆毁，1993年后陆续重建。新建寺宇，飞阁翘檐，画栋雕梁，气象庄严。它是镶嵌在旺苍城南青山绿水之间的一颗璀璨明珠。

南峰寺前身为观音阁，始建于唐朝，明清时期几度扩建，寺侧有石刻碑文记载。岩畔石刻观音大士像一尊，慈目慧眉，宝像庄严。两旁有石刻对联：“紫竹林中开慧目；普陀岩上显威灵。”横批为“普陀岩”，今已彩绘一新。

寺左侧巨岩上有“乐善”二字。体长丈余，笔力遒劲，潇洒丰润。据传为“三丰仙之笔意也”。清光绪二十六年（1901年），本邑举人王秉乾、贡生赵树常、廪生彭云松、增生袁炳勋、监生辜明钦、文生辜作新等联名出资勒石镌刻于壁，远观颇著。

1933年，中国工农红军第四方面军由陕南入川，一举解放了通（江）、南（江）、巴（中）、旺（苍）等地，建立了川陕革命根据地。1934年底，川陕省苏维埃首脑机关、红四方面军总指挥部、西北革命军事委员会等党政机关先后由通江、巴中迁来旺苍。张国焘就住在南峰寺（俗称巴岩庙），并在这里开会，部署了著名的陕（西）南（郑）、广（元）昭（化）及西渡嘉陵江战役。庙内四根木柱上，红军刻有诗句：“旺苍两面河，圣贤观普陀。红军到此地，川陕变苏俄。”

靠南峰寺左侧，路旁石岩上，西北军区政治部錾刻“为独立自由领土完整的苏维埃新中国而斗争”的巨幅标语。字大1米许，长20余米，笔力雄健、刚劲，楷体端方，为川陕苏区第二大巨幅标语，被列为省级重点保护文物。为完整保存该标语，广巴高速改道架桥沿黄洋河而上。

（柏汉华／文　穆新民／图）

■ 昭化益合堂

第十四章

古院落

昭化区昭化考棚

考棚就是古代科举考试的考场。古时科举考场分为考棚、贡院和皇宫大殿。考棚是院试考秀才的地方，贡院是乡试考举人的地方，会试一般在京城贡院考贡士，皇宫大殿则是殿试的地方，一甲前三名状元、榜眼、探花由皇帝殿试御笔亲点。考棚前有一面照壁，照壁中间的图案叫“如意”，意在祝愿考生如愿以偿。

昭化考棚始建于清道光十九年，即1839年。清同治十三年，邑令毛士骥筹款重建，并置桌凳322号，昭化考棚遂成为川北地区最大的县级考场。曾寅光和邬永枫两任县令又曾筹款进行维修和改建。考试时应试者每人一个房间，称为“考舍”，主要供昭化、广元、青川、剑阁四县的考生应试。昭化考棚有考舍322间，可供322名考生同时应试。考棚设有门禁房，即搜身的地方；执事房，验明考生身份的地方；管房区，监考人员休息场所；考舍，即考室；大堂，主持考务的地方，试后为阅卷场，又叫至公堂。“至公”就是最为公平，意在告诫阅卷者要秉公判卷。

“至公堂”现为科举文化展厅，中间展柜里陈列着一份状元卷，是明万历二十五年即1597年，山东青州府25岁的考生赵秉忠参加殿试的答卷。这份状元卷是宣纸，长3.3米，宽38厘米。正文之前有万历皇帝的顶天朱批“第一甲第一名”六个大字。

全卷2460字，分为三部分。第一部分约长70厘米，填写考生姓名、籍贯、年龄等，上溯三代的基本情况；第二部分2米多长是正卷，八股文，用小楷书写；第三部分约长55厘米，列有9位读卷官的职务、姓名，其中包括吏部、户部、刑部三位尚书。

赵秉忠在卷中答万历皇帝出的题目《问帝王之政与帝王之心》，论述了帝王与百姓、政策与法治、法制与德制的关系。建议皇帝依法治理国家，以德才衡量用人，二者并举，才能达到目的。他还提出了“天民”的观点，将皇帝君主与平民百姓置于上天面前的平等地位，论述法制、德制以及廉政对于安抚民心、稳定社会、治国安邦的重大作用，是一篇难得的为治国安邦献策的好文章。

此卷使他从292名贡士中脱颖而出，被皇帝和九位阅卷官选中，成为明代第47位状元。这份状元卷是赵秉忠的第13代孙赵焕彬先生于1983年捐献给国家的，真品现藏于山东青州博物馆，这里陈列的是复制品。

科举考试是中国历史上一种十分重要的选择官员的制度。它始创于隋代，确立于唐代的武则天时期，完备于宋代，而延续至元、明、清，前后经历了1300多年。《中国历代科考制度》及与科考相配套的《主考机构与职责》《监考人资格与职责》《考生参考资格》《考生须知》《考试流程》等都展示在陈列室墙壁上。走进昭化考棚，可以了解封建社会科举考试的相关知识。

（张天碧／文 任国富／图）

昭化区怡心园、益合堂

怡心园是昭化古城旧时四大旺族之一——鲁家的宅院，也是原国民党昭化县党部书记鲁光华的祖业。新中国成立后，怡心园被没收充公。它是古城内保存较为完好的古建筑之一。建筑为立木高架穿斗结构，院落设明楼檐廊。始建时间已无史料可考，专家从建筑特点和工艺水平等方面推断，应为清代建筑。总体结构属于堂口面街、纵深两套天井、家居式立木青瓦结构古院落，重檐、青瓦坐脊兼有中国南方和北方的建筑风格。

怡心园从外到内共分四层，依次为前厅、天井、中厅和正厅。长方形天井两侧各有厢房四间，都建有木地板阁楼；中厅无正门，正中设椭圆形屏壁，门在两侧，起到分隔内外作用，以免正厅完全暴露，

又出入便当；正厅为船形廊厅，俗称“旱船天井”，左侧现存清光绪年间石鱼缸一个，置有水锈石盆景，显得十分静雅，是会客的地方。厅枋上有“养心斋”牌匾一面，反映出主人的生活舒适恬静。

益合堂位于昭化古城瞻凤门外的桔柏古街上，始建于明末清初，为三进院落，依山就势而成，地势逐层抬升。院落连接置以规整的石梯坎。院落建筑布局错落有致，木架穿斗，立面装木质裙板，后墙或筑土墙，房屋呈对称排布，置以挑出的明楼，过堂宽敞通风，青石板天井，风格朴拙。

它原来是昭化城内四大旺族之一王家的祖业，主要用以经商和酿造。旧时在昭化以水上交通、运送货物为主的时代里，从水上运输的货物在装运前和卸船后都需要堆放，益合堂距桔柏渡码头很近而且非常宽敞，是十分理想的堆放场所。因此，王家就利用它作为水运货物的存放中转站，旧时称为“堆栈”；同时，客商还可住宿，也可作客栈，王家从中收取堆存费用和客房钱。另外益合堂的后半部分原为酿酒作坊，也是王家所开，早年关门了。

在民国16年（1927年），有个叫杨益之的南部人，租下了王家的堆栈开药房，前堂作为药铺，取名益合堂，并请名医汪树森坐堂看病30多年。铺内有中药七八百味，并自制“刀口药”“急药”等。

由于看病取药方便，城里人经济拮据时看病抓药还可赊欠，对人态度又好、服务周到，益合堂生意颇为兴隆，在当地很有名气，直到新中国成立时才停业。因而以前王家的“堆栈”被“益合堂”取而代之，这个名字沿用至今。

（任国富　文/图）

昭化区龙门书院

昭化古城的龙门书院始建于清乾隆年间，是昭化最早的公立学堂，为立木穿斗结构、连体互通式院落式建筑。

乾隆三年（1738年），昭化县令程余庆向朝廷申请拨银400余两，在昭化城西街建仓库30间，准备贮粮。因多年无粮可藏，程余庆垫银300两，并将其变价银120两。乾隆二十二年，邑令吴邦焕再向朝廷请以此项银两改建成书院，取名临江书院，以供昭化及周边地区生童读书之需，共有内堂三间，讲堂三间，二门三间，内外书舍共八间。但初创之期，先生费用、膏火等却没有来源，办学举步维艰。“前后各讲堂三楹，学舍悉具，岁捐束脩膏火之资，尚草创而未备也。”（道光《重修昭化县志·书院》）

为扩大办学规模，完善办学条件，嘉庆二十二年（1817年），书院年久失修，

已有倾圮，且未延请到山长（校长）。县令曾逢吉倡导社会贤达捐银办学，扩建校舍，添置设备，移建圣庙，左右添修厨房三处共五间、门房一间，并订立了各项办学条规，书院粗具规模，并逐渐步入正轨。

当地士绅“踊跃乐输，自二十二年正月起共银一千二百两，会本城子号，每月三分行息”，解决教学经费。但入学者不多，肄业者寥寥，科第仍复不振。

教学质量提不起来，甚为恼心，有心的人“顾之而愀然也”。书院本名“临江书院”，“书院适筑于西山之麓，仰接巉岩，俯临江濑，故号曰临江书院”，后改为“葱岭书院”，又改为“龙门书院”，是由于此地前临凤岭后系翼山。人们盼望书院能有更多的生童科举及第，于是又将“葱岭书院”改称“龙门书院”，因县南140里处有龙门山。过去把科举及第比喻为“鲤鱼跃龙门”，“龙门书院”就寓含“鱼跃龙门”的意思。现书院大门的屋脊上仍然有“鲤鱼跃龙门”的雕塑，从正面看是鲤鱼正在跳，进入院内回看，鲤鱼已跳过了龙门，创意颇为独到。道光十九年二月，昭化举行童子试，无考棚，诸童自备桌凳，署令毛士骥恻然悯之。他到龙门书院视察后，得知“讲堂外两厢屋宇宏深，肄业生童素不居宿，爰捐廉命工置造桌凳”，编号共得322号，并按号刊就木戳印记，并将相关道路拓宽，因陋就简建立了考棚，不时也可供童子读书之用。

龙门书院是昭化古城内保存较为完好的古建筑之一，为院落式布局，高架穿斗木结构，冷摊瓦屋面。20世纪80年代，书院左侧部分被拆除。2006年元坝区政府大规模保护性开发昭化古城，2008年修缮龙门书院，依照修旧如旧的原则，恢复并修建书院破旧毁损建筑。

重建以后，龙门书院的空间布置恢复原貌，分三个部分：祭堂、学堂与藏书阁。书院正堂上首是祭堂，是祭拜孔子的地方，设有孔子画像、“四配”与“十二哲人”的牌位，供先生和生童祭拜。正堂左边列有中国古代14位科学家的画像以及他们的简介；正堂右边新增中国古代14位著名教育家的画像以及他们的简介。书院西侧部分房屋，设置为汉寿博物馆，陈列昭化古城自汉代以来出土的部分文物。

书院的右堂原为尚武堂，现设讲堂一间、藏书阁三间、学斋12间和师舍四间，展示旧学场景。书院的左堂是原来的明伦堂，重建以后在里面新增设“三国成语典故展示馆”和“文化墙”等内容，除此之外还建有文化活动室。

（任国富　文／图）

昭化区辜家大院

辜家大院是一座古色古香的四进四合院落，位于昭化古城南门巷，是明清时代留下来的古院子，距今已有三百多年历史，是目前川北地区少有的保存完好的大宅院。其建筑风格古朴如初，庭院设施保存完好，堪称川北古建筑中的活标本。

辜家大院建筑为木架穿斗结构，院落之间以过堂通达，雕窗绮户，古色古香；青石板天井，置以桂树、紫薇、橘柚和盆花，摆放石水缸等，设施齐全，环境清幽。在明清时期，昭化古城有四大望族——辜、鲁、王、赵，辜家作为首富，理所当然住富人区了。由于辜家大院是昭化古城首富辜姓留下来的产业，以前主要是用于经商的。新中国成立后，当地村民将之用作集体资产，曾在院内置办铧厂，院落未曾遭到大的损坏。现在，辜家大院是融餐饮、住宿、娱乐、休闲、参观为一体的客栈。

辜家大院的门是八字向外开的，现在的门则是平开的，为什么会这样设计呢？因为在古时候，这是富人的一个标志。他们为了体现自己是个很有钱的人，在修建宅院时，就将大门设计为八字向外开的。辜家大院所在的南门巷，每个院落的大门都是八字形向外开，在明清时代，只有官宦或名门望族才允许开这种外八字门，穷人是没资格开这种门的。

古时候的门当户对，指的是男女双方家庭的社会地位和经济情况、职业相当，很适合结亲。其实，“门当”与“户对”是古民居建筑中大门建筑的组成部分。所谓门当，原指大宅门前的一对石鼓，有的石鼓坐落于门的基座上，因鼓声宏阔威严，厉如雷霆，百姓信其能避邪，故民间广泛用石鼓代“门当”。“户对”，即置于门楣上或门楣双侧的砖雕、木雕。比较典型的是圆形短柱，短柱长一尺左右，与地面平行，与门楣垂直。由于它位于门户之上，且取双数，有的两个一对，有的四个两对，故名“户对”。“户对”为什么要用短圆柱形呢？它代表了前人的一种生殖崇拜观念，即重男丁、衍后代，意在祈求人气旺盛。

院落之间的过厅厦门设置不同的样式，有圆形的寓意“圆圆满满”，方形的寓意“方方正正”。正前方就是他们用餐的地方，餐饮主要就是将辜家秘制菜品与昭化无公害蔬菜完美地组合。墙上挂着剧照，是拍摄电影《昭化晓月》的时候留下来的，这部电影曾在中央电视台电影频道和上海世博会开幕式上播放过。前方院角的石缸是清道光年间留下来的，古时候叫太平池（消防缸），对当时的消防起了很大的作用。

（任国富／文　赖琴芳／图）

昭化区大朝乡张家大院

张家大院又名长存店，坐落在昭化区大朝乡大朝古街中段，坐东向西，为长方形四合院落，立木高架穿斗结构，冷摊瓦。共有大小房屋12间，前大门正房三间，开间4.5米，进深7米，内外檐廊1.2米；正堂屋两侧各有一间抱厦，开4.5米，进深6米，门前檐廊1.6米；两侧厢房各五间，一楼一底，明楼，设置扶手，进深4.5米，开3米。院落内有本地青石板天井，长13米，宽4.5米。现整栋院落保存完好，至今至少有300多年历史。

本院落是张氏祖上产业。祖上张祥云、爷爷张天元祖籍陕西，至川抱养落户。明清以来驿道兴盛，过往客商较多，张家经营旅店业，诚信为本，童叟无欺，勤俭持家，待客如归，生意兴隆，人财两旺。大清光绪七年（1881年），为嘉其业，保宁府昭化县授“五福同堂”匾额一幅。现匾额仍挂在堂屋门上方。“五福同堂”为行楷榜书大字，字体端庄劲秀。匾额同时分三行书写正楷小字，记录授匾缘由和日期。分别是“钦赐花翎四川直隶州授保宁府昭化县正堂加五级纪禄十次”“为孝节待赠孺人张母刘太孺人五世同堂八旬有六志庆”“大清光绪七年辛巳中秋月二十立”。

从授颁匾额的记录来看，主要缘由有二：一是张家大店经营方恪守诚信，在地方经济、社会发展中起到了积极作用，这也是昭化县正堂治理有方的表现，因此此匾上也记录了“昭化县正堂加五级纪禄十次”和得到“钦赐花翎”的事情；二是张家其时家业兴旺，儿孙满堂，是远近闻名的积善积德之家。张家“五世同堂”，张母刘太孺人已经86岁高龄，一生做到了孝、节，堪称典范。传统民间五福包括“福禄寿喜财”五种人生幸福的际遇，张家都遇到了，实乃功德圆满。昭化县正堂赐匾表彰其孝节品行，官方以此向她祝寿，可谓无比荣耀。

张家大院的前大门上尚留存“聚宝”“藏珠”扇状题额。明楼扶手为卍字回文护栏，分格连续，中间雕饰花朵图案，分别有绶带、花卉如意纹、莲花、牡丹等，古朴典雅。厢房门存有牙子。柱础雕刻有吉祥图案。

（任国富　文／图）

苍溪县桥溪乡江家大院

位于苍溪县桥溪乡金龙村四组，村委会南1公里处。建筑呈四合院布局，单檐悬山式穿斗木结构。坐北朝南，占地面积为850平方米。门房面阔1.7米，高1.2米。正房面阔四柱三间15.2米，进深6.4米，高6.3米。正面廊道长16.6米，宽2.7米。廊道正中设二级垂带式踏道，长0.8米，宽4.8米，高0.36米。两侧厢房均面阔11.5米，进深5.2米。倒座房面阔13.5米，进深6.3米。天井长10.05米，宽12.3米。建筑内壁面全用木质装板，题写20世纪60年代标语30幅。木质窗花雕刻工艺精湛，保存较好。该建筑对研究清代民居建筑风格具有重要的参考价值。2012 年7月16日，四川省人民政府批准公布其为省级文物保护单位。

（李俊昌 赵洪旭）

苍溪县白桥镇伏家大院

伏家大院建于清代，位于苍溪县白桥镇冒鹤村四组。建筑坐北朝南，系单檐悬山式穿斗木结构。三重两进四合院，呈阶梯状布局。整个建筑由门房、前院过厅、后院三部分组成，南北长50米，东西宽31米，总占地面积为1550平方米。门房高2.22米，宽1.35米。门前左侧3米处有一棵古柏，古柏前建垂带式踏道，踏道高3米，宽3米。进入门房为前院过厅，过厅长2.58米，宽3.2米。前院天井呈正方形，边长8米。上四级如意踏道进入中间过厅，过厅长6米，宽12.8米。后院天井呈正方形，边长9.2米。后院正房面阔三间13米，进深7米，高6米，两侧厢房各4间。伏家大院对研究清代民居建筑风格、形制、规模具有重要的参考价值。2013年12月6日，广元市人民政府公布其为市级文物保护单位。

（李俊昌）

旺苍县万家乡赵家院子

赵家院子，位于旺苍县万家乡西陵村一社，坐西北向东南，占地面积约1800平方米，建筑面积约920平方米，建于清道光十九年（1840年）。

原建筑为进式轴线布局，由前厅，过厅，正厅，东北、西南厢房组成。均系穿斗梁架、单檐悬山式屋顶、小青瓦屋面。前院，素面台基宽26.98米，长17.66米，高0.35米；过厅，素面台基，宽26.98米，高0.35米，面阔五间24.58米，进深四间4.83米，高6.45米；正厅，石台基宽26.98米，高1.6米，面阔五间24.58米，进深四间8.75米，高6.3米；东北、西南厢房，素面台基，宽14.29米，高0.35米，面阔四间16.84米，进深四间5.19米，高6.4米。

天井由红、白两种颜色的石灰石铺设而成，长9.2米，宽10米；正厅街沿挡墙上刻福、禄、寿、喜、瑞兽图案；明间前置五级垂带式踏道，宽1.71米，两垂带为象鼻形；正厅正中后墙置木结构供台。窗花、驼峰、撑弓、雀替等装饰构件，雕刻手法细腻。

赵家院子傍山而建，俗称为五马奔槽地势，自然环境优美，建筑风格独特，建筑手法细腻，是旺苍乃至周边地区目前掌握的民居资料中建筑材料最好、建筑工艺最高、最具研究价值和观赏性的一处古民居建筑。从修建至今，赵家院子的平面布局和建筑外观基本保持了清道光十九年的原貌。

赵家院子现存的建筑本体、建筑结构、建筑构件、建筑装饰都是当时历史时期的遗存，是四川现存的古民居建筑中不可多见的实物例证。各建筑本体用材讲究，工艺细腻，结构与装饰手法都极具四川传统建筑的神韵，是研究四川古民居、古建筑、传统建筑工艺、民俗民风的重要史实资料。

（柏汉华　文/图）

旺苍县福庆乡石家大院

说起旺苍县福庆乡石家大院，还得从一个叫石银玉的人说起。石银玉曾是民国时期福庆乡联保主任何明光的马夫，何明光死后，23岁的石银玉成为福庆乡乡长。当时福庆乡下辖今国华镇、盐河乡、万家乡、天星乡、温水等地，地域面积辽阔，人口兴旺。石银玉目不识丁，为了巩固自己的权力，拉壮丁，建立武装力量，搜刮民脂民膏，囤积财物，修房建屋，称霸一方。他所修建的石家大院2013年被认定为省级文物保护单位。石家大院修建于民国33年，坐落于农经村场镇，建筑面积960平方米，两层，四合院样式，全木结构，建筑设计大气，雕刻精美，是当地保存最为完好的民国传统建筑。

（傅尹）

旺苍县国华镇何家大院

何家大院，位于旺苍县国华镇小河村三社。坐西向东，占地面积约800平方米，建筑面积约500平方米，由前厅，正厅，南、北厢房组成，建于民国初年。均系穿斗梁架，单檐悬山式屋顶，小青瓦屋面。前厅，素面台基，宽22.5米，高0.8米，面阔五间20.5米，进深四间4.8米，高7.2米；正厅，素面台基，宽22.5米，高2米，面阔五间20.5米，进深四间5米，高5米；南、北厢房，素面台基，宽8.3米，高0.35米，面阔两间8.3米，进深四间4.5米，高7.2米。前厅、厢房二层有“凵”形回廊，围栏用卍字格装饰；前厅入口有五级踏道，宽1.5米；正厅明间前有九级踏道，宽4.2米。该建筑为研究该区域的建筑类型和建筑特点提供了实物材料。

（柏汉华）

剑阁县兼山书院

剑阁兼山书院创办于明正德十四年（1519年）。对于兼山书院的历史，李榕编纂的《剑州志》有记载："兼山书院，在州东北，明正德中李璧建。嘉靖中，知州陈叔美增修，明末毁于兵火。雍正五年，知州李梅宾重建。道光十六年（1836年），知州张嗣居移建州城内小东门。"兼山书院在近400年间屡废屡兴，屡毁屡建。

据《剑州志·剑州改修兼山书院记》载："兼山，宋礼部尚书赠资政殿学士、谥忠文、黄公文叔之别号。书院则今知剑州事武缘李侯璧白夫所改建也。"此记又载："书院乃州城南公祠旧名，今改建于城东北隅。"原来剑州人为纪念南宋礼部尚书黄裳（字文叔，号兼山）在州城南建兼山祠，正德十四年知州李璧将祠改为兼山书院，迁建于较为宽敞的州城东北隅（兴许为今普安小学一带）。经李璧改建的书院"规制弘敞"，讲学、藏书、供祀的基本设施设备齐全，而且离州治很近，便于百姓和读书人观看书院的祭祀礼仪与读书、听讲座。接着又将宋代通江县令何镠为纪念黄裳而撰的《相墨堂记》，及李璧为此记所作的跋，一并刻于书院四壁。李璧改建兼山书院的目的十分明确，即敬仰和纪念黄裳，表彰他的道德功业、学识胆略，张扬其推贤乐善、忠直宽厚的品性，教化乡里。

兼山书院最具规模的是道光十五年（1835年）的第三次迁建。迁修的兼山书院，从整体布局看，左边为书院（今普安小学一带），右边是考舍（原教师进修校一带），考舍之右为行台（大吏出巡剑州的驻所，相当于官方招待所，位于二贤祠外）；从书院和学舍的结构看，书院为三重院落，中为厅堂，堂前"仍奉祀兼山先生"，厅堂左右房舍为山长的宿舍和办公室。前后两重院子共30余间，是生童上课和住宿的屋舍，小桌子、床铺、厨具灶及相关设施齐全。考舍也是三重院落，中为很大的殿堂，东西两套院子共12间，为考场，共有20排，全都是用石头石板制成的桌凳，可容纳300多人考试。殿堂后还有屋若干间，则为主考人员评卷、保管卷子的房舍，并安排守卫和勤杂工护卫、扫除；从建筑质量看，用的是最好的建筑材料，做工精细，砌砖涂染做到了结实而美观。正因为如此，书院与考舍、行台合建的建筑群十分坚固、宏伟，非一般书院可比。应当说，特别注重育人环境的选择和建设，是兼山书院的一大特色。

光绪三十一年（1905年），知州章仪庆将兼山书院改设为剑州高等小学堂（又称剑州高级小学校），此乃剑阁新学之始。随着时代的变迁，由兼山书院改设的剑州高等小学堂又几经合并、更名，在曲折中不断发展。兼山书院原来的建筑格局与样式已彻底改变。

（吴成）

剑阁县城北镇石家大院

剑阁县城北镇锯山村二组的石家大院于道光年间由当地进士石占魁所建，迄今已有170年左右的历史，院中房屋都按照川北民居“五间两头转，外搭偏厦子”的方式，合围构成内外五间三进两院外搭两边偏院的结构，共有大小房舍40多间，建筑面积为1600多平方米。是一座典型的清代川北庄园建筑。

整个大院呈南北排列，前后有直径1—1.5米的大柏树五棵荫庇其上。大院沿中轴线进门，依次设有龙门、天井、厢房，以及用于祭祀的堂屋等，布局严谨，功用清晰。

两扇大门完好，门上雕刻的门神及退变的色彩还隐约可见。一进大门，上方原有“润屋润身”金字匾额一道，门内挑梁上左右各用木刻有“抱财童子”。第二进门上原有金匾为“怀德居仁”。院内左右都

■ 石家大院内民俗表演

■ 石家大院全景图

是三道六合门，彩绘门神、木刻窗花栩栩如生。天井中原有石砌花台和大花盆数个。两个天井之间的中门过道，两边雕刻的两条盘龙都已损毁，不见踪迹。唯有中门过道下石梯两边的石刻狮子雕塑尚存。

两进院子四周的房屋虽已老旧，仍然令人感到建造考究，十分气派。所有的房屋均是典型的木结构穿斗式，整个大院无一根铁钉。最惹眼的，还要数那些留存在门窗、廊柱、挑枋、磉墩上的雕饰，既有表现忠孝仁义、福寿财喜的戏剧人物，也有寓意吉祥、精致灵动的各式图纹。这些图纹全部寓意多子多福、事事如意、金玉满堂、富贵连绵。浅层镂雕，错落有致，层次分明，做工极为考究。

内外院天井均由石条铺就，回廊相通，甬道相连，可令居者晴天不晒、阴雨不淋；阶沿下明渠暗漏、内外通达，确保大院天井干而不燥、雨而不涝。由里到外：第二进中间为过厅，两边为晚辈居所。第三进明间为堂屋，是祭祀先祖和全家计议大事的地方，上边原有金匾“寿考唯奇”。两边为主人家的尊者起居之所。厢房后边的偏厦分别为仓储、厨房、圈舍和下人的住地。除了厅堂的土木建筑外，偏厦多以夯土筑墙而成。虽有正门、腰门，均设门杠顶撑。倘有盗匪来犯，闭门上杠就形成一个封闭的堡垒，一般的盗匪奈何不得，大院比较安全。

民间故老相传：建造该房的主人石占魁是两榜进士，世代以耕读为生，种植粮食，还经营蚕丝、烟叶等生意。据说，石家在各地共建有庄院48处，后来仅存锯山垭一处归其玄孙、原剑阁县著名的民主人士、副县长石光熙所有。新中国成立后，石家大院在土改中被作为公房分给了九家农户暂居，一度还是村小教室、礼堂、会议室、医疗所，相当长的时间内，这里都是锯山村父老乡亲的公共场所。

（王林乐／文　曾正强／图）

青川县茶坝乡韩家大院

青川很有影响力的茶坝韩家大院，修建于1945年至1948年（民国34—37年），占地面积为1500平方米，建筑面积为2460平方米，原系地方势力韩仁品宅院。为两进四合院，中设“一颗印”的“洋式房子”，房子两头带过厅，后该房及厅被拆除，形成现存格局。该宅院所有房屋全为三层楼房，全木穿斗结构，小青瓦悬山带转角屋面。从修建至今，茶坝乡韩家大院的平面布局和建筑外观基本保持了民国末年的风貌，为川北山区建筑工艺、民俗民风提供了重要史料。

韩家大院从选址、设计、备料、修造以至装饰，都极具匠心。

选址注重风水。根据传统观念，无论是民房还是府衙，都讲究“风水”，无论是坐落的位置、来山朝向还是左右山形的特点以及水流等，都在选址的关注范围内，现代人也能从地理、磁场及其与人的关系等方面，找到一定的科学依据。韩家大院选址十分讲究。韩仁品决定修造豪宅后，于1941年请松盖坝的风水先生白先生，在茶坝场镇及周边反复观测，最后确定现址。时称茅坪山，山势较缓，视野开阔。对面山上望去，有虎踞之势。前面近200米，茶坝河蜿蜒而过。大院朝向坐西向东，从大门望去，层峦叠嶂，由低渐高，犹如层层屏障，且有三个山垭一致，寓意紫气东来、人兴财发、官运亨通。1943年开工平整地基，韩家派雇了大量民工，历时一年，运出土石60余万立方米，地基平整好，又用几年时间沉积，使其更加稳固。

结构布局。韩家大院由带铺面的入口、左右厢房、一横房（左右带过厅设四道侧门）、二进左右厢房、正房组成。大院入口处为当街的七间铺面，正中明间底层做大门，面阔3.5米，次间各4.0米，稍间各4.0米，尽间各3.75米，总面阔27米。进深为4.50米。前院左右厢房各两间带通道，每间面阔各4.0米，通道1.70米，总面阔9.7米。进深各为3.70米。一进天井长8.20米，宽16.05米。与第二进天井连为一体。鸟瞰呈“八”“一”两个图案，正房面阔五间，明间4.45米，次间各4.20米，稍间各2.80米，总面阔18.45米。进深两间带前廊共6.9米。二进左右厢房各面阔五间，共20.35米，进深各为3.7米。一进厢房到二进天井和一字房，二进厢房的正房，两边均有五道石梯，高1.2米，寓五子登科、年足月满之意。

建筑工艺。宅院所有房屋均为三层楼房，全木穿斗结构，小青瓦悬山带转角屋面。除正房外，其余房屋均于三层挑出，做栏杆或飞来椅。檐下设雕花吊瓜，立面

窗户全为花窗，样式繁复，富于变化。内院厢房山面设砖墙、砖柱；大门、侧门亦设砖墙、砖柱。圆形拱门，花饰、砖柱腰线，采用西式风格，墙头，出线，瓦头又采用中式捶灰雕塑，可谓中西合璧，崇宏细腻。排水也极具特点。由于是上下两进天井，排水是一个很重要的问题，在当时的技术条件下，能工巧匠们设计了地下排水通道，将雨水和生活用水排出，无论多大的雨，上下天井都不会积水。更为精巧的是两天井中的一字房（又称“一颗印”，俗称洋式房子，因将柱头刨方，再码火砖，故而看不见木料），房顶的水流都经前后四个龙口，流入地上钱状青石覆盖的下水道，再经地下通道，汇入整个排水系统。据说无论雨大雨小，屋檐水都流入该孔，而不会溅溢，可谓巧夺天工。

（柳成田 李柏坤 杨昀 文/图）

青川县白家乡陈家大院

陈家大院位于青川县白家乡场镇所在地松盖村一组，坐落在一条旧街道上，西距原白家小学200米，附近居民云集。大院左方100米的街道尽处是农地，地形平坦，土地肥沃。该建筑所在地为山间小平原，周围多山，山势起伏较大。大院左右各有一山包，前50米处有河流，河对岸有山脉。

陈家大院兴建于清末，平面呈四合院布局，占地面积为650平方米，建筑面积为1100平方米；由正房、南北厢房及门房构成。正房为单檐悬山式小青瓦屋顶，高9.5米，穿斗式梁架，面阔七间25.6米，进深两间4米，石砌须弥座台基，高2.1米，正面置踏道六级。南北厢房为单檐悬山式小青瓦屋顶，高9.5米，穿斗式梁架，面阔三间13米，进深两间6.6米，石砌素面台基，高0.15米。门房为单檐悬山式小青瓦屋顶，高8米，穿斗式梁架，面阔七间25.6米，进深三间7.2米，素面台基，高0.2米，正面置踏道一级。天井前方有一面照壁，上书“书道深长”四个行草字。该建筑为研究该区域的建筑类型和建筑特点提供了实物材料。

（李蓉　文/图）

青川县姚渡镇杜家大院

杜家大院位于四川省广元市青川县姚渡镇阳山村二组，北距陕西省宁强县魏家大院5公里，小地名为杜家院，始建于1924年。2008年被青川县列为县级文物保护单位；2013年被广元市列为市级文物保护单位。

杜家大院原有五座院落，占地8000平方米，现仅存两座。另外北院西侧有一座院落，受到严重破坏，现仅存遗迹。现存南北各一座院落，北院坐向为185°，南院坐向为145°，两院相距20米，占地面积共2000平方米，建筑面积共3800平方米。南北两院结构相同，皆呈四合院布局，均系素面台基，木构穿斗式梁架，单檐悬山式屋顶，小青瓦屋面。北院，正房面宽五间24.4米，进深28.4米，门房、东西厢房结构相同；南院，正房面宽五间26.6米，进深25.7米，门房、东西厢房结构相同。

杜家大院原为当地地主的住房。该地主家有五兄弟，每人一个院落，农民称为“五阎王”。现在的住户为强明军、强明文、赵克明、杜前军、王家文、王家堂六户。该建筑群为研究该区域近代民居的建筑形制提供了实物资料。

（李蓉　文/图）

青川县青溪镇阴平村宅院

阴平村宅院位于青川县青溪镇阴平村四组，小地名高岩头，又因该宅院在当地较出名，故又名大院子。平面呈四合院布局，坐向为90°，占地面积为900平方米，建筑面积为1300平方米，由正房、南北厢房组成，均为素面台基，高0.5米，木构穿斗式梁架，单檐悬山式屋顶，小青瓦屋面。天井呈正方形，正房与倒座房前方各有两级踏步。原来踏步两侧有栏杆，现已不存。正房、南北厢房、倒座房形制一样，皆为面宽三间13米，进深三间6.6米，高6米。正门在东北角。东南角有耳房一座，为后来修建。正房两侧原有两座耳房，西北角耳房在1958年毁于火灾，西南角耳房在2001年、2002年左右拆毁。该宅院为清代一个举人所建，后经转卖，民国时期为地主黄义所得。该建筑为研究当地建筑类型和建筑特点提供了实物材料。

（李蓉　文／图）

朝天区小安乡赵氏大院

罗家沟赵氏大院位于朝天区小安乡全胜村一组。院落背靠天荡山尾部，位于罗家沟南岸的台地上，东紧挨全胜二组，西接小安一组，山脚有一条小水沟，四周多为耕地。院落北面有一条由一组通往三组的通村公路与小水沟并行，周围有10余户住户，为一自然村落，以农为主，信息相对闭塞，交通不便。

赵氏大院坐东向西，占地面积为2065平方米，建筑面积为2035平方米，清乾隆年间为赵鸿升所建。三进三配式四合院，长59米，宽35米。土木结构，穿斗梁架，悬山式屋顶，屋面小青瓦，通高6.6米，檐高4.4米。六扇雕花门，门窗空雕暗八仙，柱础雕青狮白象。正房面阔三间13.3米，进深7.4米。厢房各面阔三间11米，进深5.4米，形制结构、大小基本一致。

据资料记载，院落主人赵鸿升之子赵镇密、孙赵文馥、曾孙赵明中均为太学生。该建筑保存较好，规模宏大，布局完整，对于研究明末清初的历史及当时的社会经济、民族工业等的发展有着一定的佐证作用。整体保存较完好，由于年代久远，大部分木构件腐蚀较严重，构架局部倾斜，已改建两间，拆除两间。

（罗正中 雷均宇）

朝天区沙河镇赵大春院

沙河赵氏大院位于朝天区沙河镇南华村二组，小地名为老鹰坪，始建于咸丰年间（1850—1861）。

南华村二组半山坡的老鹰坪，东依飞仙岭，南临飞仙关关口遗址，西为严家坝，北接老鹰嘴，四周为耕地，嘉陵江从山脚蜿蜒流过。

赵大春院坐东向西，占地面积约2000平方米，建筑面积为1672平方米。原有上下两院。现存上院，四合院布局，由正房、左右厢房、门房组成，九椽扶假斗拱穿斗梁架，土木结构，单檐悬山式屋顶，小青瓦屋面，长44米，宽38米，通高6.8米。正房面阔九间30米，进深8米。廊道有10副木质雕花门窗，正门门框刻联，存清代匾额1块。左右厢房各五间32米，进深5.4米，雕花隔扇门。门房九间已改建为现代建筑。柱础均雕动物、花草、人物等。

据《广元县志》载，赵大春，咸丰进士，光绪年间任广元县同知，后曾补黔南道台。赵大春于咸丰年间修建此院，并在此设官衙（公堂）。据赵氏后人描述，赵家大院原下院长、宽各五间，内设官衙，为赵大春任广元同知的公堂。现西厢房三间和门厅房九间已改建为砖混结构住房，其余结构稳定，保存较好，大部分墙体裂缝。

该建筑对于研究该区域的历史文化、政治经济的发展以及建筑类型和建筑特点具有一定的意义。

（罗正中 雷均宇）

■ 剑阁姜维墓

第十五章 古墓葬

青川县郝家坪战国墓葬群

1979 年 1 月，青川县乔庄镇城郊的农民王文聪准备在离县城约一公里处的郝家坪修建房屋，当基脚挖至一米深处时，发现下面的土质松散，稍下出现木板，撬开木板后，用锄头、钢钎等掏出了一些陶、铜残片。县上有关部门得知后，即派人到现场察看，断定下面为古墓葬，随即通知四川省博物馆，与之共同组成发掘小组，在位于双坟梁中下段、背倚桅杆梁、前临乔庄河、位居县城与北井坝分界岭处的郝家坪发掘出了一按坡形逐层排列、面积约 3300 平方米的战国墓葬群。

从 1979 年 1 月到 1980 年 7 月，专家们共清理 72 座墓葬，共计出土了以生活用器为主的 400 多件随葬器物，其中漆器 177 件、陶器 124 件、铜器 58 件、竹木器 50 件，中有两件木牍，其中一件因太过残损，不能辨识上面的内容，另一件比较完好，字迹清晰可辨，即为当时轰动国内外的青川战国木牍。

当时，在郝家坪 50 号秦墓墓边箱内发掘出土了两件木牍。一件长 46 厘米，宽 3.5 厘米，厚 0.5 厘米，表面已斑驳不清，不明有无文字；另一件长 46 厘米，宽 2.5 厘米，厚 0.4 厘米，正背面皆有墨书文字，计 150 余字。此木牍正面书写内容是，先秦在灭蜀国七年以后，秦武王命丞相甘茂等修订并颁布的律令，即关于保护土地、维修道路桥梁、疏通河道等的内容，背面是与该法律有关的记事。

木牍正面共有三行可辨识的字，一般释读为："二年十一月己酉朔朔日王命丞相戊内史匽□□更修为田律田广一步袤八则为畛亩二畛一百道百亩为倾一千道道广三步封高四尺大称其高捋高尺下厚二尺以秋八月修封捋正疆畔及癹千百之大草九月大除道及除阴十月为桥修波堤利津□鲜草离非除道之时而有陷落败不可行相为之。"

该木牍整篇用墨笔隶体书成，牍上三行墨书被专家认定为战国晚期秦武王二年（前 309 年）的手迹，被视为目前年代最早的古隶标本，是战国晚期秦国拓辟疆域、扩大领地的重要证据之一。它的出土把隶书的形成年代推到了战国中后期，是文字学史上极为珍贵的资料。

在发掘出土的其他文物中，漆器制作特别精良，上面的纹饰有龙、凤、鸟、

兽、鱼、云纹、花草及各种几何图案，雕刻精美，具有很高的艺术价值。

青川郝家坪战国墓葬群中，多数为土坑竖穴木椁墓，大量施用白膏泥（这是楚墓葬制的特点之一，也是四川地区与船棺葬不同类型的战国墓葬）。像这样数量众多、墓葬集中的木椁墓，在四川地区还是第一次被发现，它的出现在当时的考古界掀起了轩然大波。通过考证，专家们得出了如下结论：青川郝家坪战国墓群是四川省内数目最大、保存较好的一批棺椁墓；青川郝家坪战国墓群的发现在考古界、史学界、古文字界、书法界都有着重要的位置。

青川郝家坪战国墓群中出现的器物，改变了许多学界的看法，推翻了许多对历史的定论。随着研究的深入，专家们认为：青川郝家坪战国墓葬群的形制、随葬器物是楚文化的特征，隶书书写的先秦田律木牍、秦半两等是秦文化的代表，陶器、“成亭”铭文的漆器又是研究巴蜀文化的重要史料。因此，郝家坪战国墓群对研究秦文化、楚文化、巴蜀文化三者之间的关系及秦灭蜀进而统一全国所采取的政治措施的诸多方面，如钱币的统一、文字的统一等，

提供了珍贵的实物资料。

青川郝家坪战国墓群依其历史年代应为战国中期至晚期的墓葬群，四川在这一时期多是巴蜀墓葬，青川却是楚墓葬，而且是规模很大的墓葬，实属难得，加之其所处的位置在古金牛道上，更是研究中原文化如何进入巴蜀的重要史证，较为集中地反映了战国时期秦武王二年（前309年），迁秦民入青川乃至巴蜀的历史事件。(见《华阳国志·蜀志》记载：“公元前329年，秦灭巴蜀后，因戎伯尚强，乃移秦民万家实之。”《史记·货殖列传》云：“秦破赵，迁卓氏……诸迁虏少有余财，争与吏，求近处，处葭萌。”）

青川郝家坪战国墓群的出现，证明了早在2300多年前，这里就是秦、楚、巴文化交融的地方，是古人入川出川的必经之处。可以说，郝家坪战国墓葬群的出土，是一个了不起的考古发现。

（贾琳／文　李蓉／图）

昭化区费祎墓

费祎墓在昭化古城西门外一公里的旧费祎祠旁。费祎（185—253），字文伟，江夏（今河南信阳）人。三国蜀汉大臣，汉末游学入蜀，刘先主时为太子舍人，迁庶子。后主刘禅时为黄门侍郎，封成乡侯。蒋琬死后，据诸葛亮临终遗言，继蒋琬执政，任大将军，录尚书事。252年，受命在昭化开大将军府，总揽征魏事宜。253年，在昭化（时称汉寿）召开岁首大会，与诸将欢饮沉醉，为魏国降将郭循所杀。

由于费祎“荷国之重”，谥“敬侯”。费祎遇害后，后主诏令就地安葬并建祠堂，葬于汉寿城郊（昭化古城西门外200米处）。墓冢坐北朝南，高大气派。其墓历代有培修，明代以来规模较大。县志载：费祎等19人被供祀于城内文庙旁的名宦祠内，表达了人们对先贤的崇敬。费公敬侯祠在城郊社稷坛之南，数次被洪水或兵燹损毁。道光《昭化县志》载：“汉费祎墓在西门外社稷坛之南，大坟一座，四围有墙。旧设过楼三楹覆诸坟上。坟前有碑曰：汉尚书令费公敬侯之墓。其后墙楼皆毁，石碑亦亡。”可见在清代时，其墓已遭到了相当严重的毁圮。清雍正十三年（1735年），果亲王（雍正之弟）奉命进藏，途经此地拜谒并大书“深谋卓识”碑。邑令勒诸石以记之。乾隆二十七年（1762年），邑令吴邦殒建立碑亭，竖碑并对墓进行整修，

在道左建牌坊一座。

昭化的士民对费祎非常敬重。其墓祠虽屡被毁，但也被当地人屡屡重建，加以供祀。清乾隆壬子年（1792年）秋天，当地人集资进行修整。清道光十九年（1839年），署令毛士骥巡查时几次经过费祎墓，见“道旁湫隘，登其阶者无延伫之区，不足以昭展谒墓。左有碑焉，雍正乙卯果亲王所书，其尚完整”。毛士骥感到墓地小，坝内坑洼积水多，不便于人们拜谒凭吊，便仿照杜公（杜甫）祠浣花草堂，在亭后添构三楹，也就是三间房屋的空间。额题“对弈草堂”。主要是由于费祎的当国功名俱载于正史，想见其在延熙七年与来敏下围棋一事，谈笑间而退强敌，慕其风度而建之。对于这件事，《三国志·费祎传》载：“七年，魏曹爽寇汉中，帝遣救之。将行，光禄大夫来敏诣别，求共围棋。时羽檄交至，人马擐甲，严驾已讫。与来敏对戏，无倦色。敏曰：‘向聊试观君耳。君信可人，必能办贼也。’”果出来敏所料，爽“亡失甚众”。祠内装建栏杆，墓后修建女墙，植柏树数百株。草堂距离祠墓仅有数十步，“杂花拳石，自成小园。四围地多空隙，遍栽竹木。从草堂更穿花径以达于祠，居然图画天成”。“对弈草堂”始于初夏四月，于八月竣工。花钱二万余。任职的官员等捐款一半，一半由鸠工、山长等奖劝诸生等捐献。“对弈草堂”成为昭化一处著名的园林风景。

清光绪五年（1879年）修建丁公祠，其建址在原武侯祠、费敬侯祠废基上，于是三祠合一。现存石碑为清光绪三十三年（1907年），四月昭化知县吴光耀募银重修。碑题“蜀汉大将军录尚书事成乡敬侯费祎之墓”，由吴光耀题写，碑文由其长女正敬所书，小女正如侍书帮衬。碑文为孩儿体，字迹清秀，天真烂漫，至今保存完好，立于墓前，传为佳话。

1997年，费祎墓被四川省人民政府公布为省级文物保护单位。现在，在昭化古城的保护开发中，费祎墓及费敬侯祠已进行恢复性培修，成为三国文化旅游线上的重要景点。

（任国富／文　刘文龙／图）

昭化区鲍三娘墓

距昭化古城北5公里处的白龙江畔曲回坝，有一巨大穹形土冢，便是蜀汉鲍三娘墓。墓高二丈三尺（约8米），周围二十二丈八尺（76米）。据传，明代墓前有一石碑，上部脱落，唯存“关夫人鲍三娘”几字。民国3年（1914年），法国人色加兰和拉底格以考古名义发掘发现，其墓室长6.45米，宽2米，高1.29米，墓系曲室，由汉代画像砖拱砌而成，盗墓贼已盗走额骨、画像砖等。复立石碑，上隶书“汉将军索妻关夫人之墓”。

据清乾隆《四川通志》记载：“鲍氏者，关索之妻也。居夔州之鲍家庄，勇力绝伦，有廉康贼求娶，不许。与战，破之。关索往征，不胜遂以城降，同扶汉室焉。”据传，建兴五年（227年）关索带伤由益州（今成都）北上屯兵汉寿（今昭化古城），鲍三娘随后请命前往，与姜维后来从汉中调遣来的都督胡济一同镇守葭萌关。

曹魏以三路大军10万之众伐蜀，兵临葭萌关下。姜维命关索、鲍三娘紧守江防。钟会在隔岸观蜀军进入后，命魏军连夜赶制战船和木筏，铺开后展开了全面强攻。关索奋勇当先，急忙用戈架住魏将，来人却是被关羽水淹七军时杀死的庞德之子庞会。仇人相见，分外眼红，二人大战数十回合，关索终因体质虚弱，力不能支，掉下江去……鲍三娘也在土基坝与魏军展开殊死血战，虽英勇不减当年，怎奈魏军兵马太多，寡不敌众，一腔热血洒在了西汉水（嘉陵江）之滨。战后，人们便将鲍三娘安葬在她生前操练兵马的曲回坝上。因后主刘禅投降曹魏，鲍三娘未能得到她应有的封赐。千百年来，她只是默默地躺在曲回坝上，世代受着人们的祭拜和敬仰。

四川省人民政府于1996年公布鲍三娘墓为省级文物保护单位。

（张天碧／文　刘文龙／图）

昭化区高子湾墓群

高湾子古墓群位于昭化区丁家乡青龙村，系明清以来民间墓葬群，现存墓葬30余座，以清同治、道光年间的墓葬居多。高湾子古墓群系王氏祖茔墓葬，墓碑皆就地取材，青石磨就，仿古牌楼式样，有二至四开间、三至五重檐不等。碑体由底座、柱子、墓志碑板、祖宗牌位、碑帽、横额、吻饰等构成。形制高大的墓前还有四方碑亭、字库、桅杆等。墓群虽有部分倾圮，但不少石碑的文字、雕刻保存相对完整，留存了弥足珍贵的历史文化实物资料。

王氏墓碑群碑记保存了宝贵的历史资料信息。其文字有墓志、墓联、匾额、牌位、诗词等。现存有宗族四方碑，记述了王氏历年久远，高曾远祖“未可悉数”辗转迁徙的情况。碑志落款详细地列出了家族支派墓主人的子女、媳、婿、孙、侄、堂侄、重孙等亲缘传继谱系。碑文撰写者不少的是本族先生、广邑太学生、生员、监元等，体现了典型的耕读传家的特点。同时，该家族还保持了习武的传统，如个别落款为“武生”等。

墓志文风典雅，引经据典，言简意赅，体现了深厚的国学功底。由于年代不同，所写碑志文字风格体式也表现出多样性，四言、五言、七言等不拘一格。其书体绝大多数为楷书，个别参以行草，结体精严，锋棱细腻。

墓碑雕刻内容丰富，包括人物、瑞兽祥禽、花草等吉祥图案，承载了忠孝、礼乐、因果报应、追求福禄寿喜、祈求富贵功名等传统文化因子。人物雕刻分别有文官朝议、武生骑马交战、驾鹤、天官赐福、献寿、执莲花、门神（镇墓武士）、哭竹生笋等，形态逼真，比例协调，传神写意。镇墓武士有传统的门神，也有男旦着帽执扇、女别簪钿举手等造型，戏剧化与世俗化结合得很是巧妙；单体人物有手执书卷、拱手祈福、挥剑舞锤、捧壶献酒等，反映了广阔的现实生活。还有人物项挂念珠、佛塔等内容，忠实地记录了当时佛教文化对人们信仰的影响。瑞兽祥禽包括龙凤、蝙蝠、麒麟等，瑞草花卉包括莲花、牡丹、缠枝花卉等。雕刻综合运用平雕、浮雕、镂空、圆雕等技法，缜密细致，惟妙惟肖。

高子湾古墓群留存了晚清时期石质建筑、雕刻、工艺美术、墓志、生产生活、书法、民俗、谱牒等多方面的信息，对于研究晚清时期川北居民的思想形态、生产生活状况、文化教育、民俗风情、社会交往等具有重要的历史价值。

该墓群于2013年12月，被公布为广元市文物保护单位。

（任国富）

昭化区蒋玉龙墓

在古城昭化北曲回坝卧虎寺下，有一处古墓，人称“蒋墓”。墓主人蒋玉龙（1789—1863），号云亭，生于晚清“嘉庆戊午，卒于同治癸亥”，当地人称蒋大人。生前曾任贵州军门、四川提督，属地方最高军事长官。他英勇善战，朝廷赐号“骁勇巴图鲁”，堪称一时之雄。蒋玉龙一生戎马倥偬，转战川黔，屡立功勋，死后赐谥“果”。清朝在武官前都冠“勇”，所以称“勇果将军”。

蒋玉龙的事迹在道光重修《昭化县志》中有传。蒋墓墓题大楷字“诰授振武将军勇果公蒋云亭大人之墓”。其墓为坚硬的白色龙骨石榫斗雕造，高大气派，前尚存石质圆桌与四个鼓形凳。碑身人物、龙凤、花鸟等纹饰雕琢精致。未经破坏前的蒋墓墓基宽阔，五开间七层檐，正面呈金字塔形，高大气派。昭化人民为纪念蒋玉龙，还在张家坡的皇柏路旁塑了一块高 3 米、宽 1.5 米的石碑，当地人称蒋家碑。后人将残碑断碣加以复砌，遂如现状。

（任国富　文 / 图）

旺苍县郝家河墓群

郝家河墓群位于旺苍县张华镇八一村八社。墓葬均坐北向南，共有墓葬五座，分布面积约1700平方米。M1墓冢长5.62米，宽4米。冢前有仿木结构碑楼，台基宽5.7米，高0.6米，正面雕刻有瑞兽、花草图案。面阔两间4.7米，通高4.4米。墓碑封门，两侧挡板石刻花卉，方柱上三面雕刻戏剧人物图案36幅。明间碑刻，楷书阴刻，款“道光二十三年孟秋（1844年）”。

墓主郝占奎、张太君，五楼，庑殿顶。东、西两侧建围栏，长4.5米，高2米，厚0.8米，上部饰庑殿顶雨棚。两侧围栏中部建墓亭，台基宽1米，高0.5米。正面刻瑞兽，亭高2米，宽1米。碑楼南4.5米为牌楼，素面台基，宽11.45米，高0.3米。面阔七间6.8米，高5.1米，厚1米。两侧有八字墙，宽2.3米，高1.5米。明间为门洞，两柱南、北均饰抱鼓，柱、枋上共有雕刻43幅，南、北两面共嵌七碑记通，碑刻为楷书阴刻。七楼庑殿顶。墓前建筑构件上的雕刻，具有较高的艺术价值。

郝家河墓群建于清中晚期，墓葬规模最大、艺术价值最高的为郝占魁夫妇三人合葬墓，年代为清道光二十三年。因墓地位于郝家老宅北侧，家族维护较好。

（柏汉华/文　刘志国/图）

旺苍县五郎坡墓群

五郎坡墓群位于今旺苍县木门镇茶元村五郎庙坡，《旺苍县志》称它是“气势宏大，雕造精美”的古墓葬群。当地群众又称五郎坡墓群为杜氏碑林。墓群有杜茂元夫妇和其子墓葬15座、墓碑10通呈一字形排列。其碑型除杜茂元夫妇为轿子碑和杜怀苑夫妇为一字形小“桃园三洞”外，多为神主碑或“和尚头”。

享堂碑。俗称“花碑”，置于墓碑前沿两米处，碑体为宝塔式一字形大“桃园三洞”，7米高度的碑体，端端正正地安坐在7米长、0.3米高、1.7米宽，共12.6平方米的整块白棉石碑墩上。碑身下部由六根石柱镶嵌着三张云碑板，并于两侧各置耳碑。中板为杜泽黉夫妇的亡名堂，右板为长子杜怀璋夫妇亡名堂，左板为次子杜怀芳夫妇亡名堂；碑身上布置楼阁式四层雨厦，厦间分格浮雕二十四孝戏剧图案；碑首镶嵌着禽兽花草等各式装饰。

全碑正面、背面，以及两侧碑柱上，均有众多的撰联和题序。碑前约有500平方米的天井大坝，坝中置有四尊土香炉，坝周是两米高度的石栏杆，坝前置有两尊大石墩（现存一尊，据说是准备竖双斗桅杆的底座）和一排排碑坟。墓群规模宏大，墓碑造型优美，雕造精湛，人物、花卉形象栩栩如生，联语拜序，诗文并茂。

（张霖昌 柏汉华／文　付蕊／图）

旺苍县柳溪乡袁氏墓

袁文德墓，位于旺苍县柳溪乡荣华村三社，为夫妻三人合葬墓，坐西向东，分布面积约120平方米。

墓冢长4米，宽5米；碑楼与墓冢相邻，台基呈八字形，宽8米，高0.65米，东面刻花草、动物图案7幅，五柱四开间，宽7米，高5.35米，厚1.2米；两侧施抱鼓，宽0.5米，高1.2米；墓碑封门，门楣施骑马雀替，中间方柱雕刻图案20幅，两侧柱刻有对联，楷书，阴刻；横枋雕刻戏剧、人物图案；墓葬年代为同治十一年（1873年）冬。单檐，11楼庑殿顶。墓前为天井，长8米，宽8米；南北两侧建石围栏，高1.3米，厚0.5米。碑楼东8米处建牌楼，素面台基，宽8米，高0.3米，四柱三开间，宽8米，高5米，厚0.5米；明间为门洞，宽1.1米，高1.65米；明间方柱东西两侧施抱鼓，宽0.55米，高1.52米，厚0.28米；柱、坊上均刻有人物、花草图案，牌楼上共有雕刻约30幅。单檐，七楼庑殿顶。

袁氏墓墓葬碑楼、牌楼设计独特，选材讲究，建筑手法细腻，工艺独特。碑楼、牌楼构件上的雕刻多采用高浮雕、镂空、透雕，雕刻内容丰富、生动，具有较高的艺术观赏价值。

该墓为研究该区域内清代墓葬墓前建筑的雕刻艺术提供了宝贵的实物资料。

（柏汉华／文　刘志国／图）

旺苍县万山乡何先泰墓

何先泰墓位于旺苍县万山乡檬溪村三社檬溪河南岸，坐南向北，占地面积约200平方米。墓冢长4米，宽6米。碑楼，台基呈八字形，宽11.3米，高0.75米，厚0.8米，北面雕刻花草图案，十柱九开间10.3米，残高4.05米。墓碑封门，明间双柱刻戏剧人物图案，其余柱置对联，楷书，阴刻，门枋上刻有戏剧人物图案。重檐，庑殿顶。墓主为何先泰及两位夫人。墓葬年代：道光元年（1821年）。墓东、西、北建石板围栏，高1.6米，厚0.45米，栏板双面刻有文字、戏剧、吉祥图案。天井内建双桅杆，基座为六边形，边长为0.4米，高0.7米，桅杆为圆形，单斗，高4.3米，最大柱径为0.35米，斗宽1.2米。门楼，宽1.5米，高1.8米。

碑楼设计形式多样，仿木结构逼真，石结构建筑水平较高。墓前建筑构件上的人物、鸟兽、花草雕刻手法多样，雕刻技艺较高，所展示的内容丰富，栩栩如生。为研究川北乃至四川地区墓葬习俗、民风提供了实物资料，具有较高的历史价值和艺术价值。

（柏汉华　文／图）

旺苍县福庆乡康氏墓地

康氏墓地位于旺苍县福庆乡牌坊村二社，均坐北向南，分布面积为240平方米。M1墓冢长6.5米，宽4米。碑楼，素面须弥座台基，宽4.77米，高0.67米，厚0.85米，四柱三开间3.57米，高4.88米。两侧施如意形抱鼓，宽0.6米，高1米。墓碑封门，柱上置有对联，楷书，阴刻。坊上刻戏剧、花草、人物等图案。明间、次间嵌碑刻；墓主分别为康良瑄、唐太君，墓葬年代为大清同治六年（1868年）。单檐，九楼庑殿顶。楼间装饰构件为镂空雕八仙过海。

M2墓冢长5米，宽3.5米。基石宽3.05米，高0.66米，厚0.86米，碑高3.94米。墓主为康良瑄的母亲唐太君，年代为大清同治六年。碑楼设计形式独特，仿木结构逼真，石结构建筑水平较高。墓前建筑构件上的人物、鸟兽、花草雕刻手法多样，雕刻技艺较高，所展示的内容丰富，栩栩如生。

两墓碑楼用材坚硬，做工精细，设计独特，具有较高的艺术性。该墓对于研究当时的史实具有重要意义。

（柏汉华　文/图）

旺苍县双汇镇王荣墓

王荣墓位于旺苍县双汇镇斑竹村二社，坐西南向东北。墓葬为王荣及母亲奉氏的合葬墓，占地面积约30平方米。墓冢，长4米，宽5米；冢前建仿木结构碑楼，石台基，宽6.5米，高0.9米，东北面雕刻有龙、花草、动物等图案，六柱五开间呈八字形，宽5.5米，高6.5米，厚0.7米。稍间为亭式，宽1.5米，高3.5米。两侧施抱鼓，宽0.5米，高1.2米；墓碑封门，柱上置有对联，楷书，阴刻，枋上刻有戏剧、动物、花卉、如意等图案。明间、稍间均嵌碑，墓葬年代为宣统三年(1911年)。单檐，13楼庑殿顶。明间前1米建一字库，基座为须弥座，边长0.86米，高0.65米，通高2.2米。

碑楼设计独特，仿木结构逼真，石结构建筑水平较高。墓前建筑构件上的人物、鸟兽、花草雕刻手法多样，雕刻技艺较高，所展示的内容丰富，栩栩如生。该墓为研究川北乃至四川地区墓葬习俗、民风提供了实物资料，具有较高历史价值和艺术价值。墓葬墓前建筑规模较大，充分反映了清宣统时旺苍的经济状况。

（柏汉华　文／图）

旺苍县杨安仁家族墓地

杨安仁家族墓地坐落在旺苍县燕子乡双全村飞鹰观脚下，当地人又称“花坟陵”，立于嘉庆年间，迄今有180多年了。

墓地占地1410平方米，有各式墓碑九座，独出杨敬高一门。除杨敬高之父杨国友、祖父杨月照有碑另立，长子杨昌明、次子杨昌儒墓碑不知去向外，仍可称作一门三代，祖孙同堂，故称杨氏碑林。

从结构上看，杨安仁家族墓地一园九碑，形成碑林，打磨穿连各具特色，雍容华贵。如杨敬高之墓，仿五岳朝天式造型，分由主碑、附碑（左右各一）、字库（左右各一）五大部分、136块石料分三层合并而成，形成了重楼叠现、亭台层出的壮丽奇观。外加桅杆、牌坊、院墙、天井作配，充分显示了墓主的显贵和气派。又如杨昌言之墓，由夫人吴氏操劳修建，明为“桃园三栋”，暗含合二为一，选用石料98块分两层一顶组合。左右有一字库，附碑、阁碑并列，也是重楼叠榭，飞阁流檐，同样表现了建造者格调高雅、不甘庸俗的大家风范。其余七碑，虽是规格略小，但其形体结构可谓别出心裁，无不显示出精湛的工艺水平。

杨氏碑林的雕刻、书法独具艺术特色，更为引人注目。在九座墓碑上分别显现出各类图案479幅。其中人物图135幅，花草图212幅，禽兽图75幅，鱼龙图57幅，其数量之多、品目之繁，实不多见。

字赋上也有特色。字赋包括碑志、墓联、匾额等。碑林字赋计有52幅，是碑林的重要组成部分。碑志一般在墓碑正面，多是一碑一志，也有一碑两面立志的，还有一碑四面立志的。墓联多为碑志两边的文字装潢，有一碑一副的，也有一碑多副的，墓联的内容与死者生前气节、志向紧密关联。

杨氏碑林不仅气势恢宏，更以刊刻卓绝而为人称道，数十幅镂雕尤为精彩。如杨昌言墓碑的三根石柱，中间一根立于麒麟项背之上，石柱被花藤缠绕，有的花枝招展如悬空而起，有的花朵连柱又似攀缘而生。另外两根石柱的柱脚各连一只一尺口径的花瓶，石柱上的花枝如同从瓶中伸出，玲珑剔透。其余浮雕深浅适中，突兀相宜，大至衣帽鞋袜，小到须发皱褶无不清晰可见，使图像的空间立体效果和人物动态效果得到充分体现。牌坊上面的三幅大字，行书匾额用了三种不同的刻法——凹刻、槽刻和楞刻。

九座石碑呈错落有致的一字排列，气势恢宏。杨氏碑林的成功建造，凝聚了很多能工巧匠的才华和智慧。

（杨光映 柏汉华）

剑阁县姜维墓

姜维墓原址在剑阁县剑门关内西侧古道旁（今剑门关镇医院门口南侧）。冢前竖墓碑一通，其文为“汉大将军平襄侯姜公伯约之墓”。清康熙年间，于冢上建护亭，并新立石制牌坊一座。至民国24年（1935年）修筑川陕公路，亭坊拆毁，遂将墓移至大剑溪东侧姜公祠前。

据当年参与此事的老人回忆，移动陵墓之时发现棺内仅有甲胄一副和一柄佩剑，故此地的姜维墓应是衣冠冢。当时新建的陵墓长2.8米，宽2米，高1.5米。墓前设一摆设供品的享堂，正中置墓碑，其上刻“汉大将军姜维之墓”，为四川省第十四行政督察区专员林维干所书。民国31年（1942年）夏，时任国民政府最高国防委员会秘书长兼四川省主席张群又题写了“汉大将军姜伯约之墓”碑。

姜维墓属广元市文物保护单位。2009年汶川地震灾后重建中，经请示四川省人民政府同意，决定将姜维墓迁至姜维祠的后边，使之符合中国“前祠后墓”的传统。在迁移发掘中发现，墓中所葬竟是一匹完

整的灰陶长筒瓦。

出平襄侯祠授略堂的后门就是姜维墓。中间是青石板砌就的神道，两旁配以代表武将威仪的飞虎与跪马。陵墓前边两侧设置子母阙一对。两阙之间就是姜维墓前的神道。

姜维墓碑依据汉代的形制而立。碑额上边有一个代表汉碑的圆形图案，下边用汉隶的笔法题就“汉大将军平襄侯姜维之墓”。墓由剑门山区所产的青条石砌就，然后在上面封土而成。据传姜维身高1.89米，故墓高也是1.89米。四周边长均为8米，每个角又截去0.25平方米，故占地面积为63平方米，象征姜维在世63年。当墓的四角去掉后，墓的平面成为八边形，暗合《周易》八卦、河图洛书以及由八卦阵演化出来的“天、地、风、云、鸟、蛇、龙、虎”之形。据传，这是姜维深得诸葛亮的精髓，最为擅长的一种阵法。

姜维墓是严格按照传统的衣冠冢来封土的。2009年9月2日，由剑阁县政协派人专程前往甘肃省天水市甘谷县姜家庄，取回了姜维故居的五谷杂粮、封土井水、家系族谱以及当地的历史典籍等一应物品，按照民间的仪规于9月16日吉旦之期入殓装藏。之后，又引来远志种植在墓的封土之上，以显示姜维的“心存远志”的精神。

在一番肃穆庄重的传统仪式之后，把姜维的英风灵气留在了剑门，使剑门这座铁血雄关顿生铸剑为犁、凶去吉来的祥和之感。

（王林乐／文　曾正强／图）

剑阁县何璋墓

何璋墓位于剑阁县迎水乡天珠村三组天珠山麓，为清代乾隆、嘉庆至道光时期当地富户何璋与其夫人蒲氏，及其二子何永达与其刘、郑二夫人，何永通与其二蒲夫人的合建墓。墓上建造石质仿木结构坟亭。墓群建造于清代道光十年（1830年），整体呈长方形布局，宽14米，进深20米，占地面积为280平方米，北对摇铃乡中云村中云岩，下临陈家河。由双石桅杆及字库、围墙、坟亭三部分组成。整个合建墓全用红砂石，辅以浮雕、镂雕、圆雕等多种技法，所表现的戏剧人物、动物无不形态逼真，具有很强的生活气息和时代烙印。

双石桅杆及字库位于坟茔围墙正门前方。中间为字库，六边形重檐宝珠顶，高1.8米，直径1.45米，二层字库炉口正对着围墙大门。字库，又称字库塔，有的地方又称“敬字亭”“焚字炉”等。它是古人专门用来焚烧字纸的建筑。据史料记载，字库塔始建于宋代，到元、明、清时已经相当普及了。两根圆柱形石桅杆分别竖于前围墙前方左右，桅杆上端作毛笔尖状，中上部各穿一方形石斗，斗下四角分别以长方形雕花石条撑于桅杆上。石桅杆雕凿呈毛笔形状，因又像帆船之桅杆而得名，在我国古代是读书人功名和地位的象征，多竖于宅院和先祖坟茔，举人悬单斗，进士悬双斗。

坟亭整体呈长方形，计三间，明间通高约 8 米，高出左右次间约 4 米。明间顶层底部建造方形庑殿屋顶，顶上又造重檐攒尖宝珠顶，左右两次间造长方形重檐庑殿顶。明间两山墙及左右次间两端山墙各伸出长方形庑殿顶以作雨厦，皆以圆雕伏狮柱础和八棱形石柱承托，伏狮作风灵动可爱。中国建筑使用狮子等动物柱础应是受到佛教文化的影响而发展演化的。明间与左右次间正面檐下额枋通体浮雕戏剧故事人物百余躯，衣纹皆彩绘，虽有部分身、首遭到锤砸，但依然能窥出每一雕刻人物的动作乃至其内心活动。

何璋墓无论从其建造规模、雕刻工艺，还是表达内涵，皆堪称川北清代坟墓的代表作，是我国古代厚葬风俗的见证。为进一步研究清代坟墓营建礼制、丧葬习俗、雕刻技艺、建筑艺术，以及考证当地何氏族人繁衍变迁等提供了第一手资料。

（王绍强）

剑阁县檬子梁墓地

檬子梁汉墓群位于剑阁县剑门关镇剑华村檬子梁和青树村青树梁一带，东西向呈带状分布约 3 平方公里，有墓葬数百座。1988 年县文物部门在青树村坟林咀青树梁、掏砖岭一带发现汉代夯土城垣残段 80 余米，并出土各类器物数 36 件。有汉代铜镜、陶豆、博山炉、耳杯、陶狗、舞袖俑、吹笙俑、扶耳俑侍女等。另有出土五铢钱 177 枚，货泉钱 10 枚。当时惊动了省文化厅领导及省文物局专家到场，并定性为蜀汉时期汉德县城（今剑门关青树村一组，为剑阁境内最早置县）遗址。

对汉德县的记载，历代不乏多种志书。据《后汉书 · 刘昭传》载：“建安二十二年（217 年）刘备据蜀，分广汉郡，置梓潼郡，辖葭萌、梓潼、白水、涪县，并新置汉德县。”《华阳国志 · 汉中志 · 梓潼郡》云：“蜀先主嘉霍峻有功，分广汉置梓潼郡，以峻为太守，置汉德县，有剑阁道三十里，至险，有阁尉，桑下兵民也。”唐《元和郡县志 · 卷三三》：“汉德故城又名黄芦城，在普安县东北四十六里。”宋《舆地广记》载：“蜀汉丞相亮，以大剑至小剑，当险要束之路，乃立剑门，以阁道三十里至险，复置尉守之。”

由上可知，蜀汉时期剑阁土地上首个置县——汉德县城位于今剑门关镇青树村与剑华村之间青树子一带。青树子，古名青戌子、青冢戌、青强岭等，因其处在古金牛道与古“来苏道”的交叉点上，一岭凸出，形成天然城郭，北可以扼剑门天险，东可以阻嘉陵江来敌，可攻可守，具有非常重要的战略地位。蜀汉初期，诸葛亮北伐时就十分注意此地的防卫和驻守，在北下剑阁（剑门关在唐以前的称谓）与汉德县城终年驻军把守。这些兵士，战时作战，平日劳作，亦兵亦民，这样既保证了军粮供应，从而减少了蜀汉政权北伐前线粮草运输上的困难。此种亦兵亦民的养兵方式，正是《华阳国志 · 汉中志 · 梓潼郡》中提到的蜀汉政权推行的“桑下兵民”的军屯制度。蜀汉政权推行的军屯制度，是从诸葛亮一直延续到姜维时期，约40年时间，贯穿整个蜀汉时期，在《三国志 · 姜维传》中对其在沓中军屯记载最为明显。

在剑门山区戍守的很多将士，回家的路途险远，特别是在蜀汉频繁伐魏的年代，他们的忠骨不可能埋到桑梓之地，就只能将其热血与忠魂留在汉德县这块土地上了。

（王绍强 / 文　曾正强 / 图）

剑阁县李榕墓

李榕（1819—1890），原名甲先，字申夫，晚号六容。清代四川剑州东北何马沟（今剑阁县下寺镇友于村）人。道光丙午年（1846年）中举人，咸丰二年（1852年）中二甲第64名进士，选授翰林院庶吉士。初任礼部主事，历迁浙江盐运使、湖北按察使、湖南布政使。李榕在湖南任上，因捐输政策上“着重上户、豁免下户”，仗义执言，为民请愿，开罪湖南地方豪强。同治己巳年（1869年）五月，李榕罢官归故里，其时已年届五十。李榕罢归后，决意选择在家乡教书育人，前后达20余载。李榕精通诗文、工书法，治学谨严，颇得地方士人敬重，有《十三峰书屋全集》存世。

李榕于清光绪己丑年（1889年）冬月初六日病逝于何马沟故居来源堂（乡人称翰林府），享年71岁。两年后的光绪辛卯年（1891年）二月初十日，李榕与先前早逝的刘夫人遗骸一道卜葬于故居对岸北麓的松林坡，至后来，子女又将病逝的张夫人葬于此地，乃三者合葬。李榕墓由一青石碑亭和平面呈三角形的土冢墓组成，宏伟高大，坐西北朝东南。

李榕墓碑亭为一单檐歇山顶雨厦，雨厦顶上安置半圆形素面坟头石，碑亭通高260厘米，通宽170厘米。左右两边方形素面青石柱嵌一通黎渊石墓碑，墓碑高155厘米，宽90厘米，厚9厘米。墓碑正中楷书阴刻竖排“皇清诰授通奉大夫湖南布政使翰林院庶吉士显考李公讳榕申夫府君之墓”31字；碑右楷书阴刻竖排两行，分别为“弟朴岁贡生候选教谕柄廪生候选训导栩附生”“堂弟杭岁贡生候选教谕栻增生枰增生”；碑左楷书阴刻竖排两行，分别为“男颖增生预颋附生孙谏侄硕附生颢颜须科”“侄孙谨诲询堂侄类顾愿俯堂侄孙谭诱”；款尾楷书阴刻“大清光绪十七年岁在辛卯二月初十日立石”18字。墓碑字径均7厘米。

（康驷忠／文　曾正强／图）

剑阁县赵炳然墓

明代兵部尚书、剑州人赵炳然之墓，在剑阁县城北卧龙山之南麓。墓道长15米，墓碑高330厘米，宽110厘米，厚38厘米，正面楷书阴刻“诰赠太子太保兵部尚书赵恭襄之墓”，右刻“诰封一品夫人王氏”，左刻“贡烈亚夫人杨氏”。《明史》中载《赵炳然传》，《剑州志》《剑阁县续志》也有赵炳然之生平、传记。

1979年8月，赵炳然夫妻三人的合葬墓，经省、地、县联合发掘，出土了大理石赵炳然墓志铭碑和刻有“赵门杨氏”四字的金币等大量历史文物，以及棺柩遗骨，由此知道了明代嘉靖年间兵部尚书赵炳然的真实墓葬。

我们今天能够较为详尽地了解赵炳然的生平及其卓著功绩，知道他具有“清勤练达”的品格，无一不依赖于发掘赵墓中得到的历史文物。

赵炳然墓出土的文物很多，四川省博物馆的同志认为，最珍贵、最有历史价值的，莫过于赵炳然的大理石墓志铭碑了。这块墓志铭碑，长和宽均为65厘米，厚21厘米，呈古雅别致的正方形。出土后，有识之士都到县文化馆参观、考察和要求拓片。它不仅是研究我国古代文化特别是剑州文化的珍品，本身也是古代的艺术珍品。

赵炳然和大夫人王氏的棺，均为头大脚小的长方体，从描绘的图案上，不仅可以看到我国明代“三公九卿”一层高级官员的安葬规制，还可看到我国400多年前漆器工艺水平达到的高度。

赵炳然棺内发掘的文物极少，除遗体头上黑发绾髻，上别一根长10.8厘米的六棱形银制发笄和完整的遗骨，身上穿衣九层，上面和周围堆放着叠好的衣服19件，脚端放着布鞋三双，一条仿制的玉带（玛瑙饰品）放于身体左侧之外，别无他物。可见，作为兵部尚书的赵炳然的清勤练达。

出土文物是历史的见证。它既是赵炳然一生及其一家的生活写照，也是我国明代中叶政治经济、历史文化、风土民俗的见证。

（邹振常／文　曾正强／图）

苍溪县张家河墓群

张家河墓群位于苍溪县龙王镇清水村四组，村委会西北2公里处。

该墓群坐东北向西南，分布面积为810平方米，呈上下两层布局六座墓葬，每层各三座墓。其中M1为嘉庆二十二年地三人合墓，占地面积48平方米，面阔4.58米，冢长10.4米，通高3.10米。碑楼仿木构四柱三间一楼，两侧石栏及正中立四柱石刻题记碑亭均保存完好。M2为道光二十二年十月立，占地面积45平方米，面阔8.6米，冢长8.3米，通高4.8米。碑楼仿木构三柱二间三楼，出檐镂空石质雕刻，装饰配件及四周书法、人物、花草雕刻均保存完好。碑正中两栋石室门各宽1.33米，高2.1米。墓前护墙相围，内设天井，长8.6米，宽5.2米。石栏正中立一字库，为同治五年十二月立，占地面积44平方米，面阔7.9米，冢长7.2米，通高4.3米。碑楼做仿木构三柱二间三楼，护墙及天井已被破坏，碑亭石质雕刻及字库保存完好，均为光绪年间立，规模较小。墓群碑刻联“雨露秋霜四季凄怆地，苍松翠竹千秋报塞堂”“青山不语花能笑，绿水无言鸟作歌”等计15副。该墓群对研究清代墓葬的风格、形制、石刻工艺、书法艺术具有重要的参考价值。2012年7月16日被公布为省级文物保护单位。

（代林华 李俊昌 文/图）

苍溪县程仕猛墓

程仕猛墓，地处苍溪县三川镇龙泉村。该墓坐东北朝西南，长12.3米，宽10.5米，墓围46.5米，面积为130平方米。长方形条石堆砌享堂，墓冢、碑楼位于享堂内，享堂正面尖拱形门，高7.3米，宽4.8米，碑楼四柱三间五楼，明间及次间高2米，宽2.9米，深3.2米，冢位于享堂内部后方，面积不详。

该墓碑楼上，瑞兽、花草、人物雕刻精美，保存较好，对研究清末民初川北民间封土石室墓的建造特点具有一定的参考价值。

2013年12月6日，广元市人民政府公布其为市级文物保护单位。

（赵洪旭 李俊昌 文／图）

苍溪县月儿坝墓群

月儿坝墓群位于四川省广元市苍溪县雍河乡花坪村一组，该墓群坐西南向东北，在长58米、宽13.5米的三级台阶范围内，布局着清道光七年至民国9年的大小墓葬22座（从上到下、从左到右分别命名为M1—M22）。墓冢均被掩埋，上为庄稼。占地面积约983平方米。其中M8、M9、M10、M11、M13均为石室墓，其余17座墓均为土冢墓。M12、M18为民国时期墓葬，其余均为清代墓葬。尤以M3、M14、M22保存完好，规模宏大。该墓群在研究清代以来本区域葬俗、葬制等方面具有一定的价值。2013年12月6日，广元市人民政府公布其为市级文物保护单位。

（赵洪旭 代林华　文/图）

苍溪县大洋沟凤台塔墓群

大洋沟凤台塔墓群，为清代墓葬，位于陵江镇大洋村四组。墓群坐北朝南，以塔为中心，上下左右延伸共6座墓。分布范围长27.1米，宽15米，占地面积406.5平方米。其中M5为塔墓，面阔3.3平方米，系九层石砌空心塔，通高4.5米，层层叠砌上收。底层边长1.5米，高0.25米。塔层高0.35米。塔墓墓门高1.45米，宽0.65米，塔进深3.3米。有碑联“颠上梅花香百里，墓前明月照三更”“虎卧龙蟠中毓秀，鸾飞凤舞产蜚英”“层峦耸翠钟麟趾，叠嶂拥朝毓凤毛”。该墓群为研究该区域清代以来葬俗、葬制等方面提供了一定的参考。2013年12月6日，广元市人民政府公布其为市级文物保护单位。

（代林华）

苍溪县东青镇贾氏墓地

贾氏墓地，清代墓葬，位于东青镇东兴村一组。该墓坐西北向东南，共四座墓，分布面积为458平方米。

其中M1墓规模最大，占地面积为108平方米，长拱形土冢，长7米，高1.7米，冢前有碑楼一座，仿木构四柱三间楼，两侧有抱鼓，八字墙布局。碑楼宽8.5米，高4.7米，柱间刻联，碑罩、主楼、边楼及侧墙上浮雕人物，花卉图案，彩绘尚存。碑楼前5米处，立四柱碑亭一座，柱内嵌碑，碑面四方刻字，落款为：大清咸丰七年岁次丁巳十二月吉日。墓主为地方名人贾儒珍(1815—1895)，生前开凿“寻乐书岩”，捐产兴办养正义学，延师教读近百年之久，并创办“竹桥斋”(印书坊)，乐善号施，人称贾善人，对县境文教事业有一定贡献。

M2墓为长拱形土冢，长5米，冢前立碑楼，碑楼宽2.4米，高3米。M3墓为长拱形土冢，长5.5米，冢前立碑楼，碑楼宽2.8米，高3.2米。M4墓为长拱形土冢，长5米，冢前立碑楼，碑楼宽3.4米，高4米。M2、M3、M4碑楼上浮雕人物，花卉图案，彩绘尚存。

该墓群地对研究清代墓葬的建造风格、形制、规模具有重要的参考价值。2013年12月6日，广元市人民政府公布其为市级文物保护单位。

（李俊昌　文／图）

朝天区向氏陵园

向氏陵园位于朝天区汪家乡易兴村大屋里，距乡政府2公里。陵园占地面积达4500余平方米，有明清及近代墓100余座，其中有碑可考的近20座，犹以向高及向能举墓碑最具代表性。

向氏陵园规模较大的有4座，占地约1000平方米。其中编号为M1的向高墓最具代表性，立于道光初年。向高墓坐东向西，占地约240平方米。封土呈长方形，长27米，宽9米，高约2米。石墓碑楼为四柱三间三楼庑殿顶，高7米，宽9米，雕刻人物、花卉、对联。碑前有华表一对，高7米，底座是八边形，直径1米，高0.7米。向高为清康熙年间进士向纯一之孙，嘉庆元年组织乡民抗白莲教，军功卓著。嘉庆十二年，朝廷兵部授六品千户，并鸠工修墓刻碑。文由嘉庆元年（1769年）恩科进士王士闫撰书。全文800余字，记叙了藁本山民清初抗击张献忠之掠和嘉庆初抗击白莲教之掠的两次遭劫过程，以及请封、受封过程。该墓为研究张献忠入川和白莲教在广元传教提供了较为翔实的史料。

另一大墓为向能举墓，编号M2，立于道光二十九年十月朔七日。墓形坐北向南，占地45平方米。封土呈长方形，长约10米，宽约4米，高2米。碑楼为四柱三间三层结构，高4.2米，宽4.5米，雕刻人物、花卉、对联。向能举，生卒年不详，皇清待见赠德寿处士，其子向登云为道光年间武生。

园内另有各代碑刻16座，多为桃园三祠碑。门柱两座仿圆明园门式，雕刻精美，有较高的文物及史料价值。向氏墓群雕刻精美、细致，形象生动，具有较高的艺术价值，对于研究当时的葬俗葬制具有重要意义。2000年公布其为区级文保单位，2002年公布其为市级文物保护单位。

（粟舜成 雷均宇）

朝天区寺包山崖墓

寺包山崖墓遗址位于朝天区曾家镇荣乐村四组的寺包山崖壁上。此地地势平坦，背倚玉人峰（又名寺包梁），植被茂盛，南北西多为耕地。

崖墓坐北朝南，面积为80平方米。现存唐代开凿的崖墓2座，宋代摩崖碑刻1通。墓室横向排列，长3.4米，高2.2米，深2.8米。室壁浮雕门神、侍者、花卉5幅。碑始建于南宋开禧年间，碑室高1米，宽0.8米，深0.25米。左右边框雕像2尊，碑文17行，每行17字。碑文记载，墓主人为贵妃之后裔万思聪，宋开禧年间曾在此建造玉人庙守护。现存庙基遗迹、墓室及部分石刻。该遗址对于研究金牛道及当时的政治、经济、文化的发展有一定的作用。

（罗正中 雷均宇）

朝天区于必全墓

于必全墓位于朝天区小安乡余垭村一组，小地名水沟头。地处山区一平坦开阔地带，墓前方10米有一通村公路与小水沟并行，西向为一缓坡山地，东南北为耕地，黄沙土质。墓坐东向西，占地面积约20平方米。封土呈长方形，长5米，宽3米，高5.34米。碑楼为四柱三间飞檐翘角四重檐结构，高6.34米，宽4.5米，上书联，圆雕八仙图、人物花草兽形，雕刻精美，形象逼真。于必全，生于嘉庆年间，屡试未中遂行医。

该墓对研究当时的葬俗葬制具有一定的价值。

（杨滋和 雷均宇）

朝天区小安乡余垭墓群

余垭墓群位于广元市朝天区小安乡余垭村二组的韩家沟，地处大山山脚，东向面对余垭村村委会和通村公路，南、北两面多为农田，西为沙石岩体，适于墓园的长期保护。

余垭墓群坐西向东，分布面积约600平方米。出露地面石室墓3座，南北并列。其中M1最具代表性，坐东向西，面积约15平方米，封土已风化为一平地，墓门高1.5米，宽1.4米。墓室长2.5米，宽1.5米。后壁有龛，两壁浅浮雕人物及花卉等图案。墓顶为两面坡。农业学大寨时期和多年来居民修建房屋，都使这里的出土器物被毁。该墓群建于何时，目前无可考。2000年公布为朝天区文物保护单位。

（罗正中 雷均宇）

利州区宝轮镇船棺墓群

古代以独木舟形棺木为葬具的墓葬，分露天葬和土葬。船棺露天葬流行于东南部古越人所在地，主要是福建及江西的武夷山区。船棺土葬系四川古代巴族的葬俗，流行于公元前4世纪末至公元前1世纪末。经考古发现，重庆、广元、成都、新都等地都有出土。战国时期巴蜀文化墓葬形制主要包括墓坑、棺椁、附属结构和坑内填充物等方面。墓坑多为土坑竖穴；棺椁多为木具，又多为楠木；附属结构包括二层台、腰坑、墓道、椁等；坑内填充物主要是填于坑内及棺椁之间的膏泥和夯土，具有保护作用。随葬品多铜器和陶器，后期出现少量铁器和漆器。

宝轮船棺葬位于广元市利州区宝轮镇西北1里的一个河阶台地上，当地人称为坪上。1954年修建宝成铁路时，在此地发现了采用独木舟为葬具的墓葬群。这种棺具的制作是采用一段长约5米、直径在1米以上的大楠木，纵切面削去上半部一小

半，使其略呈半圆形，再将中部凿空成船舱状，底部亦稍削平，两端由底部向上斜削，使其翘起成船形，因此考古学家将这种独特的葬俗命名为船棺葬。宝轮般棺葬的时代属于秦灭巴蜀以后的战国晚期，并延续到秦、西汉初年。经过20世纪50年代、80年代、90年代三次抢救性发掘，共清理墓葬26座，出土文物460件，主要以铜器、陶器为主。

三次发掘，出土的船棺属于同一类型，墓葬方向较一致，坑位有序，排列整齐，墓葬形状为长方形狭窄坑，墓边较为规整，只有极少数头端略呈圆弧边。墓坑除头端和足端外，两边一般留有熟土二层台，二层台一般宽15—20厘米。

根据墓坑形制及棺木朽痕推断，船棺的形制大概有两种，一种为独木舟形。这种独木棺在四川船棺葬中发现较多，以整木剜挖而成，多数为两端较整齐的长方形，置于土坑中，两端留有较大的空隙。另一种为两头翘起如船形，中有船舱，尸体及随葬品置于舱内。船舱首尾上翘的高度与两侧二层台齐平，船舱低于二层台40—50厘米，随葬品一般堆置于尸体头部，铜戈、铜剑等兵器则置于尸体腰部。

通过三次发掘，随葬品出土较为丰富，有铜器、陶器、铁器和漆器等。铜器有巴蜀式铜兵器，如铜斧、铜鍪、印章、带钩等。除出土珍贵的青铜品外，宝轮船棺还发现有数量较多的陶器，每座墓葬平均有10余件，有些墓葬多达20件。陶器种类主要有陶罐、陶斧、陶盆和陶壶等。通过这些陶器，可以见证当时当地人的生活状况，通过器形变化，可以了解中原文化与巴蜀文化的交融。

考古专家认定这些墓葬的年代应该为战国晚期，应当是苴人的墓葬。宝轮船棺葬的发掘，对推动巴蜀文化的研究起到了积极作用。

（傅尹／文　黄家祥／图）

利州区龙潭乡郭家沟墓

郭家沟墓位于四川省广元市利州区龙潭乡春风村五组，为清代合墓葬，坐北朝南，占地面积56平方米，不规则形土冢，用条石围砌，长8米，宽7米，高6米，碑楼为三柱二间五楼，两侧有仪墙。一楼高1.8米，东西两侧各雕刻杨忠宝和穆桂英像，头像已遭破坏，像高1.2米，进深0.6米，两侧阴刻对联。东侧：虎地龙盘钟地脉；西侧：山明水秀起人文。中间墓柱雕刻有二龙抱柱，墓的东侧雕刻为：千秋寿域；西侧为：万古佳城。二楼高1.2米，三楼高1.2米，进深0.6米，中间有7级踏步，三楼东侧石柱阴刻：当年父母修去合；西侧为：后日儿孙要远□。四楼高0.6米，墓顶高0.8米，长1.3米。

该墓对于研究该地区的清代墓葬形制和丧葬习俗等具有一定的参考价值。

（刘平元　文/图）

■ 利州区来雁塔

第十六章
古塔

利州区来雁塔

来雁塔地处广元市利州区河西街道办事处南陵村，位于秦巴构造褶皱地带、广元城西南5公里处、嘉陵江南岸海拔498米的印台山上，占地面积47平方米。1992年，广元市利州区政府确定了来雁塔的保护范围，以来雁塔为中心，向东200米，向南300米，向西300米，向北至公路。

该塔为利州古城之城标，迄今已近130年，是广元市保存最完整的塔之一。外观秀丽，技术良好。塔底石刻对联、题额，书法刚健有力。根据塔名记、塔内小龛中的魁星像和对联门额的内容，可知此塔系文风塔，是为“镇水、培风”而建，是一处融政风、文风为一体的塔，是广元古代建筑史上的重要文物遗产。现为广元市利州区文物管理所管理。

来雁塔始建于清同治十一年（1872年）三月八日。广元县知县姚叔文与绅士姚廷章共议而建，因筹款艰难而多次停工，直到光绪六年（1880年）十月八日全部竣工，成为利州古城标志。该塔为砖石结构的楼阁式塔幢。塔的形式为八角13层，通高36米。塔建于石基之上，第1层至第9层均为条石垒砌，第10层以上为大青砖垒砌。塔下为八角形台基，每面边长3.1米，台上有略为突出的压基石一周。塔身较塔基略收，每面边长2.7米。其底层东面辟面，其余各面做假窗。门为卷拱形，门旁石刻对联为，“镇水纵横三百里，培风上下五千年”。门额即为“来雁塔”。塔檐构造简单，用条石叠三层出挑短檐。

以上各层结构与底层相同，只是尺寸逐层递减，顶部各层收分，使外形挺拔秀丽，呈尖拱弧形，远望形如毛笔尖，其含义为，祈求当地学子，能文运兴盛，步步青云。第二层以上塔身，每层每面也辟有门窗，门窗真假两种。第二层至第七层东面的门窗上，都有石刻的窗额，由下而上每层分别为“文运天开”“如涌出”“风云会”“突兀”“摩碧”“大观”“问天”。塔顶部有铁制塔刹，刹高2.75米。该塔采用传统的双筒卷拱组合的建造方法，塔底层有塔心室，塔室后壁砌一小龛。塔室内有盘旋式石梯，层层上达，塔内共有25个小龛，大小相等，结构相同，均为宽0.66米、深0.49米、高0.80米的凸形龛。

1997年顶部塔刹向北倾斜，市、区两级政府拨款数十万元培修，工程由四川省文管会文物研究所曾中茂设计、广元市中区文化局负责施工，经过10个月的艰苦工作，工程于1998年全面竣工。来雁塔又以其崭新的面貌，展现在世人面前。

来雁塔是广元市保存和修复最完整的石塔之一。此塔呈八角形，扩大了登塔眺览的视野。来雁塔的外观秀丽、挺拔，塔身收分甚大，重心稳定，经受了多次地震的考验，为古建筑研究提供了可靠的研究价值。建塔所用青砖尺寸较大，为专门烧造，实为研究此塔的珍贵资料。来雁塔保存有四通清代碑刻，其《塔名记》最为珍贵，是研究来雁塔的重要史料。

1985年，来雁塔由原广元县人民政府公布为县级文物保护单位，1988年被广元市人民政府公布为市级文物保护单位，并由广元市文物管理所管理。2012年，被四川省人民政府公布为第八批四川省文物保护单位。

（严映明 任武松/文 赵辉/图）

苍溪县崇霞宝塔

崇霞宝塔，因通身洁白又名白塔，位于广元市苍溪县城东文焕村塔子山上。该塔建成于明天启六年（1626年），距今已有382年历史。

该塔为六边形，塔座每边宽3.3米，共九层，通高25米。除塔座和第一层塔柱为石料建成外，塔身全用特制大砖修建。五层以下有内柱，柱身托中心小室，室内有龛，龛内原供佛像，今已毁。塔身及塔柱之间有盘旋石梯，可沿石梯环绕而上。五层以上用叠涩式构造法建造，可攀附从叠涩式空间登至塔顶。

塔身正南第一至七层塔门之上有匾额，刻文字。自下而上依次为："崇霞宝塔""文澜浴影""端矗五云""金茎邑露""芙蓉玉表""盘苍雾精""捧（月）擎天"。塔内第三层内嵌有"巡府铜牌"三块，各高70厘米，宽40厘米，详载捐资助工人士，计有"分巡川北道布政司参政兼按察司佥事蒋世中、保宁府知府黔周鲜章、通判员刘仕鳌"等200余人。

1983年4月8日，苍溪县人民政府将其公布为县级文物保护单位；1988年7月4日，广元市人民政府将其公布为市级文物保护单位。2008年"5·12"汶川特大地震中，崇霞宝塔塔身受损，灾后政府拨专款依原貌复建。

（李俊昌　文/图）

旺苍县盐店街字库塔

字库塔，四川叫“字库”或“惜字宫”，其他地区亦有叫“敬字亭”“惜字塔”“焚字炉”等，是古人专门用来焚烧字纸的建筑。据史料记载，字库塔始建于宋代，到元、明、清时已经相当普及。字库塔通常被建造在场镇街口、书院寺庙之内、道路桥梁旁边，一些大户人家则将之建在自家院里。塔龛中多供奉仓颉、文昌、孔圣等神位，并配以相应的楹联、吉祥图案等，别致精巧。

字库塔兴起，除与古人的文字崇拜密不可分外，还与科举考试的盛行分不开。古代百姓要想升迁致仕，只能通过科举考试，才能进入“公务员”行列。“学而优则仕”的观念深入人心，崇拜文化、尊重读书人，进而演变为对文字的崇拜，字库塔就逐渐成为文字和文化的载体，人们因而顶礼膜拜，祈求金榜题名。

从外观看，字库塔具有独特的风格与造型，大多采用六角柱体或八柱体，也有的建成简朴的四柱体。塔身通常有一小孔，或方，或圆，或倒 U 形，字纸便从这里投入。塔顶及塔身装饰风格各异，大都雕梁画栋，特色突出；有的则非常古朴，青砖碧瓦，未加更多修饰。

旺苍县木门镇盐店街传说是三国时魏延在米仓道战败张郃之地，因而又叫延战街。小小一条街，历史文化却很厚重。街上的字库塔，就格外引人注目。这座字库塔为当地文人在清道光二十七年（1847年）集资修建。

盐店街字库塔位于木门镇柳树村七社，占地面积约 10 平方米。字库塔塔基高 0.8 米，边长 1.1 米，塔高 12 米，共七层，八边形。石塔逐层上收，每节由石条相隔，塔内中通。第一层由三层石条组成，第二层正面开圆孔（烧字纸用），孔径 0.5 米。上刻“文库”二字，东、南、北面刻有修建捐款人姓名和捐款数额。第六层方门刻有“文章归锻口，经史付陶口”的对联，上有四字匾额。第七层由四个圆孔和“文光射斗”四个字组成，意为文章的文采像光芒一样射到北斗星上。塔顶为八角攒尖顶。

盐店街字库塔是旺苍境内现遗存 20 余座字库塔中最大的一座，2013 年 12 月被广元市人民政府列为市级文物保护单位。

（傅尹）

利州区小稻村字库

小稻村字库位于四川省广元市利州区大石镇小稻村三组，建于清代时期。

该字库塔坐东北朝西南，占地面积为8平方米，高8.2米，青砂石修建，六面形七节空心塔。基台为正方形，高0.25米，边长1.80米。第一层塔身高1.4米，边长0.66米，第二层高1.35米，边长0.64米，以上逐渐收减。塔身素面，塔角向上微翘，第二层至第六层东面塔身设圆拱形门。

该建筑对于研究该区域的建筑类型和建筑特点提供了实物材料。

小稻村字库在第二次文物普查中的名字为瑞麟塔，第三次文物普查时改为小稻村字库。

利州区〔2006〕25号《关于公布第二批县级文物保护单位的通知》中，对“小稻村字库”的保护范围确定为以“瑞麟塔”为中心，向东南西北各15米，由此四向至界线构成重点保护范围。

（刘平元）

剑阁县剑州白塔

剑州白塔位于剑阁古城东南的鹤鸣山，建于清乾隆四十二年（1777年）。当时的知州胡成将此塔命名为剑州白塔，并亲笔撰写了《鹤鸣山新建白塔记》。白塔南侧原立有《鹤鸣山新建白塔记》石碑一通，目前已完全风化，放置于鹤鸣观。

剑州白塔坐东朝西，塔高22米，石砖结构，为七级八面密檐式塔。白塔由塔基、塔身和塔刹三部分组成。塔基又由基台、基座两部分构成。基础持力层为巨大的山石，也就是说，基台乃至整座塔就矗立在平卧横出的巨大连山石之上，基础十分稳固。基台为正方形，高1.35米，塔脚边长3.6米，面积为23.56立方米，青条

石砌成；基座为石砌八角形须弥座，高 1.34 米，立面呈两头大、中间小的立体工字形束腰，束腰部分有八根石柱，浮雕麒麟、腾龙、凤鸟、仙鹤各一对，形象逼真，神韵飞动。塔身建于须弥座之上，共七层，底层之塔身较高，以上各层之塔身较短，逐渐收缩成密接的塔檐，密檐六重。第一、第二层用条石砌就，第三层至第七层用青砖砌成。各层有塔室，54 级踏道绕塔室旋梯而上，可登临第五层；沿塔道开窗 15 孔，以通光透气，可临窗览景。塔刹之刹座为覆钵形，刹杆上贯套球形相轮两个，刹顶为一颗巨大的铁制球形宝珠。

白塔底层心室宽敞，青石望板上镌《太极八卦图》，其浮雕的乾、坤卦位与白塔座向相合。底层南面有石拱门一道，塔门阶梯 5 步，右侧向建于基台之上，阶梯高 1.03 米；洞开如虹，门高 2.33 米，宽 1.25 米，由门框、门楣、门限、门柱组成。门闩高 1.29 米，宽 0.27 米，厚 0.42 米，门柱上楷书阴刻楹联一副，右柱为“文心直透五华秀”，左柱为“笔阵高分两剑雄”。上下款识为：“乾隆庚寅仲秋月”，“荆门胡成题”。门楣题“文峰”匾额，上下款识为：“乾隆辛卯秋月谷旦，奉直大夫知剑州事荆门胡成。”前者记刻建塔奠基之年月，后者记刻建成第一层塔身之岁月。白塔整体造型敦厚稳重，轮廓刚柔相济，雄健挺拔，和谐秀美。

剑州白塔属于密檐式塔。密檐式塔在我国北方比较多见，大多建造于隋唐、宋辽时期，明清时期则很少建造此种类型的塔，而以建造楼阁式塔为主。剑州白塔为密檐式塔，是为该塔的最大建筑特色。

（吴成 / 文　曾正强 / 图）

■ 昭化区飞龙桥

第十七章

古桥梁

剑阁县剑溪桥

剑溪桥在剑门关前志公社区旁边紧邻金牛道的大剑溪上，是古代剑阁连接桔柏渡，经葭萌关而北去长安和西到普安郡直抵成都的必经之路。早前的剑溪桥是宽仅一轨、运送兵马的木桥，宋代始造石桥。

现存的剑溪桥为明代弘治年间，在利州指挥彭山主持下维护修建的两跨三拱的青石桥。桥长 18 米，宽 4 米，桥墩连同矢高共 6 米。整个桥身全用当地所产的青石砌成，依据传统的“高桥墩、梳子背”的式样建造，三拱相连，高出两岸，扩大了洪水通过流量，有效地减轻了冲击的阻力。两端分设石级踏步梯道，桥面宽阔平整。两侧设有 14 根望柱，柱间分设石栏板，上刻吉祥花纹。桥的四角各塑一个石狮以壮威严。

在中拱的拱顶处，迎着上游镶嵌有避水神兽趴蝮（bā xià），传说此乃龙生九子之一，形象似龙非龙、似虾非虾，平生最喜踏波弄水，常居河水之中，善吃水中妖孽，故常饰于石桥之上。据说自从建起这座有趴蝮护佑的石桥以后，洪水就再也没有漫过桥面。

这座桥历经 500 余年沧桑，至今仍然坚固如初。

（王林乐 / 文　曾正强 / 图）

苍溪县白山凉桥

白山凉桥位于四川省广元市苍溪县白山乡单鼓村，于清光绪二年（1876年）开始修建，清光绪三年丁丑岁春三月初五日建成，迄今为止已有142年的历史。2012年7月16日，四川省人民政府公布其为第八批省级文物保护单位。

大清咸丰年间，当地文行兼优的生员谭怀瑄经朝考合格为拔贡生，任泸州府辖知县。不久便诏进京城，此时正值洋务运动，参与改良变法，因反对以慈禧太后为首的顽固派而不幸遇难。清光绪二年，谭怀瑄的母亲和其子、侄谭正昌、谭正恒、谭正谦、谭正荣商议，决定将谭怀瑄原定在谭家坪（今白山青龙寨下）建修房屋所准备的木材用于修建此木桥，荫及共生。修建时，每天用工少时三四十人，多时上百人。此地为南江与苍溪往来的交通要塞，过往行人特别多。此木桥建成后，方便了沿河两岸的群众的生产生活，为行人渡河通行、避暑避雨提供了便利，且往来行者停歇于上，倍感凉爽、精神倍增。木桥仿江南廊桥、房桥建筑风格，设计巧妙，方便实用，被当地群众称为凉桥。

该桥呈东西走向，整座桥通长27.2米，宽5.5米，跨度17.7米，其中引桥长5米，宽6米，主桥面长17.6米，桥面宽2米，距常年水位高8.5米。木桥西头建有约6.1米高的魁星楼亭。桥面由木板铺设，木板宽0.6米，厚0.1米，长3.5米，共47块。桥面两侧设木质栏杆，横向每排4根，纵向每排7根。横向两根组合，相距0.3米，中间用木板相接，便于过路行人歇息。纵向两两相距3米，用木头相接。纵横连接，上设廊房，穿斗木架结构，房盖小青瓦，保存较好。桥下中央立一石质桥墩，高4.1米，由六块均长3.1米、宽1.2米，厚度不同的长方形石条垒砌而成，其中最厚一块的厚度为0.8米；桥两头均由巨大的长方形条石依据地势垒砌而成桥墩，两桥墩上均由8根横木支垫桥面，横木直径约50厘米。

廊桥、房桥均为江南风格，这在我国西南西北地区实属罕见。据考，白山凉桥为川北片区唯一一座保存完好的木构房桥。

（杨仕康 李俊昌 文/图）

剑阁县公输桥

公输桥，又名鲁班桥，东西横跨剑阁白龙河上，为六孔石平桥。

据民国14年张政编《剑阁县续志·建置》载："公输桥，在白龙庙，光绪八年，赵如礼等募建。"全长19.8米，宽2.6米，高5米，总跨度13.8米，单孔跨在2.8—1.8米，桥墩高4.5米。桥面用0.5米厚的青石板平铺而成，无桥栏。河面桥墩顶端以长方形条石开槽，将墩面石板头端牢牢卡住，这样就保证了桥体百余年来很少受到白龙河水冲刷，不致走样变形。

白龙其地平旷肥沃，境内白龙河自西北而东南，环绕白龙场。此地自古经济富庶，民风淳朴。历代以来，白龙地方士绅及官吏出资在白龙河上建桥解决百姓出行难者，不乏其人。又据民国张政编《剑阁县续志·建置》载："临津桥，在白龙庙，民国元年知事张政督工建。"据考证，张政所建造临津桥位于今白龙小学校门东约100米处，为三孔石平桥，位于公输桥下游，1958年修剑南公路时因工程需要，将其拆除。其后数年间，该地相继建造了伏家桥（剑南公路单孔石拱桥）、白鹤桥（白龙镇至鹤龄镇公路桥，为双孔石拱桥）、龙洞桥（剑南公路上单孔石拱桥）。

（张华兰／文　曾正强／图）

朝天区铁龙桥

铁龙桥位于朝天城区中部的潜溪河上，北有清风峡，南有明月峡，西有嘉陵江和宝成铁路。潜溪河常年水位在469.89—472.44米，历史上最高水位为1990年的509米。在丰水季节，该桥常常遭遇洪水冲刷和淹没。

该桥为十五孔券拱式石平桥。建于清光绪五年（1879年）。南北横跨于潜溪河上，连接政府路和军师路。桥体长83.5米，宽4.7米，桥中部两侧圆雕龙首龙尾。两端各有6.5米长引桥。桥面两侧原有护栏（已毁）。拱高4.8米，跨度4.12米。原有《修朝天桥碑记》一通，高1.4米，宽0.8米，厚0.1米，碑文由广元县的张明伦撰，文生王永康书。

1933年中国工农红军曾在此碑上刻宣传标语。碑刻现移存广元红军文化园红军石刻标语碑林内。现桥旁存清碑一通，刻“铁龙桥”，高1.5米，宽0.9米。该桥位于古蜀道上，为研究古代交通及桥梁建筑工艺提供了实物资料。

该桥梁就地取材，设计合理，造型美观，是当地人民群众智慧的结晶，有较高的艺术价值。整个铁龙桥保存较完好，损坏程度轻，结构相对稳定，现专供行人通行。由于原桥面砂石桩毁坏严重，危及行人安全，1997年朝天区人民政府将其更换为铁栏杆，2003年河道治理，两墩两拱被埋入堡坎中，桥面两端修建凉亭两座。

（罗正中 雷均宇 / 文 兰电明 / 图）

利州区龙潭河大桥

龙潭河大桥坐落于广元城南25公里处的龙潭乡政府以西200米处。建于清代晚期，相传为赵氏所建，距今100余年。大桥南面中间拱上方雕有龙头，右侧拱上方雕有麒麟，桥北面中间拱上方雕有龙尾，因年代久远，桥上雕刻图案有损毁，不完整，桥左边曾有碑文，现已丢失。2002年被广元市人民政府公布为第二批市级文物保护单位。

龙潭河大桥为石结构三孔石板桥，整座桥由黄砂条石错缝平砌而成，桥面长25.6米，宽5.2米，高7.35米，三个半圆形拱的跨径各为5.7米，跨高5.75米，桥面上有护栏，栏高0.5米，厚0.6米。

龙潭河大桥是集古代力学、雕刻艺术、建筑艺术于一身的实物例证，是古驿道通向保宁府唯一的，保存最完整、规模最大的三孔石拱桥，是广白公路线上一条的重要桥梁通道。

龙潭河大桥为研究古代桥梁建筑提供了可靠的历史资料。

（刘平元／文　傅尹／图）

利州区将军桥

将军桥位于利州区城北，是古金牛道中进出川的必经之路。原有一条小溪从此流过进入嘉陵江，小溪上有一座小桥，被当地人称为将军桥。将军桥的来历有两说：

一说将军就是南宋名将曹友闻。曹友闻字允叔，同庆府栗亭（今甘肃省徽县栗川乡）人。1230年至1236年，曹友闻率军与蒙军在今天的甘肃陇南、天水，陕西汉中、宁强和四川广元交战10多次，几无败绩。将军战死后，被埋在桥北200米的山坡上，因此有了将军庙，直到现在，每年都会有将军后代从甘肃来此地祭拜。

将军死后，当地群众继续使用曹友闻率士兵在王家沟搭建的圆木桥通行，并把圆木桥叫作将军桥。

二说是根据明嘉靖《保宁府志》载："在广元县北四里，跨驿路横溪，每水溢多怪，昔人凿石肖将军像以镇之。"

纪念抗蒙将军也好，以将军像镇水也罢，这座桥方便了群众过往是真。后来百姓集资，把木桥改建成长11.4米、宽7.7米、高6米、跨3.8米的单孔石拱桥，在石桥旁镌刻了将军石像。

1996年，石拱桥在城市建设中被拆除，小溪变成暗沟，但将军桥的地名却深深植根在百姓心中，还成为现今利州区嘉陵街道办事处的一个社区名。

（傅尹）

青川县青溪金桥

青溪金桥建于清代，是近代甘肃、陕西商贾入川的要道。金桥与青溪古城后街的佛寺相连，寺称高桥寺，桥称高桥。1958年更名为金桥，所在的村叫金桥村。

金桥横卧徐魏河上，长30余米，宽6米，高20余米，桥头至桥尾刻一长龙，意为龙归大海。桥栏上均刻有传统文化故事，人物形象栩栩如生。桥东南岸生一河柳，粗大如盆，蜿蜒曲折与桥身平行延伸，下探至河谷。春季，千丝万绦垂至水面，水中小鱼畅游潜底。

高桥之雄美、河水之蓝碧、柳身之曲劲、游鱼之雀跃、金柳之妩媚，构成一幅绮丽画卷，常引甘陕儒商、蜀中墨客慕名而来，吟诗作赋，赏景纳凉，“桥高金柳折”就此诞生，是青溪八景之一。如今，桥仍在，柳已逝。

（段炳华 / 文　王治 / 图）

昭化区磨滩龙桥群

磨滩镇地处昭化区东南部，一脚踩三区县，与旺苍县、苍溪县接壤。磨滩地处大山深处，山清水秀，地理位置偏僻，交通不畅，历来人文环境保护较好。特别是境内四座雕有龙身的青石板桥，被当地人称为龙桥，实为罕见。

大龙桥

第一座龙桥叫“大龙桥”，位于磨滩镇，长约20米，此桥有三个桥墩，为龙桥中的“老大”。遗憾的是，龙头的下颌被人敲掉，据说龙嘴里曾噙着的拳头大的“龙珠”被盗走，而今只剩下美轮美奂的龙尾。

双龙桥

第二座龙桥名叫“双龙桥”，位于磨滩镇西侧600米处的小河上。桥长约10米，此桥虽短，但镶嵌了两只龙，故得“双龙”之名。

■ 大龙桥

■ 双龙桥

■ 断龙桥

■ 飞龙桥

断龙桥

第三座桥名叫“断龙桥”：长约 12 米，位于磨滩镇龙桥村的小河上，此桥巧妙地以河中一块重约二三十吨的黑砾石做桥墩，然后架设石桥板。据当地村民讲，1981 年夏天，当地山洪肆虐，将桥右侧冲毁，但桥中央的龙头龙尾仍在、黑砾石仍在，硕大的青石桥板垮塌后也安然地躺在河床的清流中。

飞龙桥

第四座桥名叫“飞龙桥”：长约 10 米，位于场镇东侧 1 公里处。此桥保护完整，桥头立有石碑，龙头镂空，口内龙珠仍在。飞龙桥旁石碑佐证的建筑年代为光绪十四年（1888 年），距今已有 130 年。

磨滩龙桥都是青石砌成，它与传统的中国石桥不一样，而是在河心打桩，然后采用现代的桥墩放桥板式样。在一百多年前的荒僻山野，用这种方法造桥无疑会增加很多难度。磨滩龙桥形式优美，结构坚固，最大的特征就是桥中央镶嵌着雕刻精美的龙头龙尾，有的还使用镂空技法，龙嘴还含上一颗硕大的“宝珠”。

磨滩龙桥建于何时，只有飞龙桥有光绪十四年的记载。从建筑所用石材和工艺来看，其余三座桥也应该建于同时期。平板立墩的青石桥在川北山区并不少见，但以龙头龙尾作为桥身装饰，并且成规模建造，唯磨滩独有。四座龙桥还有一个特点，就是所有龙头都朝着上游，有镇水之寓意。

以龙身作为平桥装饰在广元其他的桥梁建筑中还有，如朝天铁龙桥、利州龙潭河大桥，但大小、规模都不及磨滩的龙桥群。这里用龙头龙尾做青石桥的装饰，是当地群众对风调雨顺的期盼，是山区人民对美好生活的向往。

（傅尹 / 文　常力文 / 图）

昭化区十里驿道四古桥

古金牛驿道在大朝境内长约有20公里，从大朝乡场向剑门行进，境内不过10里路程，却有四座古石桥，其中一座拱桥，三座平桥。

一洞桥

距大朝乡场镇南约500米处。石拱桥横跨太子溪，单拱约长50米，高约5米；拱极弥合处一块砌石较小，与其余砌石不太对称谐调，似有不太完美之嫌。可能是由于建桥之初的设计和计算误差所致。此桥桥栏为圆雕龙形，多已颓坏，残存栏杆的龙身曲屈，鳞甲披覆，雕凿精细，清晰可辨，具有很强的装饰性，饱含着浓郁的祈禳平安的人文意识和对龙的崇拜观念。据考，此桥建约300年前。

孔道新桥

孔道新桥，当地又叫铁锭子桥或铁栓子桥。史载，长十一丈五尺，宽八尺。其东西溪阔十一丈有余，夏水涨隔，文报难通。两岸各筑方架一座，上铺木板如哨楼，篾缆一根，两端系于楼上，上套铁圈，圈系方铁架，架设木匣，把文报置于匣内，以鸣锣传讯，彼岸拽绳可取。清光绪年间重修石桥，长六丈六尺，宽一丈四尺，高一丈二尺，至今完好。桥面石板之间均以生铁铸造的抓锭铆接固牢。一般是每张板

■ 孔道新桥

■ 寡妇桥

左右各两个，前后各一个，四方连续，将桥上众多的石板牢牢地连接为一个整体，大大增加了抵御洪水的能力。惜其铁锭多被人盗窃，现用水泥补填。其桥原有石栏杆，高7厘米，现残存一个，其余大多已毁于洪水。此桥的建造科学之处在于：一是用船形桥墩分解了来水之力，二是桥面石板以铁锭铆连为一体，具有砥定的加固作用，三是桥栏稀疏，有利泄洪又增加美感，增强了人马过桥的安全性。

寡妇桥

地处擦耳岩，属于东西走向的平桥，一墩两孔。传说一寡妇为修来世，积终生之银募修而成。桥面共由六块长方形青石板相接而成，共三行。桥栏已不存。建桥历史在300年左右。其中偏西中间的一石板于1981年被洪水冲毁，当地群众自发捐资出力，修补了一块更结实的石板。从寡妇桥的桥名和修建的式样看，这座桥具有明显的致用性，虽粗糙但结实。

松树桥

松树桥，因桥头有两株数人方可合抱的“铁甲松”而得名。根据清代陶澍的“五里孔道新，五里架枧桥”的记载，此桥可能为“枧桥”。最初当为木桥。桥头有碑碣，惜其年久剥蚀，已模糊不能辨识，书志又不载，难以考证。

桥亦为一墩二孔之平桥，但桥栏却是较大的青石板与石柱榫嵌斗接做成，共两层，高约1米，保存完好。外板冲毁于近年（20世纪90年代）洪水，被冲于沟中，未整复。

桥头两株古松参天摩云，根茎粗硕，虬曲似龙，指爪飞扬，美如画境。加之连续数里，皆为苍松古柏冠盖如云，阴翳蔽日，到此石栈连转，屐履之痕平坦如砥，确为行道之奇观。据说陶澍清晨在其衙门内洗脸时盆中往往有树之倒影，分外神奇。四围一望，其树恰好生长在两水交汇之处，背山依水，加之“桥”从旁经过，人们悉心保护，遂成参天大树。而树大根深，又成了天然的桥头固土之堤，构成罕有的“树桥连理”。

古道老树、小桥流水，构成一幅静谧安详的诗画意境。

（任国富　文／图）

剑阁县长宁山抗元遗址

第十八章

古战场

苍溪县大获城抗元遗址

大获古寨，在苍溪县城东北20公里的大获山顶，属云峰山支脉。云峰突起，四周悬崖峭壁，天生奇险，三面环宋江，一面接铜鼓山，为南宋抗元据点之一。

据康熙《苍溪县志》载，陶淑礼《大获城记》……一山亭亭独耸，大江左绕，长溪右横，围以峻壁悬岩，加以墙垣垛堞，又开栈道以通四门，其在西南者曰“长庚”，曰“阜财”，在东北者曰“启明”，皆巍峨万状，攀缘不能达。……又嘉庆《四川通志》卷五十一载：“大获城在县东南大获山上，宋绍宪中，都统孙臣、王坚所筑，淳祐三年兵乱，制置使余玠修筑此城，为阆州治，以苍溪县为倚郭。后元兵取雅州，至阆之大获山降其城。城因石岩为之，中通四门，周十里。明崇祯十三年知县沈国复修之。”

南宋淳祐三年（1243年），余玠任四川制置使，采纳冉进、冉璞兄弟的建议，以“守点不守线，连点而成线”的办法，以制蒙古擅骑兵野战、施展驰突的长处，在适当地区，选择若干险要建筑城寨，囤积粮草，作为据点，城寨与城寨之间，可以互相呼应，一处有事，他处驰赴救援。当时命人在全川先建成16座城池，其中有大获山城。

早在南宋绍定四年（1231年）、端平三年（1236年）、嘉熙元年（1237年）、嘉熙四年（1240年），蒙古兵先后侵扰四川，所过之处，烧杀剽劫，百姓死伤无数，财产抢掠一空。因而各地已有官民结合、临险筑城以自保的。余玠入蜀以后，对全川山城做了统一布置，除了郑重选择各防御阵地本身应具备的地险势胜的诸条以外，还充分考虑了各城之间的联系，并移治所于其上，使之成为既是防御蒙骑的军事要塞，也是战争环境里的政治中心。必须如此，在大敌当前，才能收到事半功倍的效果。大获城是在绍定年间（1228—1233），为都统孙臣、王坚所筑。淳祐三年，余玠派人加固增筑以为阆州治，于淳祐四年（1244年）五月，与云山、大良等诸城先后完工的。

宋宝祐六年（1258年）四月，蒙古大汗蒙哥亲率四万御营军，号称十万大军，分三路侵入四川。蒙哥由陇州（今甘肃省陇县）入大散关，诸王木哥由洋州（今陕西省洋县）捣巴州（今四川省巴中市）米仓关，孛里察由渔关入沔州（今陕西省勉县）。十月，蒙哥从宝峰（今陕西省泰州境内）到达利州（今四川省广元市），渡嘉陵进攻苦竹隘。十一月，从巴州进兵的木哥部队，攻礼义山（今四川省渠县境内）不下，引军来会蒙哥，并向大获山进攻，大获山守将杨大渊投降。《四川通志》有“元兵取雅州，至阆之大获山降其城”句。

据陈世松《余玠传》1982年版，大获城当时为四大戎司之一的金戎司，常驻兵1000

名，它的主要任务是:“守护蜀口钓鱼城。”从淳祐四年建成，到宝祐六年杨大渊投降，戍守时间为 14 年，在这期间，先后移利州、阆州、苍溪、金州治所在其上。对于抗御蒙古入侵来说，起着“恃英逾之势在前，隆不拔之基于后”的作用。这是说，前面有大获、大良、钓鱼这些山城，使敌人不可逾越；后面还有重庆、嘉定、神臂、天生、白帝这些牢固不拔的后方。这就是余玠在四川的战略防御体系的强大威力。

1933 年农历八月十三日，中国工农红军第四方面军二七〇团一个连，在三堆石农民武装独立营的配合下，向驻大获城及其周围的国民党军罗廷琼部第十三团发起夜袭，十四日拂晓，攻克大获城，敌十三团全线溃逃，红军缴获人枪甚多，这一胜利，为古寨添了新的光辉。

1964 年，大获城玄妙观山门外 100 米左右，农民开荒发现“万州诸军奥鲁之印”铜印两颗（蒙文），现存于苍溪县文物管理所。

1983 年 4 月 8 日，苍溪县人民政府公布大获城遗址为县级文物保护单位。

（傅尹 / 文 刘徽 / 图）

剑阁县长宁山抗元遗址

剑阁县长宁山抗元遗址位于剑阁县东南鹤龄镇石垭村与苍溪县亭子镇水池村接壤处，古称鹅顶堡、鹅头岭，为古代昭化县地。长宁山环山连绵，前有宝珠山，后有凤凰山，长宁山居其间，山径崎岖，地势十分险峻，海拔近700米。长宁山寨呈西北—东南走向的带状分布，分布面积为15万平方米，四周相对高度差近100米。东、南崖分别与苍溪县亭子、白桥两乡交界。寨址为南宋末年抗元战争时建造，悬崖上至今残存部分南宋末年的条石垒砌寨墙。寨内尚存明代为纪念南宋抗元将领王佐将军而修建的庙宇遗址及清末民国时期的石碑四通。

据《元史 · 卷三 · 本纪第三 · 宪宗》记载，南宋末年，蒙军南下，今剑阁境内苦竹寨、清虚山和长宁山等山寨成了川北抗击蒙军的重要战场。时南宋将军王佐（1200—1258），字翼顺，今甘肃天水人，南宋末年驻守利州一带抗击蒙军。南宋宝祐六年（1258年），蒙哥（元宪宗）率4万人（号称十万大军）由陕入蜀。冬十月八日入利州，渡嘉陵，过白水，破剑门关，十三日攻苦竹隘（今剑门关镇西剑雄村境内，今名苦竹寨、朱家寨），裨将赵仲偷献东南门，守将杨立战死。蒙哥率军于二十五日围攻长宁山，将军王佐与将领徐昕迎战失利。十一月五日，蒙哥督军又攻，王佐率军民据险奋力抵抗，使得蒙哥损兵折将甚多。

十一月八日，蒙哥再次于长宁山寨望喜门外极力鼓噪，亲自指挥督促三军激战。傍晚时分，知县王仲抵抗不了蒙古铁骑的血腥攻杀，不得不从山顶寨堡出降。王佐得知王仲投降后，怒火中烧，率众奋力抵抗蒙军。由于王仲的叛降，对整个长宁山抗元军事力量是一个极大的摧残，王佐将军与兵民继续拼杀至半夜，但最终阻挡不了蒙军杀伐洪流，当晚他与部分兵民战死于长宁山。次日，王佐将军之子与守将徐昕等46人亦惨死于蒙军刀剑之下。过后不久，当地士民深怀王佐将军忠烈，将其葬于苍溪县亭子口。

元至正年间（1341—1370），苍溪、昭化两县士民为王佐修墓建碑。弘治十三年（1500年），昭化县民李应贞，苍溪县民李成、张聪等乡民又义捐集资在长宁山顶为王佐将军建庙塑像，四时祭祀，其后，多有修葺，直至民国初年塑像依然保存。

（王湖益 / 文　曾正强 / 图）

剑阁县剑山苦竹隘抗元遗址

沿剑门关镇西行，在崇山峻岭中便可见到一座“四际断岩、前临巨壑”的峰峦古堡，人称苦竹隘。此关隘至今仍残留着700多年前南宋时期四川隆庆府治地的城门。在这里，蒙古铁骑遭遇到了极为顽强的抵抗，留下了一曲悲壮苍凉的抗蒙壮歌，也为硝烟远去的剑门关平添了几分沧桑与凝重。

1234年蒙宋联手灭金后，转瞬间，四川由抗金边地又成为蒙克宋的首先发难之地。在长达七年之久的第一次蒙宋战争中，蒙军竭尽掠夺、杀戮之能事，四川惨遭蹂躏，城池陷落，人口锐减。治地今剑阁普安、辖八县的隆庆府也难逃厄运，几度遭到血洗，剑门蜀道成为蒙军驰骋四川的通道，要塞剑门关数度易手。

1242年，中线抗蒙名将、后任兵部尚书的余玠主持四川防务，为保存民族有生力量，摸索出了一套依山筑城、恃险拒守、屯兵聚粮、以点守面的防御战术。以长江为根基，沿岷江、沱江、嘉陵江、渠江，星罗棋布地构筑了80多处要塞（不包括民间自发的），其中剑阁苦竹隘、南充青居城、奉节白帝城、合川钓鱼城等被称为“川中八柱”，并经受住了蒙古军的两度再犯。其间，隆庆府也随之迁入苦竹隘。

1253年春夏之交，余玠遭昏君宋理宗罢免前后，蒙古结束内部纷争，蒙哥大汗继位，随之四川战事急转，蒙军由秦岭向南推进至广元，又发动了历时七年的第二次蒙宋战争。地处剑门群山深处的苦竹寨由此作为四川抗击铁骑纵横的桥头堡，上演了一曲感天动地的悲壮长歌。

与初战长驱直入不同的是，宋军的新式防御战术使蒙军头痛不已，特别是在退兵途中，折损巨大，这使蒙军认识到，不逐一拔除城堡，无法顺利南下。于是，苦竹寨成为首先被窥伺绞杀的对象。

1254年秋，余玠后第二任制置史李曾伯走马上任，宋军开始在隆庆地区展开反攻，由都统段元鉴统军指挥，8月，收复安西堡；10月，再收复普安。12月，降将南永忠手下将领周德荣策划兵变，怒杀南全家，密约段元鉴，不料东窗事发，周德荣不幸被捕，大骂而死；由安西堡派出的宋将马徽、白端等也在接应途中英勇献身。李曾伯是南宋少有的能文能武的名臣，深知苦竹隘的重要性，果断下令集结重兵。段元鉴一面死堵剑门关，一面强攻苦竹隘，经过数次血战，全歼城堡叛军、蒙军，收复了失守八个月的苦竹隘。消息传到杭州，宋廷欢欣鼓舞，大奖段元鉴，犒赏守城士兵，并特免“隆庆租税五年”。

1258年2月，经过厉兵秣马，蒙哥亲

率 8 万大军从金牛道亲征四川。与此同时，蒙元帅纽璘率军从成都突袭渡马湖，宋都统张实迫不得已诈降，并被押解到剑门苦竹隘招降。张实曾在余玠任上时治军旅，多次来苦竹巡察，上山门后，与守将杨立并力坚守，军心大振，士气高昂。

11 月，蒙哥、汪德臣兵临苦竹对岸。汪德臣以火炮掩护，派精兵强将顺岩而下，越过小剑溪，攀缘而上，只见城堡鼙鼓猛然响起，飞石滚木倾泻而下，一批批蒙兵掉下深谷，死伤无数，壅塞溪涧。到第二天上午，见久攻不下，汪德臣亲自率领一支身怀绝技的敢死队，带上投镖、套绳、狼牙棒猛冲猛打。不久，裨将赵仲武打开城门投降，防线崩溃，蒙军蜂拥而上，隆庆军民拼死拒敌，终因敌众我寡而败，杨立战死，张实被俘后遭到“肢解酷刑”。

隆庆府在北迁 10 多年后，在一片凄风苦雨中降下帷幕，南宋在川北的屏障终于拆除。随即蒙军攻占长宁山（位于今剑阁县鹤龄镇），攻至合川县钓鱼城。南宋朝廷曾专门设“忠祠”，祭祀宋末英勇抗战官员、将领，其中有在苦竹寨殉难的郑炳孙、张实、杨立。段元鉴、杨礼、王佐和徐昕随后也在长宁等地阵亡。

（傅尹／文　曾正强／图）

朝天区将军寨抗元遗址

朝天区李家乡青林村四组寨岩砭，被当地群众称为将军寨。东、西、南三面皆绝壁峭岩，崖上林木蓊蓊，浓荫如盖。石墙中间有一道寨门，门枢凹依旧，两个方凹，宽0.5米，长0.7米。左右两块圆巨石放在那里，便是后门板。半人高的地方凿有石窝，作为门闩窝。关上石门，一夫当关，万夫莫开。

穿过寨门，古木参天，藤萝密布。沿着山顶南行，山梁东西宽20米左右，南北足有2公里。两边全是石块镶嵌垒积而成。有垛口，有瓦砾，有陶罐，有烽火台，有城墙。凹凸不平的城墙均由石块垒砌而成，南北走向，长达1公里，最高处有200米，两侧一望无涯，与险峻的山势巧妙地形成了封闭的防御工事，极为险要。山下较为平坦，一块数公里长的平地，当地人称为校场坝，是古代演武练兵的好地方。

寨头是一个典型的双子星座烽火台。烽火台的门一放下来，就是通向寨子的桥，一拉起来就是一个倚望台。烽火台与大寨之间，是一条梯形小道，只容一人，到了半山腰，有山洞，可以进去取水。当地山民在一块大石板上发现依稀有“刘大将军”“绍兴元年”等字样。

当地文史专家推测，“刘大将军”极有可能是刘子羽。据《宋史·列传》记载，刘子羽（1086—1146），字彦修，宋代抗金名将，曾任利州路经略使兼知兴元府。绍兴元年（1131年），金兵侵犯“川陕咽喉”大散关。刘子羽率宋兵三百人，于潭毒山（今朝天区两河口乡潭毒关）设防死守，击退金兵。

（倚尹　文/图）

■ 旺苍县杨家祠堂

第十九章
古祠堂

旺苍县化龙乡王家祠堂

王家祠堂，位于旺苍县化龙乡亭子村三社。据王氏族谱记载，1887年王三多根据今亭子所在地及山势地脉走向结合风水理念，经过族人商议、甄选，最终在现域祠堂位置大兴土木，修建了气势雄伟、令后人叹奇的王家祠堂，并在当年倡导组织王氏族人，为始祖王文学夫妇建造雄伟高大、工艺精湛的墓碑群落。

祠堂坐西北向东南，前正门上题有“奉先思孝”字样，寓意尊敬长辈、孝敬父母。正厅柱子上雕刻巨幅对联：庭槐兆三公，珠树领先班。横批：三槐世泽。整个祠堂占地面积约500平方米，建筑面积约360平方米。建于嘉庆年间，由前厅、正厅、东北、西南厢房组成。穿斗叠梁混合式梁架，重檐歇山式屋顶，小青瓦屋面。前厅：素面台基，宽18.25米，高1米，置踏道5级；面阔五间16.7米，进深两间8.35米，高10米，门厅呈八字形。正厅：素面台基，宽18.25米，高1米，置踏道5级；面阔五间16.7米，进深6.9米，高7.5米。东北、西南厢房素面台基，宽10米，高0.25米；面阔三间10米，进深两间3.3米，高5米。天井长8.7米，宽8.3米。

该建筑为研究该区域的建筑类型和特点提供了实物材料。

王家祠堂为第三次全国文物普查新发现的文物点。2010年3月，旺苍县人民政府根据该文物的历史、艺术价值，公布王家祠堂为县级文物保护单位。2012年7月被列入四川省文物保护单位。

（柏汉华／文　傅尹／图）

旺苍县九龙乡杨氏宗祠

杨氏宗祠，位于九龙乡玉台村一社，坐西向东，占地面积约1000平方米，建筑面积约800平方米。建于清乾隆四十一年（1776年），由前厅，正厅，南、北厢房组成，均系穿斗梁架，单檐歇山式屋顶，小青瓦屋面。前厅呈八字形，素面台基，宽11米，高0.4米，面阔三间10米，进深3.5米，高4米；正厅，素面台基，宽20米，高1米，置5级踏道，面阔五间18.5米，进深9.3米，高7.13米；厢房，素面台基，宽12米，高0.3米，面阔三间10米，进深4米，高5米。正厅明间上方匾额周围镂空雕八条彩绘龙饰，上方做斗拱造型；正厅坎墙呈八字形，厢房与前厅相对独立；前厅外有两对石狮，基座长1.6米，宽1.2米，高1米，狮高1.18米，前置9级石台阶；南、北建桅杆，六边形基座，边长0.6米，高1.2米。

杨氏宗祠现存平面布局，建筑外观、建筑构件基本保持清乾隆时期风貌。杨氏宗祠建筑布局小巧别致，建筑手法细腻，雕刻彩绘工艺水平较高。杨氏宗祠历史有200多年，局部彩绘，木构件雕刻保留，明间神祖碑做工讲究，详细记录了当地杨氏的发展历史，为研究人口迁移提供了文字例证。该建筑为研究该区域的祠堂建筑类型和建筑特点提供了实物材料。

（柏汉华　文/图）

旺苍县石川村杜家祠堂

旺苍县化龙乡杜家祠堂，又名杜氏钟嘴、桂花祠堂，位于海拔450米的化龙乡石川村三组，距离县城42公里。古祠主体建筑坐北朝南，占地面积约800平方米，为一木质穿斗结构组成的四合院。古祠包括山门、戏楼、厢房、天井、正殿等，共计30间。正门东西两边共有四幅巨型砖雕，西边两幅是“桐柳杏凰群图”和“松雀图”，东面墙上的砖雕是“百鸟图”和“五伦全图”。专家称，这四幅砖雕无论规模还是技艺，都堪称清代砖雕的精品。

杜家祠堂正殿，面南正中是杜家祠堂主体建筑的正门，厚重木门上的彩绘门神画高达3米。跨进大门，一具四扇镂空双面雕屏风隔开了院落隐约可见的光景，屏风上雕琢着诸如“英雄图”“太史第”“渔樵耕读”等传统题材，构思巧妙、雕工细腻。

屏门顶上，精密设计的六根柱子支起八卦攒顶的戏楼。戏楼上窗花纹饰精美，卍字格护栏间镂雕龙、凤、荷、梅等图案，戏楼房顶龙飞凤舞，四角翘爪，绚丽多姿。据介绍，按当时风俗，宗族每逢喜庆、丰收、过年、中举等日子，都会请戏班来宗祠唱戏。

戏楼下经五步台阶进入天井。天井左右均为厢房，窗花细腻，房门厚重，雕梁画栋甚多。出厢房，踏上高约1.2米的五步台阶，便为祠堂正殿聚贤堂，这里开阔通透，据介绍是当年族人举行春秋祭祀或议事聚会的地方。

该祠堂始建于清光绪十九年（1893年），1900年落成。该古祠虽历经百余年，建筑仍保存完好，古祠建筑巧妙采用了砖雕、木雕、石雕等多种工艺装饰，图案题材广泛，造型生动逼真，雕刻技艺精湛，集中体现了川北民间建筑装饰艺术和民间工艺之精华。

（柏汉华）

旺苍县中嘴村杜家祠堂

中嘴杜家祠堂位于四川省广元市旺苍县化龙乡中嘴村六社。坐北向南，占地面积约700平方米，建筑面积约500平方米，建于清光绪年间。素面石台基，建筑为穿斗梁架，单檐，歇山顶，小青瓦屋面。由前厅、正厅、东西厢房组成。前厅，素面台基，宽21米，高0.4米，面阔五间19.6米，进深四间8.5米，高8.5米。正中为戏楼，戏楼台基北侧前沿至天井有7级台阶，高2.1米；正厅，素面台基，宽21米，高1.3米，明间、次间前为5级台阶，面阔五间19米，进深四间9.9米，高9.8米；厢房，素面台基，宽11.5米，高0.4米，面阔三间11.5米，进深四间3.7米，高6.5米。正厅明间正中为神祖碑，素面石台基，宽4.5米，厚1.1米，高0.65米，碑高3.1米。

杜家中嘴祠堂现存平面布局、建筑外观、建筑构件基本保持清光绪时期的原貌，是研究川北古建筑宗祠的实物例证。杜家中嘴祠堂建筑用材讲究，建筑工艺水平较高，是研究民间木作工艺手法、民俗民风的重要资料。杜家中嘴祠堂较好地保留了其内部结构和布置，戏台保存完好，正堂明间神祖碑较详细地记录了当地杜姓家族的传承历史，为研究川北地区人口迁徙提供了文字依据。

（柏汉华）

苍溪县龙洞乡徐家祠堂

徐家祠堂位于苍溪县龙洞乡，建于清同治元年。坐南朝北，面积为442.8平方米。建筑为单檐悬山式穿斗木结构，呈四合院布局。门房石质拱砌而成，高3.1米，宽1.8米，厚0.4米。门上刻联：“春露秋霜祖考来格，水源木本江汉朝宗。”正厅面阔16.4米，进深11.1米，高13米。正厅内立宗祠碑10通。侧墙为烽火墙。两侧厢房面阔16.4米，进深8.2米，高9.5米。倒座房面阔16.4米，进深4.5米。院内天井长8米，宽6米。门房外右侧前6米处立石质桅杆1根，通高3.5米。基座呈圆形，直径0.89米，高0.8米。该祠堂对研究清代民间祠堂建筑及族氏文化具有重要参考价值。2013年12月6日，被广元市人民政府公布为市级文物保护单位。

（李俊昌　文/图）

青川县白家乡何氏祠堂

松盖村何氏祠堂位于青川县白家乡场镇所在地松盖村一组，地处一片农地之中。所在地方地形以山地为主，起伏较大，地形复杂，海拔较高。气候为亚热带季风气候，夏热冬冷，雨热同期。祠堂周围群山环绕，山峦起伏。祠堂所在地的山势较周围低平一些。祠堂前方10米处有一座桥，对岸为公路。祠堂四周被耕地包围。祠堂后方有几座新墓。祠堂前方10米处有河流，左方50米处为山脉，右方30米处有一座小山包。祠堂西距陈家大院300米。

何氏祠堂坐西朝东，平面呈四合院布局，占地面积300平方米，建筑面积260平方米。中轴线上由前向后依次为门房、天井、后房。天井北侧为正房，南侧为前房，均为砖木结构。其中正房为单檐悬山式小青瓦屋顶，穿斗梁架，面阔三间15.5米，进深4.4米，石砌素面台基，高0.38米，正面有阶梯踏道三级。前房为单檐悬山式小青瓦屋顶，穿斗式梁架，面阔五间15.5米，进深4.4米，石砌素面台基，高0.1米。祠堂为当地何氏家族祖先于清代“湖广填四川”时移民到此地后所建，对于研究当地历史、清代移民史具有一定参考价值。

（李蓉　文／图）

旺苍县龙凤乡杨家祠堂

杨家祠堂位于旺苍县龙凤乡白虎村一社，建于清咸丰乙未年（1859年）仲冬。坐西北向东南，四合院布局，占地面积约300平方米，建筑面积约260平方米。由山门，正堂，东北、西南厢房组成。穿斗梁架，单檐歇山式屋顶，小青瓦屋面。门厅，素面台基，宽14.4米，高0.3米。面阔三间13.4米，进深四间5.5米，高6米，八字形门洞。正厅素面台基，宽14.4米，高0.3米，面阔三间13.4米，进深四间7.2米，高6.5米。厢房素面台基，宽3.2米，高0.3米，面阔一间3.2米，进深四间3.1米，高6米。明间建石质仿木结构宗族碑，六柱五开间，台基宽7.4米，高0.8米，碑高3.35米，六楼重檐庑殿顶，阴刻碑文书法艺术水平较高。

从修建至今，现存建筑的平面布局和建筑外观基本保持了清咸丰年间的风貌，是研究四川祠堂、传统建筑工艺、民俗民风的重要史实资料。

（柏汉华　文/图）

苍溪县龙王镇申家祠堂

申家祠堂，位于苍溪县龙王镇伍家村三组。建筑坐西北向东南，占地面积为500平方米，大清咸丰八年建造，单檐悬山式抬梁混合木架结构。正房面阔三间11米，进深6.6米，通高6.8米，正厅内后壁立宗祠碑八通。两侧厢房各一间，宽3.4米，进深8.9米，檐廊长11米，宽3.4米。内院天井长13米，宽18.5米。内外墙壁上绘有人物、花草、山水壁画15幅，保存较好。该祠堂对研究清代民间祠堂建筑及族氏文化具有重要参考价值。2013年12月6日，被广元市人民政府公布为市级文物保护单位。

（李俊昌）

朝天区宣河乡王氏祠堂

王氏祠堂位于朝天区宣河乡清泉村王家湾，建于清咸丰八年（1858年），坐北向南偏子午线。原建筑结构为正祠三间连骑三寄土木结构，两厢为六椽扶穿斗结构各三间，祠堂门为单檐翘角亭式结构，两侧八尺垣墙，占地总面积为400平方米。1984年，族人修复了正祠，为封火沿墙结构，占地90平方米，靠后墙设各代昭穆通长神台一座，神台轴线上供“皇请例赠登仕郎王公讳九万、王母张太君二位大人之香位”。左为“王氏宗祠碑序”，碑文7行，每行26字，记载王氏先祖王九万自明万历年由陕西省蒲城县迁入此地谋生发展壮大以及咸丰八年修祠之事，落款为“国子监太学生族长王柱谨记，侯邑训导姻遇愚侄王世义敬书”。右立香位续碑，刻记王氏宗志及历代子孙。三碑均刻于咸丰八年仲秋。近代又续刻以咸丰八年至今各代子孙碑三块。

祠前墙下部镶嵌浮雕石板6张，单块长1.2米，宽0.8米，绘“二十四孝”组画4张16幅，两头各一张山水花鸟图案，画面人物生动，花草精美，相传为明末所刻，有较高的文物价值。祠前有王氏陵园一座，占地面积约4000平方米。园中为茂柏覆盖，墓葬100多座，有碑可考20多座，犹以“皇清知右帅府即左宗棠帅府授蓝翎尽先拔朴千总王心和之墓”最具代表性。王心和随左宗棠平北疆叛匪阿古柏有功，拔为千总，故该墓对研究左帅平叛历史有佐证作用。

（粟舜成）

■ 汉昌县遗址

第二十章

古历史遗址

早期人类活动遗址

20 世纪末，考古工作者先后对广元市早期人类活动遗址进行了发掘，出土了大量见证早期人类活动的新石器物品。广元早期人类活动遗址主要有朝天区中子镇细石器时代遗址、广元张家坡新石器时代遗址、剑阁蔡家河小庙山聚落遗址等。通过对广元市中子铺、张家坡、邓家坡和鲁家坟等遗址的发掘，采集到大量的石核、石叶、石片、石片器等细石器及斧、锛、刀等石制生产工具。经过碳 14 测年对遗存推定在距今 4000—7000 年，从而可以推测，先民早在 4000 年前就在广元这片土地上繁衍生息了。现将几个主要遗址介绍如下。

朝天区中子铺遗址：位于广元市朝天区东北部中子镇。20 世纪 90 年代初，中国社会科学院考古研究所在中子铺营盘梁进行大面积发掘，共发掘出土石核、石叶、石锛、石片、刮削器等石器 2 万余件。经测定该遗址年代距今 6000—7000 年。

利州区张家坡遗址：距广元市区西南仅 1 公里，在河西街道办事处境内。20 世纪 80 年代末，考古工作者对张家坡遗址进行调查发掘，出土石斧、石锛、石刻刀、长方形石刀、石凿、石镞等石器 100 余件。张家坡遗址的发掘对建立该地区新石器文化发展序列具有十分积极的意义。

利州区邓家坡遗址：距广元市东 2 公里，发掘时间是 1990 年 5 月。遗址主要分布于平台西北位置的小山坳上。发掘面积约 100 平方米，堆积多的地方，文化层厚达 2 米。地层可分为 6 层，出土了大量石器和陶器残片。石器多以磨制为主，多小型工具如石斧、石锛、石凿。其中石锛尤具特色，还有石刀、石铲、磨刃小石片以及打制加工用的刮削器等小型器物。

（傅尹 / 文　资料图片）

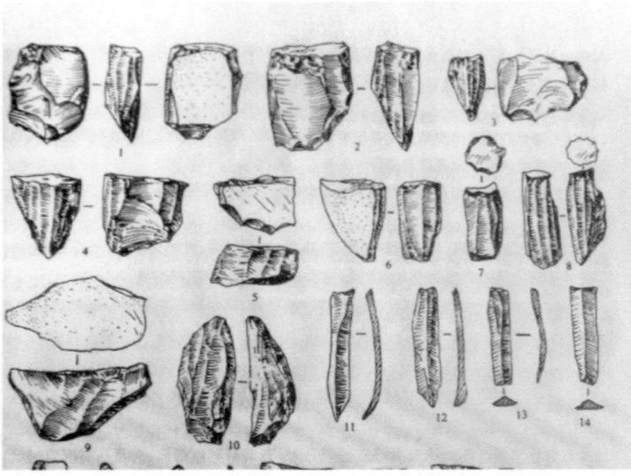

昭化区土基坝遗址

土基坝遗址位于昭化镇石盘村五社，是西周至秦汉时期的文化遗址，地处嘉陵江与白龙江交汇处南岸一级台地。西临白龙江，北靠108国道和绵广高速，东、南面临嘉陵江，为河旁两级台阶缓坡地。

临江面有数处断层与塌陷。据《华阳国志》《昭化县志》等史料记载，战国时蜀王“封弟葭萌于此”，“号曰苴侯”，秦汉在此设葭萌关。地临白龙江的断面上，随处可见历史文化层堆积，厚度2—3米，地表和断面上采集到西周时期的陶罐残片和回形残砖，是周末秦初的重要文化堆积区域。

2014年7月至8月，四川省考古院在土基坝上坪处多有发现。上坪的南、北、东部均较低，低于上坪约8—10米，从勘探来看，均为沙土堆积，推断这三面应为河床堆积。上坪的西部为丘陵地带，而上坪遗址呈扇形向东凸出。遗址面积约1万平方米，勘探表明，在遗址的东部分布着两道夯土墙，两墙相距27—34米。西段夯墙土长66米，宽6米，东段夯土墙长42米，宽6—8米，高1.0—1.5米。从采集的陶片推断，其年代应在春秋战国至东汉时期。

从上坪所处地理环境、面积和两道夯土墙推断，其可能为关隘遗存，亦可能与早期的葭萌关有关。上坪关口的发现，不仅为进一步了解早期的葭萌关提供了重要线索，而且为了解早期蜀道的走向和蜀道的申遗提供了重要资料。

跑马梁墓地处于土基坝北部的坡地上，紧邻绵广高速公路，面积约3.5万平方米，可分为东、西两部分。其中西部墓群墓葬保存较好，墓葬较深，以木椁墓为主；东部墓群墓葬保存较差，墓葬较浅，以土坑墓为主。

因目前该区域普遍种植水稻，可勘探面积较小。在可勘探的1万多平方米范围内，勘探共发现墓葬17座，其中土坑墓12座、砖室墓4座。年代涵盖战国晚期至秦汉和东汉。

秦灭巴蜀以后，秦对巴蜀地区进行大规模的移民，而昭化就是移民的重镇之一。《史记·货殖列传》记：“秦破赵，迁卓氏……诸迁虏少有余财，争与吏，求近处，外葭萌。”昭化所在区域尚未发现大量与此有关的遗存，而跑马梁的战国至西汉墓地的发现，可能为认识秦灭巴蜀及秦移民提供了重要资料。

（任国富）

昭化区摆宴坝遗址

为配合广元剑门蜀道旅游度假区规划项目，四川省文物考古研究院联合广元市博物馆、昭化区文物管理所于2014年7月至8月，对广元昭化区土基坝和摆宴坝进行考古调查勘探。调查面积230万平方米，调查勘探共发现各类遗迹现象43处，其中墓葬27处、建筑基址7处、古关隘1处、城址1处、陶窑3处、灰坑4处，其中跑马梁墓地、上坪古关隘和摆宴坝城址有着本次最为重要的考古新发现。

摆宴坝城址位于广元昭化区摆宴村二组，当地称“古城崖”，遗址南邻白龙江与嘉陵江的交汇处，西部和北部紧靠嘉陵江，东部靠山，总面积达40万平方米。城址处于遗址的中南部，平面呈长方形，面积约5万平方米，勘探已发现部分南城墙、东城墙和西城墙，北城墙已毁。其中南城墙保存较好，长120余米，宽6—8米，高约1米。东城墙仅存南部一段，且与南城墙垂直，残长34米，西城墙仅残存北部一段，残长15米。城内因现代民居较多，可勘探面积极小，从勘探的情况来看，城内堆积较厚，遗迹现象丰富，陶片较多。从采集的陶片推断，与十二桥文化相似，同时西城墙被一灰坑打破，从该灰坑出土的器物判断，不晚于十二桥晚期，推测城址的年代应为西周时期。该城址是四川地区首次发现的西周城址，亦是将以宝鸡为核心的周文化和以三星堆为核心的蜀文化联系起来的重要线索，这为全面认识周、蜀、巴之间的关系提供了重要资料。

2014年9月，广元市人民政府增补“摆宴坝遗址”为第四批市级文物保护单位。

（傅尹／文　刘文龙／图）

利州区瓷窑铺遗址

瓷窑铺遗址，又名瓷窑铺窑址，是广元县人民政府1985年3月15日公布的第一批县级文物保护单位。瓷窑铺遗址的文物价值在于，它烧制的广元窑是宋代四川最主要的黑釉瓷器产地之一，它的发现填补了宋代四川黑釉瓷器的空白。

瓷窑铺遗址是1953年修宝成铁路时发现的，1976年、1978年和1996年，四川省陶瓷编写组、重庆市博物馆、四川省考古研究所先后对该窑址进行了三次调查清理、发掘工作，文化堆积层厚约0.5米。

根据出土器物和窑具分析，该窑创烧于唐末，到南宋发展至鼎盛，风格受建窑、吉州窑等窑口影响较大。主要生产民间实用器，计有碗、盘、盏、碟、杯、瓶、罐、壶、钵、盒、盏托、水匝、香炉和中小瓷塑动物及鸟食罐等。釉色以黑色为主，兼有青灰色、米黄色、酱色、黄色、绿色等。

广元为什么盛产黑釉瓷器呢？宋代从宫廷至民间都流行“斗茶”，即把一种发酵的茶饼碾成细末，然后用煮沸的水注入，茶面即浮起一层白沫，以黑釉瓷饮为最佳，因汤色与容器颜色对比强烈。黑釉瓷器装饰技法有窑变纹、压印纹、划纹、绘花纹四大类，其中以窑变的兔毫纹、鹧鸪斑纹、玳瑁纹、星点纹颇具特色。

各种器物烧成温度高，瓷土因淘洗不够，杂有石英颗粒，胎骨结构坚硬、紧密，没有明显气孔，从断面上看，胎骨呈色多，有灰黑色、黄白色、灰白色、褐黑色、红褐色等，器物外壁多半釉或施釉不到底。碗足有饼形足、玉壁底或矮环底足。

由于广元处于中国西部的南北交通要道上，除了地方窑炼制瓷器外，瓷窑铺还出土以宋代为主的不同时期的瓷器。外窑瓷器主要以龙泉、景德镇为代表，也有少量北方窑瓷器。广元窑与南北各地窑有着千丝万缕的联系，是各地区陶瓷文化交流融合的见证，如福建建窑、江西吉州窑、浙江武义窑、河南禹县扒村窑等，都能找到与广元窑相似的元素。同时，也说明广元窑陶瓷工匠善于学习其他地区窑之所长，并创造属于自己的独特风格。

（刘平元　文/图）

汉昌县遗址

汉昌县遗址位于苍溪县城西南38里的禅林乡青山观，汉昌古城原建于此，唐宋时最盛，并在此设驿、铺，原有城隍庙、青山观、衙神祠、恒侯殿、文昌庙、文武宫、魁星楼、王氏祠堂等，后被毁于战乱和“文革”。

遗址方圆50余亩，呈长方形布局，东西长220米，南北宽150米，面积达3300平方米。20世纪60年代改土修堰，曾出土石刻和天井、石碑、下水道等遗迹。出土有“川北淳邑”“汉昌县定”等碑碣，王樾墓位于其中，尚存柱础若干及古柏数株。

该遗址对研究汉昌古城建筑历史具有重要的参考价值。2013年12月6日，广元市人民政府公布其为市级文物保护单位。

（代林华/文　刘徽/图）

■ 红军攻克剑门关纪念碑

第二十一章

红军文物遗存

红军城

旺苍中国红军城

在广元现存不多的古城中，旺苍中国红军城有着特殊的意义。

第二次国内革命战争时期，红四方面军主力在总指挥徐向前等红军将领的指挥下，于1932年12月底由陕入川，仅月余时间就解放了通江、南江、巴中和旺苍三江坝以东的大片土地，开创了川陕革命根据地。1933年1月，红军进入旺苍境内作战，6月15日解放旺苍城。王树声率红七十三师进驻旺苍城内。中共川陕省委、川陕省苏维埃政府在旺苍城建立起中共广元县委和广元县苏维埃政府。

7月初，根据旺苍木门军事会议的决定，红七十三师与旺苍、南江等地的地方武装游击队、赤卫军等在旺苍城扩编为红四方面军第三十一军，由红四方面军副总指挥王树声兼任军长，军部设在旺苍城内财神庙。是日，旺苍全境赤化，县、区、乡、村各级党组织和苏维埃政权全部建立起来，成为川陕革命根据地的重要组成部分。

1934年3月至1935年4月，川陕省委、省苏维埃政府、西北革命军事委员会和红四方面军总部等40多个党、政、军主要领导机关及张国焘、徐向前、陈昌浩、王树声、李先念等主要将领迁驻于此。当时的旺苍坝成为川陕革命根据地的后期首府、运筹指挥的中枢和支援前线的战略后方。在这里诞生了中国革命建军史上“三个之最”：建制最早的水兵——红四方面军指挥部直属水兵连，规模最大的妇女武装力量——红四方面军妇女独立师，建制最大的红色童子团组织——少共国际先锋师；在这里，红四方面军部署指挥了广昭、陕南和强渡嘉陵江三大战役。1935年4月，红四方面军从这里西渡嘉陵江，踏上长征之路。

1992年12月24日，谢觉哉夫人王定国和原铁道兵副司令员徐斌来到旺苍。王定国一走进红军城文昌宫对面的王家大院，就激动地指着正屋对随同人员说：“那是徐向前住的。”又指着右侧的偏屋说：“我就住在这里。”在川陕省苏维埃保卫局旧址，徐斌兴高采烈地说：“我当时就在这里工作。”两位红四方面军老人，比导游还熟悉当年红军城的情况，在一些红军遗址，他们不但能说出当时的负责人，还能说出许多普通战士的姓名，以及他们中谁已牺牲，谁已故去，谁还活着。

从1933年1月初红四方面军进入今广元市旺苍县大德乡起，到1935年4月底红四方面军的最后一支部队撤离广元市青川县青溪镇、房石镇，红四方面军在广元战斗了两年零四个月，旺苍始终是红四方面军入川后活动的重要区域，是川陕苏区的重要组成部分，是川陕苏区后期的政治、经济、军事、文化中心，又是红四方面军长征的战略集结地、出发地，是红四方面军“反三路围攻”“反六路围攻”西线的主战场，是陕南战役的后方基地。红四方面军在旺苍的战略集结、战略发展，壮大了川陕苏区，牵制了大量川军，有力地策应了中央红军北上，为与中央红军成功会师、继续长征奠定了坚实的政治军事基础。

红四方面军留存在旺苍地区的文化现象和文化效应显而易见。红四方面军在中国革命处于低谷时期，建立了当时仅次于中央苏区的全国第二大革命根据地——川陕革命根据地，而且坚持了近两年半，扩大了革命影响，巩固了革命基础，有力地支持和策应了中央红军北上，书写了红军长征中壮丽的篇章。

当时仅有10万人口的旺苍，就有1.2万人参加红军。红军为了宣传党和红军的政策、方针和各阶段的中心任务，将部队中字写得较好的指战员和錾刻手艺熟练的石工队组建成“錾花队”，专门在岩石、石碑、石阶等上面錾刻标语。至今旺苍境内还保存有红军石刻标语310多条。

旺苍县木门军事会议会址陈列馆内，珍藏着红四方面军留下的一条石刻标语——“赤化全球”。这条标语于1959年在旺苍木门镇发现。在红军时代的石刻标语中，以解放全人类为内容的，迄今为止还没有发现第二条。它从一个侧面反映了川陕革命根据地当时已具有雄厚的政治基础、军事基础和物质基础的历史事实，表现了红军战士对共产主义必将在全人类实现的坚定信念。

在县城南山石壁上，有一条巨幅标语：“为独立自由、领土完整的苏维埃新中国而斗争！”署名“西北军区政治部”。黑

褐色的石壁，白漆勾勒的楷体字异常醒目。这条标语全长 28 米，字高 1.38 米，宽 0.84 米，笔画深约 0.1 米，字距 0.45 米，为川陕苏区历史遗迹所罕见。1935 年 4 月，红四方面军撤离旺苍出发长征后，当地百姓为保护这条标语，夜间悄悄用稀泥将字糊起来，栽上爬山虎。新中国成立后，标语才得以重见天日

旺苍中国红军城遗址街道总长 1300 余米，宽约 4.5 米，占地面积约为 1.5 平方公里，建筑面积约 8 万平方米，由文昌街、王庙街、龙潭街三条主要街道和木市巷、何家巷两条小巷构成，是全国现存面积最大、保存最好、遗址点最多的红军遗址群之一，共陈列图片、文物 280 多件，保存红四方面军总部、西北革命军事委员会，红三十一军军部、红三十一军政治部、川陕省委、妇女独立师、少共国际先锋师、水兵连成立地等 40 余处旧址。

1992 年，旺苍县人民政府将红军城旧址群公布为县级文物保护单位；1993 年，四川省人民政府公布其为省级历史文化名城；1994 年，红军城被旺苍县人民政府确定为青少年爱国主义教育基地；1999 年，旺苍县人民政府利用原红四方面军新剧团旧址，开办了“红军史迹陈列馆”，并申报为四川省爱国主义教育基地；2002 年，旺苍红军城旧址群被命名为四川省文物保护单位。2017 年 12 月，旺苍中国红军城成功创建国家 4A 级旅游景区，下一步将为创建成 5A 级景区而奋斗，打造成全国重点文物保护单位、全国青少年爱国主义教育基地和“川陕旅游黄金线上红色文化体验目的地”。

（傅尹 / 文　付蕊 / 图）

红军城旧址群

“万山通一线，百丈锁巴州。”这是古人题咏旺苍的名句。旺苍红军城旧址群位于旺苍中国红军城，占地面积约 1.5 平方公里。三条街呈丁字形：向北有文昌街，向东是龙潭街，向西是王庙街。街道基本保持着清末民国时期的建筑风格，穿斗木架瓦房约 15 万平方米，砖混结构约 15 万平方米。红四方面军在这里成功指挥了广昭、陕南、西渡嘉陵江等战役，留下了 40 余处旧址，形成了旧址群，现简单介绍如下：

文昌街旧址

文昌街 128 号：中国共产党川陕省委旧址。川陕省委于 1934 年 12 月至 1935 年 4 月驻此办公。1932 年 12 月中旬，红四方面军战略转移进入川北，经过一个月的艰苦奋战，占领了通江、南江、巴中和旺苍三江坝、木门场、五郎庙、大黑滩一线以东地区，创建了川陕革命根据地，旋置川陕省。川陕省第四次党代会后，红四方面军于 11 月中旬举行的清江渡会议上制定出“依托老区，收缩战线，向甘南发展新区”的川陕甘计划，红军主力部队西移旺苍整训，川陕革命根据地主要的党政首脑机关迁驻旺苍城。

文昌街 167 号：川陕省苏维埃政府驻地旧址，当时主席熊国炳，副主席杨孝全、罗海青，秘书长黄超等在此办公，中华苏维埃共和国西北革命军事委员会副主席、

红四方面军总指挥徐向前驻文昌宫对面的王家大院。1934 年 12 月徐向前亲率第四军、第九军、第三十军由通江西移，集结于旺苍坝整训。12 月 19 日，中央军委《关于执行中央政治局十二月十八日决定的决定》要求：红四方面军应重新准备进攻，以便当野战军继续向西北前进时，红四方面军能钳制四川全部的军队。

文昌街 101 号：川陕省苏维埃政府政治保卫局驻地旧址、广元县保卫局旧址、川陕苏区县委书记会议旧址、广元县工会执行委员会旧址、广元县第一次党团员代表大会旧址、旺苍坝列宁小学旧址（今文昌街 101 号东河小学内）。

文昌街 38 号：川陕省苏维埃政府邮政局旧址。

文昌街 53 号：红四方面军工农剧团旧址。

文昌街 55—57 号：广元县妇女会旧址。

文昌街 33—35 号：广元县苏维埃经济公社旧址。

文昌街 120—126 号：川陕苏区肃反工作会议旧址。

文昌街 221—223 号：红四方面军警卫团驻地旧址。

文昌街 75 号：广元县苏维埃政府招待所旧址。

文昌街 108 号：妇女独立师驻地旧址、广元县苏维埃粮食委员会旧址。

文昌街 76 号：川陕省革命法庭旧址、广元县革命法庭旧址。

文昌街 85—87 号：川陕省工会执行委员会旧址。

文昌街 36—40 号：川陕省交通委员会旧址。

龙潭街旧址

龙潭街 21—23 号：西北革命军事委员会驻地旧址、红四方面军总指挥部驻地旧址、红四方面军电信局旧址。

龙潭街 48—50 号：川陕省苏维埃政府财政委员会旧址、川陕省苏维埃政府经济委员会旧址、川陕省苏维埃政府工农银行旧址、川陕省工农税务局旧址、红四方面军第三十一军经理部旧址。

龙潭街 75—83 号：红四方面军总政治部驻地旧址。

龙潭街 73 号：红四方面军军部驻地旧址、红四方面军副总指挥王树声驻地旧址、广元县苏维埃红场旧址、红四方面军第七十三师师部驻地旧址。1933 年 6 月中旬，红四方面军解放旺苍坝，王树声率红军七十三师进驻旺苍老城，成立了广元县委、县苏维埃政府。1934 年 11 月，红四方面军主力随即西移至旺苍，约占红四方面军一半的兵力集结于旺苍地区进行整训。11 月—12 月，川陕革命根据地党政军首脑机关西北革命军事委员会、中共川陕省委、川陕省苏维埃政府，红四方面军总指挥部所属的兵工厂、被服厂、造币厂、总医院和红军大学等 40 多个机关陆续迁驻旺苍。川陕革命根据地的主要领导人张国焘、徐向前、陈昌浩、王树声等进驻城内，使当时的旺苍城成为川陕革命根据地政治、军事、经济的中心。

王庙街旧址

王庙街 67—73 号：少共国际先锋师组建地旧址、少共广元县委旧址、巴山游击队组建地旧址。

王庙街 84 号：红四方面军妇女独立师组建地旧址。

王庙街 85—87 号：红四方面军水兵连组建地旧址。

王庙街 60 号：中国共产党广元县委员会驻地旧址。

王庙街 34 号：广元县苏维埃政府驻地旧址。

王庙街 3—5 号：红四方面军前线医院旧址。

王庙街 16—18 号：广元县苏维埃工农银行旧址。

王庙街 22—24 号：广元县苏维埃交通委员会旧址。

王庙街 36 号：广元县苏维埃邮政局旧址。

王庙街 37 号：广元县军区指挥部驻地旧址。

王庙街 62 号：广元县财经委员会旧址。

王庙街木市巷 46 号：红四方面军第 93 师经理部旧址。

2008 年“5 · 12”汶川大地震后，旺苍县委、县人民政府投入巨资抢救性地修复了财神庙、上清宫等旧址群。现红军城旧址群均为省级文物保护单位，列入全国第七批红色经典旅游景区候选名单，已申报第七批全国重点文物保护单位。

（宋大凯 / 文　付蕊 / 图）

红军石刻

广元红军文化园

红军石刻标语碑林

原广元县文物管理所于 1973 年至 1976 年间，将分布在县境内的 110 多条红军石刻标语汇集于皇泽寺建馆陈列。原国防部部长徐向前元帅为其亲笔题写的“红军石刻标语碑林”匾额悬于展厅。这些石刻展品展示出了中国工农红军 1933 年至 1935 年间在广元建立苏维埃政权、开展土地革命斗争的史实和业绩。共有石碑 43 面，标语 65 条，内容反映了红四方面军在川陕苏区所执行的路线、方针政策，是学习中国革命史的重要史料。1980 年 7 月，四川省人民政府将其列为省级文物保护单位。

2007 年，为集中展示红四方面军在广元苏区的成就与贡献，更好地弘扬红色文化、播种红色基因、传承红军精神，广元市委、市政府在南山森林公园内修建了红军文化园。红军文化园占地 150 亩，投资上千万。红军文化园以“省级文保单位川陕苏区红军石刻标语碑林”为核心，以广元市境内现存的 2000 多块红军石刻标语为

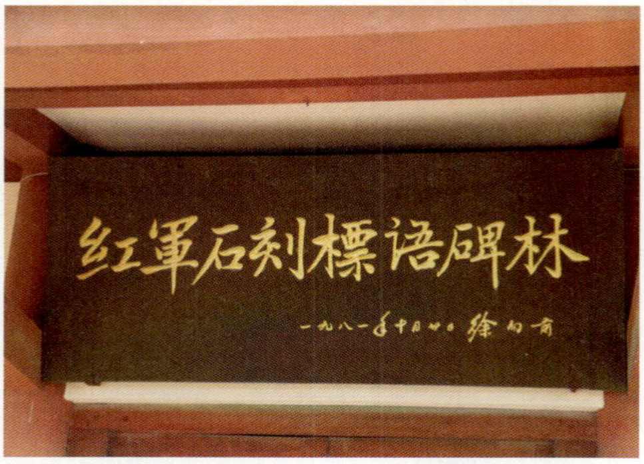

主体，同时把旺苍红军城、木门会议旧址、苍溪红军渡群雕等遗迹、景点缩制到园合并图册。园区风格为仿川北民居式的现代园林建筑，陈列分为三个单元九组。

红军文化园以红四方面军运用石刻标语这种独特的手段同国民党反动派打宣传战，唤醒教育民众推翻旧世界、建立新中国为主题，采用仿川北民居的现代园林建筑式样，以山门标志、广场、大门、主体雕塑、主展室、副展室与廊亭结合的构建方式，形成中轴对称、高低错落、迂回曲折的总体建筑风貌，将现存的红军石刻标语和其他红军遗存陈列于园内，使人文景观融入自然环境之中。

红军文化园在红军遗存陈列理念上，总体风格突出“壮伟豪放”的特点，象征着红四方面军在广元期间正处于发展壮大的伟大历程，也寓意后来在错误路线指导下损失惨重的悲壮色彩。通过精心的空间分割、内容编排和展品组合，达到主题鲜明、思路清晰、重点突出、排列有序的展示效果，使红军文化园成为融文物保护、爱国主义教育、休闲娱乐为一体的开放式的人文景观。

广元是第二次国内革命战争时期中国共产党领导的川陕革命根据地的重要组成部分。中国工农红军第四方面军从1933年1月开始进入广元地区至1935年4月底全部撤离、开始长征，历时两年零四个月。红四方面军与广元人民血肉相连，同国民党反动派进行了英勇顽强的斗争，历经大小战斗上百次，歼敌达35900人，“赤化”了现广元市93%的区域，创建了10个县级苏维埃政府，开展了轰轰烈烈的土地革命。广元苏区共输送4.7万优秀儿女参加了红军，组织了1万多名地方武装配合红军作战，动员了庞大的民工队伍支前，成千上万人流血牺牲，参加红军的人员中涌现出了5位中央委员和10位共和国将军，为中国革命的胜利做出了重大贡献。

广元苏区是川陕革命根据地的第二大区域、西线的主战场、后期的中心和红四方面军长征的出发地，历史地位十分重要。红四方面军留下的这些石刻碑文就是最好的见证。

（傅尹／文　付蕊／图）

剑阁县红军十大政纲石刻

中共十大政纲石刻是红四方面军1935年4月长征途中经过剑阁，镌刻在剑阁古城顺城街古城墙上的，字大若拳，醒目易懂，笔力遒劲，长达11.4米，宽1.7米，字大14厘米左右，共10条，计187字，是川陕革命老区目前为止所发现的内容完整、规模最大、保护最好的“十大政纲”。内容为：

（一）推翻帝国主义在华的统治！

（二）没收帝国主义在华的工厂企业和银行！

（三）推翻地主资产阶级的军阀国民党政府！

（四）建立工农兵苏维埃（代表会议）政权！

（五）统一中国，承认民族自治权！

（六）实行八小时工作制，增加工资失业救济和社会保险……

（七）没收地主阶级的土地归农民！

（八）改良士兵生活，分给土地和工作！

（九）取消军阀地方的苛捐杂税，实行统一累进税！

（十）联合全世界无产阶级和苏联！

在“十大政纲”石刻的右边有一块长宽均不足一米的石面上镌刻的《中国共产党十大政纲说明》，能较清晰地看到：“《中国共产党十大政纲》是 1928 年 6 月，在苏联莫斯科郊区举行的中国共产党第六次全国代表大会上制定的政治纲领。”

1935 年 3 月 31 日，中共十大政纲由红军一位李同志书写，錾花队镌刻。红军走后，群众用稀泥糊盖才保住了它。

（张映学）

剑阁县大路河红军石刻标语

1935 年 3 月 28 日夜，中国工农红军第四方面军突破嘉陵江，进入剑阁境后，立即以多种形式宣传革命道理，动员人民群众。其中以鲜明观点、通俗语言、群众易懂、存时永久的石刻标语为主要形式。目前，全县尚存的石刻标语有 46 幅，而秀钟乡大路河就有 23 幅，无论在存世数量，还是在完好程度等方面都居剑阁全县之首。

大路河红军石刻标语分布范围为：李家沟至红军楼 11 幅，油房沟 6 幅，八仙桥至荷花岩 6 幅。这 23 幅标语分布广泛，遍及街头巷尾、桥头路口。在大路河红军石刻

标语中，有 10 多幅的内容在全县是独一无二的，其中“红军楼”一根石柱上的“商人无论大小，在遵守苏维埃法令下，得自由经营”这幅标语，不仅全县独有，还极富地域特色。那时，大路河逢场天，商贾云集，不法商贩时有现身，危害一方。红军针对这一情况，在“红军楼”石柱上刻出这幅标语，以昭告商贩，集中体现了苏维埃政权的民主法制思想和经济政策。“红军楼”另一根石柱标语是，“没收发财人的土地、粮食、房屋、财产，由穷人分享！”

红军离开大路河场后，老百姓冒着生命危险保存了这些石刻标语，或埋于地下，或沉入河池，或藏于深山密林，或覆盖泥土。新中国成立后，这些石刻标语才陆续面世，重见天日。2011 年，大路河红军石刻标语被四川省人民政府公布为省级文物保护单位。

（张映学／文　曾正强／图）

红军渡

苍溪县红军渡

强渡嘉陵江，是红四方面军在反“六路围攻”胜利后，为配合中央红军长征的一次重大战役。这次战役，从1935年3月28日开始，至4月21日结束，历时24天。总计歼敌12个团，1万余人。攻克阆中、南部、剑阁、昭化、梓潼、平武、彰明、北川等八座县城及中坝、剑门关等军事要地，控制东起嘉陵江，西迄北川，南至梓潼，北抵川、甘边界，纵横二三百里的广大地区。

1935年3月28日夜，渡江战役开始。红军指挥部设在现苍溪县城塔子山后的谭家大院，西北革命军事委员会主席张国焘、总指挥徐向前、副总指挥王树声、红三十军政委李先念等都在这里直接指挥。部署在塔子山、武当山的20门迫击炮，也测好射击目标的距离，集结在塔子山后的突击部队随时等待出击。晚上9时许，前线指挥部向渡江部队发出“急袭渡江”的命令，红军立即按作战计划出击。

在塔山湾主渡口，红三十军八十八师二六三团两个营和总部教导营迅速登上小船，乘风破浪，驶向对岸。这段河防的守敌是何德隅部的陈泽仁营，大批守军此时正聚集在哨棚内赌博，待红军突击队摸掉三道岗哨、逼近陈营，向东岸红军指挥部发出信号时，敌人才发觉红军渡江，慌忙向红军射击。陈泽仁听到枪声，仓皇奔出营部，刚到门口就被红军战士击毙。这时，沿江防线以密集火力封锁大江，塔子山红军炮兵立即向敌人的江防据点轰击，配合机枪压制敌人的火力，掩护突击队强渡。

霎时，战船齐发，洪波涌起。在一艘渡船上，划船的老船工不幸中弹牺牲，女突击队员石磨玉立即抓起双桨使劲地划起来。可是又一枚炮弹飞来，船前炸起腾天巨浪，石磨玉腹部中弹，肠子脱出，鲜血直流，她紧勒腰带，咬紧牙关继续划桨。突击队的船靠岸了，石磨玉却倒在了血泊之中，长眠在嘉陵江畔。

突击队登岸后，全歼守敌一个营。渡江部队另外两个连也从杜家场、孙家仑等处胜利抢上对岸，向敌人左翼杜里坝迂回，占领敌人一个营的沿江防区，紧接着攻克了赵家山、杨家坝。

29日拂晓，红三十军八十八师第二梯队两个团分两路攻击东青场：一路从赵家山出击，经高城山攻盘龙庙，击毙敌团长陈崇朴，攻克盘龙庙和鸣羊寺；另一路从杨家坝出兵，经岗柱背猛攻东青场。守敌不支，向阆中思依方向败退。

塔子山主渡口首先强渡成功后，红军随即在苍溪县附近的谢家渡、临江渡架设了竹筏便桥，大队人马通过竹筏便桥顺利渡过嘉陵江，踏上长征路。

1935年3月29日清晨，红三十一军一部在苍溪以北的鸳溪口强渡成功，随后与塔子山渡口过江的红三十军主力一道，向敌人的险要阵地火烧寺（今剑阁鹤龄）发起进攻。同时，左路红九军主力在苍溪涧溪口顺利渡过嘉陵江，并于1935年3月31日攻克阆中，守敌弃城败走盐亭。

红军除在主渡口强渡外，还在许多渡口实施了多路突破。由陈昌浩指挥的红四军和三十三军也很快从苍溪渡过嘉陵江，主力向梓潼方向发展。驻广元江东沿线的红军，乘三路红军渡江之际，也立即在嘉陵江北起红岩寺、南至青牛庙，共100余里长的几个沿江渡口过江，驻青牛庙邢家店的红九十三师二六七团三营八连和一个工兵连，乘坐西岸三个船工开过来的“燕尾船”（又名“大河船”）渡过嘉陵江。驻虎跳后山坳盘观的红九十三师二七四团和二七九团，用事先隐蔽在野鸡壕里的小船、拌桶、竹筏、木板、纤绳，连夜在王爷庙的河湾至对岸熊家坝之间架起一座浮桥，随后络绎不绝地疾驰过江。驻旺苍坝、永

■ 苍溪县红军渡纪念碑

宇铺、元坝子、石板等地的红四方面军政治部、供给部，红三十一军军部、医院、妇女独立师、儿童团，抬着伤员的担架队、驮着辎重的马匹等，也源源不断地汇集到这里，浩浩荡荡地跨过嘉陵江，踏上长征路。

苍溪县红军渡原名塔山湾渡口，如今已成为红四方面军强渡嘉陵江战役纪念地、全国爱国主义教育基地、省级文物保护单位、全国100个红色旅游经典景区之一。这里依山傍水，地势险绝，山岩陡峭，林木葱茏。嘉陵江由北而南，逶迤而来，波涛拍岸，景色宜人。现在，红军渡和附近的武当山、崇霞宝塔等景点一道开发建成了风景区。进入景区，塔楼亭台掩映在绿荫之中；挺拔的塔松苍翠欲滴，葳蕤的万年青长伴忠魂。红军纪念馆和碑林展示了红军当年的英雄业绩，传承红军文化，弘扬红军精神，是苍溪打造红色旅游的核心部分。

1987年“八一”前夕，中国人民解放军建军60周年之际，一座雄伟的红军渡江塑像耸立在嘉陵江边，给这片渗透红军鲜血的英雄土地增添了新的风采。塑像系紫铜板冷锻制成，高9米，长13米，生动再现了红军渡江的战斗场景。塑像底座由黑色大理石砌成，徐向前元帅挥毫题写的“红军渡”三个金光闪闪的大字镶嵌在黑色大理石上，格外光彩夺目。底座上是三名红军战士和两名赤卫队员的半身塑像。他们怒目圆睁，双唇紧闭，机警地注视敌情。我们仿佛看见英勇的战士冒着敌人的炮火，飞波逐浪，勇往直前。整个塑像，如脱弦之箭，似凌空飞鹰，淋漓尽致地表现了红军战士大无畏的英雄气概。

要说明的是，红军强渡嘉陵江战役，除主渡口外，还有其他渡口，形成了红军渡群落。当年红四方面军强渡嘉陵江除塔子山主渡口外，还有苍溪境内鸳溪、涧溪口渡口，以红三十军、红三十一军为主。在阆中市境内，还有沙溪场、南津关、塔子山、河溪关、茄子渡等多处渡口，是红四军、红九军渡江之地。红四方面军后勤机关渡江之地是在今广元市昭化区虎跳镇渡口。可见，嘉陵江上的红军渡应该是一个群落，它们共同见证了红四方面军强渡嘉陵江的伟大壮观场面。

（傅尹 / 文　刘徽 / 图）

苍溪县鸳溪渡

鸳溪渡位于苍溪县鸳溪镇炎灯村三组，村委会西2公里。遗址呈半圆形布局。1935年1月22日，红四方面军接到中央“集中兵力，向嘉陵江以西进攻，配合红军北上”

■ 苍溪县鸳溪镇石盘村渡口

的电示。于3月1日（农历正月二十日）晚，以驻扎在苍溪至广元一带的红三十一军从苍溪以北的鸳溪石锣锅渡江，打破敌人沿江防线，消灭剑门关守敌，并迅速向昭化、广元发起进攻，打击了邓锡侯和阻击甘南胡宗南部南下，以保障红军右翼安全，有力地配合了红军北上。

遗址的保存对当年红军展开的江河作战并取得胜利的光辉历史具有重要的研究价值。该遗址东西长260米，南北宽150米，遗址面积为39000平方米。

（李俊昌 / 文　赵洪友 王雄 / 图）

苍溪县涧溪渡

嘉陵江涧溪口位于苍溪县八庙镇和阆中市垭口乡的交界处，仅一沟之隔。自沙溪航电枢纽建成之后，嘉陵江水顺涧而入，形成现在的苍阆湖，全长为3公里，平均宽度为50米。涧溪口距苍溪县城22公里，距阆中9公里，距八庙镇8公里，海拔352米，是苍溪全县境内最低洼、最边缘之处，曾经是嘉陵江上有名的水码头。民国时，这里商贾云集，热闹非凡，是广元至南充、重庆等地的船运物资中转处和避险防洪处。当时渡口边设有粮站、医院、旅社、饭店、住宿等，形成繁荣的商贸一条街。涧溪口渡口的出名，还与红四方面军强渡嘉陵江有着密切的关系。

1935年3月，红四方面军根据中央指示，配合中央红军北上，决定发起强渡嘉陵江战役。经过反复勘察，部队选中塔子山地区为主要突破点，同时决定在苍溪县城上游的鸳溪口和下游苍溪、阆中交界处的涧溪口两个地点强渡。28日夜，江上弥漫起一片轻雾，正是渡江的好时机。在涛声和夜色的掩护下，红军在塔子山、鸳溪口、涧溪口分别发起攻击，强渡嘉陵江。其中在涧溪口承担强渡嘉陵江任务的为红九军之一部（第二十五师），在师长韩东山和政委陈海松的指挥下，秘密在老百姓那里购买来100多个木拌桶，用木杠子将每四个拌桶连在一起（可容纳24人）组成30多只拌桶“船”，当晚和找来的两条大木船一起，迎着敌人的枪林弹雨渡过嘉陵江，一举摧毁了敌人苦心经营的江防工事。

从鸳溪口到塔子山至阆中一带100多里的嘉陵江上，红军主力多路突破敌嘉陵江防线，先后歼敌七个多团，攻占阆中、剑阁、南部、昭化四座县城和军事要地剑门关，为红四方面军随后进军川西北打开了通道，为配合中央红军北上创造了有利条件。

（杨超）

昭化区虎跳渡

广元市昭化区虎跳镇场镇北的嘉陵江中有一巨大的礁石，巍然屹立江中，其状如虎，由于水势汹涌，波推浪涌，起落隐伏，变化难测，远观之如虎跳跃，由此得名虎跳。清代董照曾写诗《虎跳仙蹬》："怪石横江传虎跳，翻然欲去意如何。从来城市饶机械，归去深山避网罗。利爪当年留巨印，顽石今日斗清波。锄奸除暴贤侯事，虎亦通灵夜渡河。"

明清时，虎跳为昭化县积阳里。虎跳于明代设水驿站，清代裁撤。道光《昭化县志·武备志》载明代虎跳驿有驻兵："张达，字承诏，荣国公张玉之支孙也。明永乐二十年（1422年）荫虎跳驿昭信校尉，世袭百户。"又"仲登榜，明崇祯（1628年）时虎跳驿守备也。见兴泉寺母昌言碑记"。这两处文字记载证实，虎跳驿设置驿站历史久远。"昭化县旧有水龙滩、虎跳驿、圆山驿……各有百户一员，隶利州卫指挥，而龙滩、虎跳、圆山各置驿丞一员，今驿路改由县城剑州一道，诸驿尽裁。"嘉陵江"又南经江口，合剑州闻溪；又南经虎跳驿，合野鸭溪"。道光年间，昭化县设水塘二处，"虎跳驿水塘守兵一人"。

清康熙十一年（1672年），王士祯奉命任四川乡试主考官，典试四川。八月"十九日，次虎跳驿"，曾写诗《虎跳驿》记事："路逗苍溪县，荒凉破驿存。漉金稀见艇，畏虎早关门。水合南江壮，山边大剑昏。巴西兵马合，多少未招魂。"当时驿已破败，淘金的船只非常稀少，一片萧条，令人害怕。

虎跳境内原有三个渡口，即野鸡渡、上渡、下渡。野鸡渡旧名野鸭渡，其时生态良好，水草丰茂，水禽众多。乾隆《昭化县志》载："一野鸭溪，一名野鸡浩。在治南一百三十里，源发鳌盘山，又北合仙人山之水，又西流到虎跳驿入嘉陵江。"道光《昭化县志》载："野鸡渡系虎跳上渡，在治南九十五里，旧设站船四只，水挠三十二名，今裁；盖旧道由保宁抵省，差使往来率乘舟南下，省夫马，且速。故广元朝天关至县城为一小站，县城至虎跳为一大站，官设更换递送也。"由虎跳到阆中乘船而下，既省减人力和驿马之费，并且比较快捷。因为驿路改道，此驿被裁撤了。野鸡渡由太公、永宁的几条溪流汇集注入嘉陵江，旧设渡口，行人到虎跳场在此乘船过溪。

为改善交通条件，1963年人们在溪流的毗鹿村境内修建一座漫水桥；2005年建修石桥，又叫李子塘大桥，距壕口1.5公里，长65米，宽7米。野鸭溪风景优美。清人吴霁春曾写诗《野鸭溪》："石齿稜稜下小溪，嘉陵会合水还西。芦花飞处沙皆白，鱼艇移来柳欲低。稚子缘泉修曲涧，老翁运石作山梯。谁家野渡秋林外，不是桃源路不迷。"

罗家渡位于虎跳原王爷庙下的嘉陵江边，西岸是樟树村二社，又称下渡口。志载"罗家渡系虎跳下渡，在治南一百五里"。1935年，红四方面军在此渡江。西岸有川军邓锡侯第二十八军等21个团的兵力，和田颂尧第二十九军32个团的兵力封锁，碉堡林立，戒备森严。红军遵照中央电令指示要求，强渡嘉陵江，由第三十一军二七四团负责架桥任务。1935年3月29日晚，驻虎跳后山坳盘观的红四方面军，在当地苏维埃干部和群众的支援下，用事先准备好的船只、竹筏、纤绳等，连夜在虎跳王爷庙河湾里到对岸的熊家坝之间架起一座浮桥，长200多米。30日清晨，红军开始经由浮桥急速渡江。10时许，一架单翼螺旋桨敌机飞临浮桥上空，投弹轰炸，不中，在浮桥上游五米多的江面激起10多丈高的水柱，引起轩然大波，浮桥被震得颠簸不已。红军毫无畏惧，仍然一往无前地渡江。红军用枪射击敌机，使敌机不能得逞。第二天，三架敌机意欲再次狙击，在远处溜了一圈就逃走了。驻旺苍坝、永宁铺、元坝子、大石板等地的红四方面军政治部、川陕省委、省苏维埃所属机关单位人员、战士，及随苏维埃干部、妇女独立师、儿童团，以及抬着伤员的担架队、驮着辎重的马匹等，从各路云集于此跨桥渡江。连续三天三夜，渡江红军约3万人。因此，这个渡口又叫虎跳红军渡，是红军横渡嘉陵江中规模最大、人员最多、历时较长的重要渡口。

虎跳是嘉陵江上重要渡口之一，清代周之美写诗《虎跳夜渡》："一路山光接水光，忽闻村犬吠声狂。室庐新旧山崖险，林木高低野径荒。市上购求唯酒酺，江干排列只新粮。停舟假寐难成梦，又听鸡声送客忙。"可见当时市面繁荣，日夜人声、船只来往之盛。

（任国富）

红军墓

剑阁县大路河红军墓

女红军烈士墓位于剑阁县秀钟乡青岭村龙凤场，当地群众习惯称大路河场。

1935年4月，红四方面军来剑阁县秀钟乡龙凤场后，在红军队伍中有一位年仅16岁女红军战士，她是哪里人，名字叫什么，无人知晓，只知道她是穷苦人家的姑娘，成天露着笑容，歌声甜美，人称"田姑娘"，是一个不扛枪、不背刀的宣传员，每天跟着红军的"錾花队"在石崖上镌刻红军宣传标语。短短20多天时间，大路河西岸的石头上、崖壁间到处刻满了至今保存完好的几十条石刻标语。

田姑娘白天与錾花队员爬坡刻标语，晚上给乡亲们讲革命道理。日复一日，她终于累倒了，发高烧，当时红军部队缺医少药，病情日渐加重。时逢红军出征北上，她又患上了天花。田姑娘只好留在了贫农

王文锡家里。

红军走后，大恶霸地主、还乡团团长王新乡带领团丁回到大路河进行反攻倒算，得知有位女红军未走的消息，便对当地群众进行严刑拷问。病重的田姑娘勇敢地站出来说："我就是红军，要抓就抓我吧。"面对严刑拷打，田姑娘坚贞不屈。被害前，田姑娘高喊："红军是穷人的军队！""红军会回来的！""中国共产党万岁！"

恶毒的还乡团将誓死不降的田姑娘剁成肉块丢进了茅坑中。王文锡同他的叔父王汝太趁黑夜悄悄打捞起尸块，掩埋在房后的青山翠竹林中。1975年，秀钟公社党委为田姑娘垒坟砌墓、立石刻碑，将其建成当地的爱国主义教育基地。

2011年，女红军烈士墓被批准为四川省文物保护单位。

（张映学/文　曾正强/图）

红军战场

苍溪县苏维埃政府旧址

川陕省苍溪县苏维埃政府旧址，位于四川省广元市苍溪县文昌镇人民政府东南300米处。中国工农红军第四方面军于1933年6月底解放了苍溪县文昌场。9月8日，苍溪县第一次工农兵代表大会在文

■ 苍溪县苏维埃政府旧址——文昌宫

昌场召开，建立了苏维埃政权，苍溪县苏维埃政府设在至今保存完好的旧址内。

该旧址系四合院穿斗式木构建筑，共有房屋12间。前后各四间，均面阔18米，进深7.7米，高5.6米。东西厢房各两间，均面阔7.6米，进深4.5米。1933年，中国工农红军第四方面军总指挥徐向前进入苍溪文昌后，曾住在此院。该旧址成为广大群众特别是青少年缅怀先烈、发扬光荣传统，进行爱国主义教育和革命传统教育的重要基地。现已列为红色教育基地，作为党性教育参观点。

1983年4月8日，苍溪县人民政府批准公布“川陕省苍溪县苏维埃政府旧址”为县级文物保护单位。2012年7月16日，四川省人民政府批准公布其为第八批省级文物保护单位。

（赵洪旭／文　刘徽／图）

中共川陕省苍溪县委旧址

中共川陕省苍溪县委旧址，位于四川省广元市苍溪县文昌镇社区居委会内。中国工农红军第四方面军于1932年12月中旬由陕南进入川北。1933年6月29日，红十一师（后扩编为三十军）开进苍溪白山，石马、文昌、岳东、白庙之敌闻风而逃。十一师一部乘胜追击，又解放了四蛮寨、王渡、元坝一带地方，直抵宋江东岸，与敌对峙。此刻，与旺苍相连的桥溪、田菜、喻家嘴一带也宣告解放。另一支入川的红七十三师（后扩编为红十一军）一部在占领旺苍坝后，由旺苍到新观，分两路进军：一路直指玄坛庙、七星庙，一路向雍河、龙王三川挺进。

在杀退反动民团与地方武装的阻击后，6月底，两路红军在三川胜利会师。会师前的6月23日，中共川陕省委第二次党代会在通江新场坝召开。会议决定成立苍溪、仪陇、长赤等七个县委，罗旭初同志任中共苍溪县委第一任书记。

文昌解放后，中共川陕省苍溪县委设在文昌场的文昌宫这座古庙里。该旧址系四合院穿斗式木构建筑，共有房屋14间。前殿和正殿面阔各五间，均长7.3米，进深4.6米。东西厢房面阔各两间，均长7.3米，进深6米。西厢房第一间系李先念同志当年住过的地方。文昌宫现为苍溪县文昌镇社区居委会所在地。中共川陕省苍溪县委在文昌期间，领导了所辖13个区委和79个乡党委进行土地革命、扩展红军等工作。在红军离开苍溪时，全县3万多男女青年随军长征北上。

1983年4月8日，苍溪县人民政府批准公布“中共川陕省苍溪县委旧址”为县级文物保护单位；2012年7月16日，四川省人民政府批准公布为省级文物保护单位。

（赵洪旭 代林华　文/图）

苍溪县黄猫垭战斗遗址

黄猫垭位于广元市苍溪县城以北102公里处的黄猫乡，地处旺苍、南江及苍溪三县接合部。黄猫乡有座蟠龙山，在山上盘龙寨和狮子寨之间的岩壁上，有一对黄色巨石，其形若猫，当地人于是取名为黄猫垭。黄猫垭是红四方面军反“六路围攻”中著名的黄猫垭战役发生地，也是中国人民解放军建军史上以少胜多的著名战役。

1933年10月，刘湘纠集四川主要军阀邓锡侯、田颂尧、李家钰、杨森等，发动了对川陕苏区的第二次大的军事围攻：“六路围攻”。在西北起广元、东迄城口的千里弧形线上，集中了110多个团，约20万人的兵力，另有空军两队，18架飞机配合，采取分进合击、步步为营、稳扎稳打的战法，企图在三个月内将红四方面军消灭于川陕边境。红军采取收紧阵地的战法，节

■ 黄猫垭战斗遗址

节抗击各路敌军，逐次向苏区内地收缩，诱敌深入，寻求敌人的薄弱点，集中兵力予以反击。

1934年8月9日，红四方面军在万源县青龙观开始反击刘湘的“六路围攻”。在东线取得胜利后，立即开始向西线反攻。此时，溃逃的刘湘残军企图经木门、黄猫垭退至嘉陵江西岸。黄猫垭是敌军西逃的必经隘口。从五官寨到黄猫垭，是长约15公里的蜿蜒曲折的山梁，山梁两侧悬崖绝壁，沟深百米，是围歼敌人的绝好战场。

1934年9月13日夜，红三十军先头部队二六三团，在八十八师师长熊厚发带领下，从九龙场出发，急行军经五官寨、高台寺，于14日下午3时抢占了黄猫垭。红三十军在政委李先念、副军长程世才的指挥下，连夜急行军，抢占了黄猫垭沟谷地带的两边山头，切断敌军孙震部退向苍溪的后路。红四方面军总指挥徐向前、三十军政委李先念也随之到达五官寨。红军刚布好阵地，敌军就向黄猫垭溃逃而来。溃逃黄猫垭的敌军，系田颂尧部的精锐部队曾起戎旅和胡开莹旅，加上其他逃军共约10个团，1.7万余人。

15日拂晓，敌人兵分两路，同时向黄猫垭、五官寨突围。9月15日上午，黄猫垭歼灭战胜利结束。此次战役共歼敌10余个团，毙敌旅长以下官兵4000余人，俘虏敌军10000余人，缴获枪支7000余支，迫击炮40余门，取得了反攻以来的最大胜利。

黄猫垭战役之后，红四方面军乘胜挺进，于9月22日占领苍溪县城，解放了县境嘉陵江以东地区。黄猫垭大捷，彻底粉碎了刘湘的“六路围攻”，为配合中央红军北上抗日做出了巨大贡献，巩固和扩大了川陕革命根据地。黄猫垭战役成为红四方面军乃至整个中国工农红军在革命战争中战绩最大的战役之一。

（严肃／文　赵辉／图）

旺苍县木门会议旧址

木门会议遗址位于旺苍木门镇的木门寺，坐落在距木门场南约两里的青龙寨山腰间。始建于南梁，唐贞观年间重修新宇，敕封“广福禅院”。明、清两代晨钟暮鼓，香火兴旺。相传，明末张献忠至此，曾赠寺内住持一袭黄色袈裟。清末住持常安擅长武功，精于琴棋书画，曾受道光皇帝召见。寺右侧，有唐章怀太子李贤的“晒经石”。章怀太子被母武则天贬为庶人，流放巴州，途经木门，曾与寺内方丈在石上晒经。巨石上刻佛像700余尊，石上有亭，相传为上官婉儿所建，惜毁于战火。

1932年12月底，红四方面军由通江两河口入川，建立川陕革命根据地。1933年6月底，红四方面军在取得反“三路围攻”胜利后在木门寺召开了红四方面军历史上极为重要的一次军事会议，史称“木门会议”。参加木门会议的有张国焘、陈昌浩、徐向前、曾中生、王树声、曾传六、傅钟、舒玉章、李先念、余天云、张广才、詹才芳、王宏坤、周纯全、张琴秋、何畏、袁克服、余洪远等100余人，张国焘、陈昌浩和徐向前主持了会议。

木门会议总结了反“三路围攻”的作战经验，重新回顾和审视了红军内部的肃反问题，决定停止内部肃反，同时总结了各师干部之间的关系问题，强调全党全军要进一步加强团结和协作。会议根据部队和地方武装已有很大发展的实际情况，决定将部队扩编，并做出加强部队政治工作、大力开展军事训练、总结作战经验和恢复彭杨学校等重要决定。会议还讨论了开展地方工作问题。

木门会议关于扩编红军的决定，给红四方面军的发展壮大奠定了组织基础，有力地推动了川陕革命根据地的大发展。根据木门会议的决定，红四方面军于1933年7月上旬进行了扩编，并成立了西北革命军事委员会。西北革命军事委员会主席为张国焘，副主席为陈昌浩、徐向前，参谋长为曾中生。红四方面军兼西北军区总指挥为徐向前，政治委员为陈昌浩，副总指挥为王树声，政治部主任为陈昌浩（兼），副主任为傅钟、曾传六。红四方面军将原有四个师扩编为四个军，共4万余人，其

■ 木门会议旧址大门

■ 木门会议旧址的标语长廊

组建情况和编制序列如下：

以红十师为基础，连同赤江、赤北两县苏维埃独立团和万源、江口两县苏维埃独立营，扩编为第四军，军长王宏坤，政委周纯全，副军长刘世模，政治部主任徐立清。第四军下辖第十师、第十一师和第十二师。

以红十一师为基础，连同苍溪、长赤、木门等地的独立团和其他地方武装，扩编为第三十军，军长余天云，政委李先念，副军长程世才，参谋长文建武。第三十军下辖第八十八师和第八十九师。

以红十二师为基础，连同巴中、恩阳、仪陇、阆南等县苏维埃独立团、独立营，扩编为第九军，军长何畏，政委詹才芳，副军长许世友，参谋长王学礼，政治部主任王新亭。第九军下辖第二十五师和第二十七师。

以红七十三师为基础，连同广元（今旺苍）、嘉陵、南江等县苏维埃的独立团、独立营和其他地方武装，扩编为三十一军，军长王树声（兼），政委张广才，参谋长李特，政治部主任黄超。第三十一军下辖第九十一师、第九十二师和第九十三师。

在木门会议上，徐向前总结了反“三路围攻”的经验，肯定了收紧阵地的必要性，研究了川军作战的特点，从实际出发提出了红军的战略战术原则。曾中生先后所写的《与川军作战要点》《与“剿赤军”作战要诀》《游击战要诀》三篇重要军事著作，对总结红军的战斗经验做出了重大的贡献。

红四方面军开展了为期三个月的整军训练，在军事、政治、后勤工作等很多方面取得了明显的成效，对部队的建设和发展、对根据地的巩固和扩大，都产生了积极的作用。

（傅尹／文　赵辉／图）

昭化区太公红军山遗址群

昭化区太公红军山位于国道212线太公镇境内，占地180余亩，海拔977.2米。

红军山原名太公寺。1933年至1935年红四方面军第三十一军二七六团团部曾驻扎在寺庙里，这座寺庙现被命名为“红军大院”。今天，为纪念历史、缅怀先烈而更名为红军山。

太公红军山红色遗址群是川陕革命根据地的重要组成部分，是四川省文物保护单位、全国100个全省36个红色旅游景点之一、广元市市级爱国主义教育基地、昭化区党性教育基地。“红军大院”不仅为二七六团团部所在地，还设立过太公寺乡苏维埃政权。红军在这里生活战斗了两年之久，在这里留下了许多革命文物和传奇故事。

红军山遗址包括红军纪念碑、红军石刻标语小碑林、红军树、红军大院、烈士陵园墓碑等。纪念碑为四棱形塔式建筑，巍峨耸峙，直指苍穹，高11米，宽2.7米，碑正面镌刻着徐向前元帅题词——“缅怀先烈遗志、发扬光荣传统”。12个大字，闪动着红光。碑座正面，有中国人民解放军总后勤部原副部长胥光义将军写的序文；侧面、后面为表现红军时期在这一带的主要战役战斗的浮雕和线雕。

红军石刻标语则散布在区域内。它是当年红军宣传革命目标、革命宗旨的实物见证，是红军动员人民起来革命凝固下来的呐喊。红军烈士陵园主要归葬为革命壮烈牺牲的红军官兵、苏区干部和革命群众的遗骨，有单体烈士墓座和烈士合葬墓数十座。在距红军山3公里处的一棵黄梁树下，有三批共19名游击队员、苏维埃干部和革命群众被反动民团吊打杀害。

由太公寺改建的红军大院，是红军文物、红军文化的列陈馆。陈列有红军当年使用过的长矛、大刀、手榴弹、碗、罐，苏维埃银行的布币、铜币等物；有解放军

■ 红军山遗址

的元帅、将军为红军山的题诗题词，有全国各地书法家、画家为红军山做的书画作品400余件，还有国家各级军政机关与红军山的往来信函等数百件。

（任国富 文/图）

剑阁县红军攻克剑门关遗址

红军攻克剑门关战斗遗址位于剑阁县剑门关镇云盘咀一带，分布面积约25000平方米。剑门关历为川陕要塞、蜀道咽喉，有“一关失，半川没”“打下剑门关，犹如得四川”之说，自古乃兵家必争之地。

1935年4月2日，红四方面军强渡嘉陵江后，在副总指挥王树声的指挥下，兵分东、西、南三路，径直向剑门关挺进。经过大半天的血战，击溃了川军两个团，全歼杨倬云团，负隅顽抗的杨倬云从云盘咀跳崖摔死。红军攻克剑门关战斗共毙敌700余人，其中官佐110多人（包括团长1人、营长2人），巩固了红军在嘉陵江沿岸的阵地，扫除了红军西进北上的一大障碍。山顶尚存残缺的工事和战壕，见证了红四方面军在此英勇战斗的伟大胜利。

1980年2月，开国元帅，曾任红四方面军副总指挥、中共中央军委副主席的徐向前题写了“红军攻克剑门关纪念碑”。2004年，剑阁县红军攻克剑门关遗址被列入全国100个红军旅游经典景区之一。

为有效保护、挖掘红色文化资源，弘扬“智勇坚定、排难创新、团结奋斗，不胜不休”的红军精神，2007年3月，剑阁县委、县人民政府决定在红军攻克剑门关遗址上修建红星广场，通过前期设计、招投标，2008年6月红星广场建设项目正式开工，2009年12月22日正式对外开放。

红星广场占地2300平方米，正中是红军攻克剑门关纪念碑，左侧为红军攻克剑门关纪念馆，右侧为红四方面军总指挥徐向前、副总指挥王树声的铜像雕塑。

纪念碑为八方九台四面梯步，八方浮雕基座。碑体为四面红色立柱体，寓意红四方面军。碑体高19.35米，碑座高4.2米，寓意是1935年4月2日红军攻克剑门关。四面基座上镌刻剑阁籍红军英名录，八方基座以汉白玉浮雕形式反映红军在剑阁的八件重大事件：剑门关大捷、强渡嘉陵江、浴血火烧寺、血战剑门关、剑门女红军、剑阁会议、军民鱼水情、苏维埃政权。碑体基座正前方立一组红军战事青铜雕塑，形象逼真，体现了纪念碑的鲜明主题。

纪念馆占地面积为300平方米，馆内地面下约1米深处，用沙盘表现了剑门关

■ 红军攻克剑门关纪念碑

的地形地貌和红军攻克剑门关的行军路线图，地面覆盖着超厚钢化玻璃，参观者可在上面自由行走。四周墙壁仿制成剑门关的地貌特征，墙体上镶嵌着八组展柜展示红色文物，屋顶采用现代LED技术，制作了一面红四方面军军旗，周围配有星星，仿佛军旗飘扬在广阔天空。同时采用幻影成像技术，以视频展示了红军攻克剑门关的战前、战中、战后三个部分。还采用电子翻书系统，展示剑阁县存有的国家一级文物《宪法大纲》。馆外墙上有一幅与墙体一样大小的红军战斗胜利后欢庆场景的浮雕墙。整个纪念馆体现了红军攻克剑门关这一主题。

红军攻克剑门关战斗遗址现属国家5A级风景区——剑门关景区内红色旅游的一部分，是市级文物保护单位和剑阁党性教育基地。

（张映学 / 文　曾正强 / 图）

剑阁县“一 · 九”兵变遗址

距剑阁县城46公里、普安47公里、江口场镇10公里的江口镇新庄村淘盔河嘉陵江边坐落着一座小亭，看似不起眼，却记载着四川兵运史上一段光辉历程。

1933年，中共四川省委在开展“红军之友社”的活动中，在国民党邓锡侯部中秘密发展中共党员。他们利用同乡、同学、亲朋等各种关系，先结拜“盟兄弟”，继组织“红军之友社”，渐成革命柱石。省委派地下党员阮自强前往该部建立党支部，阮自强任支部书记，进一步宣传革命，壮大组织，策动兵变。

1935年1月8日凌晨2时许，邓锡侯部第二十八军第六混成旅二团二营六连的中共地下党支部为配合红四方面军西渡嘉陵江北上，在驻防剑阁县境高石坎（今江口镇新庄村）嘉陵江前线的该连中策动兵变，举行起义。在中共地下党员阮自强（党支部书记）、李奇柱（少校连长）、李硕（六连排长，李奇柱侄子）、吴建初（六连士兵）的指挥下，击溃营部，肢解了川军的2个连，镇压了6名反动军官。1月9日拂晓，参加兵变幸存的57位同志，带着枪弹药品，东渡嘉陵江，胜利进入川陕革命根据地，参加了红军，并向红军提供了敌人的军事部署情况，严重动摇了守江川军的军心。“一 · 九”兵变在四川兵运史上写下了光辉的一页。

为使他们的功绩永垂千古、流芳百世，剑阁县委、县政府于1984年2月在江口镇新庄村修建了“一 · 九”兵变地址纪念碑，碑名由原铁道兵学院党委书记、老红军吴建初于1983年3月重访战地时题书。随后当地群众又自发地修了护碑亭，1984年12月经县人民政府批准，列为县级文物保护

■ 一 · 九兵变遗址

单位。该亭由于“5 · 12”地震损毁严重，2010年11月动工重建，2011年1月竣工。现为砖混结构，坐西向东，单檐歇山式翘角楼，筒瓦屋面。通高5.7米，面阔5.5米，进深5.5米。室内竖“一 · 九”兵变地址纪念碑，花岗石，高1.34米，宽0.6米，外有护院及6位烈士墓碑，占地总面积为900平方米。

剑阁县“一 · 九”兵变遗址如今已成为当地重要的爱国主义教育基地。

（张映学　文/图）

朝天区红坪县苏维埃旧址

1935年1月，红四方面军从旺苍进入朝天，解放中子、转斗、朝天、石板河等地后，于当月25日在青林乡庙垭村李家坪和后山头的8个院子里建立了红坪县苏维埃政府。

由王守杰任县苏维埃主席，下设保卫局、童子团、少共宣传部等机构，辖神宣驿、黄坝驿2个区苏维埃，石板河、朝天驿、纸坊铺、中子铺、转斗铺、黄坝河、刺猪湾、巴山乡、大竹坝乡等9个乡苏维埃、45个村苏维埃，县域面积达1400余平方公里，人口7万余人。县苏维埃政府行使权力两个多月，于4月7日奉命撤离，旧址至今犹存。

（粟舜成）

■ 青川县东河口地震遗址公园

第二十二章

其他文物建筑

青川县蒿溪拱北

蒿溪拱北所在地蒿溪回族乡，地处青川县西部，摩天岭南麓，地形以山地为主，海拔较高。气候为亚热带季风气候，夏热冬冷，雨热同期。

蒿溪拱北位于蒿溪回族乡场镇北端金凤山麓，地处广元市青川县青光村二组五龙山，周围古柏森森，地势北高南低。东面600米处为尖山子，西面180米处为观音山，南面15米处为观音山南面，北面紧靠金凤山山脚，距蒿溪正街200米，是信奉伊斯兰教的甘肃省东乡族先辈的陵园，由信仰伊斯兰教的东乡族人始建于康熙二十三年（1684年）。

“5·12”地震前，此处占地面积为2000平方米，建筑面积共800平方米。房屋呈长方形，坐北朝南，选址于山凹处，前后均靠山脚，前有小溪，四周围墙，左侧开山门，院内花木满院，古柏参天，有300余年的古柏10株（含药柏1株）。

院内建筑三级，一级为前院，为重建中的15间管理用房及民俗展示厅，原址为供看守陵园的守墓人住宿和接待来宾之用，后因地震损毁。左侧为临时居住板房和管理员厨房。二级为过道，三级转弯处有用东乡族葬法的水泥筑拱形墓数座。三级平面右侧依山而建管理人员的会客厅、休息厅及礼拜间，最里侧为生活用房，左侧靠溪沟而建三层八角形、斗拱式青筒瓦盖顶，青砖砌墙，外贴精美砖雕，八棱体翅角园亭，即为广惠亭。此亭为塔形砖木混合结构，八边形三级密檐式，底层每边长4.3米，脊上饰有兽类，瓷器悬顶，拱北高20余米。亭前紧连明清风格木结构卷棚一座，用于祭祀，后有厢房、祈礼堂等，形成一处建筑群。

广惠亭正门悬挂有民国5年（1916年）松潘汉军营长何炳宽等人赠送黑漆金字“旨妙清真”匾，亭前右侧立有两大长方形石碑，一碑为《清真根源》，记载蒿溪拱北修建始末及历经10余代，陵园看守人之姓名、功德；另一碑为《重建五龙山碑记》，记载了光绪年间连次地震将拱北震斜等事件。亭内正堂墓葬一座，并悬挂清光绪二十年（1894年）余月（四月）四川提督闵甸葵赠送的金漆木匾“万古瞻依”四个金光夺目的大字，笔画丰肥，间架严整茂密，使人望而有森严感。广惠亭与正庭之间原有粉壁墙上有民国30年（1941年）松潘马芷泉留书墨迹和黄埔军校学生马彦如隶书《孙中山回民问题遗训》(原迹遭地震损毁)。

1935年4月，中国工农红军第四方面军第三十、三十一军经青川时，徐向前、李先念等驻此拱北设立指挥部，指挥摩天岭、悬马关之战，曾题赠“万国九州都革命，五湖四海是红军”楹联一副，镌刻拱北大门上（原迹在“文革”中被毁）。此拱北对于研究当地历史及宗教、民族状况都具有一定价值。

（马海韬／文　李蓉／图）

嘉陵江铁桥

嘉陵江铁桥始建于1956年，1958年竣工，正式投入使用。嘉陵江铁桥位于广元老城下河街南端出口处的嘉陵江上。因此桥除桥墩外其余材料全是钢铁，故称嘉陵江铁桥。又因为它建桥历史久远，是嘉陵江上的第一座大桥，为区别后来所建的其他大桥，广元人习惯称它广元老铁桥。

嘉陵江铁桥是中国铁道部第二设计院（当时驻成都，修嘉陵江铁桥时，办事机构设在广元棉纺厂）设计，由四川省劳改局广元荣山煤矿基本建设委员会负责承建。嘉陵江铁桥的桥梁和高耸在桥面的钢架，原本是广东省广州市杜家浦大桥的主要构件，抗战时期日军炸毁了这座大桥。1956年杜家浦大桥的桥梁和钢架经山海关桥梁厂修复后，运来广元架起了广元县境内嘉陵江上的第一座大桥。设计此桥梁的原始图纸来自加拿大，属全英文版本。在广元建桥期间，这份原始的英文图纸是孟扶轮翻译成中文的。大桥建成后，两份不同文字的图纸交当时的广元县公交局存档。

嘉陵江铁桥的桥墩是采用沉箱技术建

造的，西头水中有一个桥墩因多种原因未下到老底，后来做了抛石处理。桥墩的全部石料是在当地采集的耐压、耐腐蚀的优质岩石。

广元到荣山煤矿的窄轨铁路通车后，荣山煤矿的原煤通过嘉陵江铁桥直接运往下西坝火车站，再换装成准轨火车，源源不断地运往川西平原和全国各地，支援工农业建设。1968 年，广元通往荣山煤矿的窄轨铁路并入了广元通往旺苍、普济的准轨铁路（现为广巴铁路），嘉陵江上同时修建了一座专用火车桥。此桥与嘉陵江铁桥并列，相距只有四五十米。

嘉陵江铁桥建成后的 1958 年至 1968 年，中间通窄轨火车，行人和非机动车从两边通行，结束了自古以来嘉陵江上木船摆渡的历史。人们从铁桥上走过，跨越波涛汹涌的嘉陵江如履平地。窄轨火车退役以后，嘉陵江铁桥改为汽车通行，嘉陵江上又告别了屯船摆渡汽车的历史。川陕公路有了嘉陵江铁桥，满载货物和旅客的汽车出入川北门户广元，嘉陵江不再是阻隔交通的天堑。

如今广元城区的嘉陵江上已建成八座大桥，其中包括刚竣工的与嘉陵江铁桥和广巴铁路桥并列的澳援大桥。从此，嘉陵江铁桥只限于小汽车和行人通行。嘉陵江铁桥始终受到重视和保护。近年来经过简单的加固维修，钢梁铁架涂上了银灰色的防锈漆，面目一新。白天在阳光的照射下，钢梁铁架精神抖擞，熠熠生辉。夜晚，铁桥上的探照灯与嘉陵江两岸林立的高楼上的彩灯相互辉映，把大桥映衬得绚丽多彩。碧波粼粼的嘉陵江水像托起一个五彩斑斓的光环，无数车辆行人在桥上穿行，通宵达旦。

（索怀玉 / 文　付蕊 / 图）

青川县东河口地震遗址公园

青川东河口地震遗址公园是汶川特大地震首个遗址保护纪念地，于 2008 年 11 月 12 日正式开园，2010 年 4 月完成二期建设，49.77 平方公里。2009 年 9 月 24 日，时任国务院总理温家宝第三次来到青川视察，在了解到震后半年就建设了东河口地震遗址公园的情况后说：“这是一件很有纪念意义和教育意义的事情。”

公园相继创建为国家 4A 级旅游景区，被纳入“三基地一窗口”教育区，被评为全国科普教育基地、省级地质公园、四川省青少年地震科普教育基地、四川省防震减灾科普教育基地、成都理工大学授予地震地质灾害科研教学基地和市级文物保护单位，同时被国家发改委、国家旅游局等四部委纳入全国红色旅游经典景区二期名录初选名单。

青川东河口地震遗址公园是以地震遗址、科普教育、党性教育为主的新型景区，是“5·12”汶川特大地震首个“见证灾难、感悟生命”的地震遗址保护纪念地。公园占地面积近50平方公里，包括游客中心、地震博物馆、地震石、民居遗址、科普长廊、爱心广场、遇难者名单墙、大爱崛起

碑、红石河服务区、王阳坪观景台等景点和服务设施。

截至2017年，公园迅速成为科学考察、感恩纪念、寻亲祭奠的重要场所，至今已接待了来自美国、日本、韩国、澳大利亚、加拿大等10多个国家和重庆、云南、甘肃、陕西等20多个省市游客80余万人次，极大地鼓舞了青川人民灾后重建的信心和斗志，推进了青川产业灾后重建，促进了农户增收。

青川地震博物馆是东河口地震遗址公园的重要组成部分。该项目由浙江省全额援建，浙、川携手共建，是汶川大地震后首个建成并对外开放的地震博物馆，由游客中心、序厅、地震灾难体验厅、抗震救灾展示厅、重建厅、援建厅、地质厅、科普厅、4D影院厅、尾厅组成。建筑形态为抽象的“5·12”数字，主题为“不屈的生命，永远的感恩”，是集缅怀、感恩、教育、体验等功能于一体，是铭记“5·12”汶川特大地震灾难、再现波澜壮阔的抗震救灾历程、弘扬伟大的抗震救灾精神、展示灾后重建成果、感恩全国人民无疆大爱的重要场所。建筑占地12.6亩，建筑面积为6000平方米，布展4500平方米。

通过对地震遗址资源的保护和建设，通过以地震遗址公园为载体，对抗震救灾文化的深入挖掘，青川东河口地震遗址公园已经成为展示灾区人民大力弘扬“有手有脚有条命，天大的困难能战胜”和“出自己的力，流自己的汗，自己的事情自己干”，努力建设新家园的窗口；成为青川深深感谢全国人民无疆大爱，常怀感恩之心、常报感恩之德的重要载体；成为缅怀逝者、激励生者坚强不屈的精神家园；成为教育参观者尊重自然、尊崇科学的科普学校；成为激发参观者爱国之情、凝聚民族精神的教育基地；成为青川县旅游产业重建、带动群众增收致富，形成旅游经济链条的突破口。

（何成李　文／图）

■ 莒国遗址

附录

广元“十古”价值

“十古”文化价值：蜀道符号

蜀道申遗，保存完好的蜀道广元段自然遗存和文化遗存是“双遗产”最重要的佐证，而广元“十古”又是蜀道线路文化与自然文化的重要内容，佐证了蜀道申遗的自然文化价值。查清古道沿线的自然遗产和历史文化遗产，包括古驿铺、古关隘、古城池、古桥梁、古寨堡、古碑、古亭、古塔、古庙、古墓、古树、古街、古井、古村落、古院落、古战场、古诗文、历史人物、历史故事、民间传说、民风民俗等，为编制、递交世界遗产申报文本提供第一手资料。

申报文本是摸清蜀道范围内各项资源家底、评估其与世界遗产标准的符合性，以便联合国专家按图索骥进行评审。更为重要的是，通过“十古”考察调研、考古发掘和学术研讨，进一步摸清家底，统一达到申遗的标准，争取蜀道申遗成功。

昭化古镇土基坝出土的西周城墙遗址，将蜀道畅通的历史向前推到了3000年前；剑门关，衬托出“蜀道之难，难于上青天”；古城、古镇、古街、古村，见证了蜀道的兴衰；古渡、古驿，不仅证实了古蜀道的艰难曲折，还证明了它的繁华与忙碌；古树与古崖，是古代蜀人智慧的见证，证明了人类征服自然、改造自然的能力，也说明多元文化在蜀道上的高度融合。可见，广元“十古”既是蜀道的重要组成部分，又有相对的独立性。“十古”中的任何一古，都是古蜀道的器官、古蜀道的零件，缺一不可。

广元“十古”的独立性又体现在，视觉不一样，价值不一样，品位不一样；蜀道能申遗，它就是一道自然和文化的大餐，属于极品型。而“十古”，就是大餐中的套餐，味道不同，特色不同。

“十古”与蜀道的关系

广元“十古”依附蜀道而生而发展，两者之间互为依存，互为作用，你中有我，我中有你，有着千丝万缕的联系。

古道与蜀道：蜀道中的剑门蜀道，包含着金牛道、米仓道、阴平道，是蜀道极为重要的直接组成部分。它们是在广元地区更古老的鸟道、采药道、樵夫道、纤夫道的基础上发展而来。每一条道都承载着不同历史阶段的经济社会发展特征，是蜀地先民聪明智慧的结晶，是蜀地与中原交往的重要见证，是将中国大西南与内地政治、经济、文化、军事中心联结起来的重要纽带。金牛道、米仓道、阴平道等，放在广元是古道，放在蜀道是咽喉，放在中国东西南北中的背景上，就是统一之道，其政治、经济、文化价值远胜于古道本身的意义。

古关、古渡与蜀道：古关、古渡，还包括古栈道、古桥梁、古涵洞等，都是古道不可或缺的有机组成部分，更是蜀道不可或缺的有机组成部分。这一部分，可以说科技含量不低，代表了当时的科技发展水平，有的技术处理让今天的科学家也叹为观止。剑门关几经战火洗礼，每次重建，它的坚固性、防御功能等，都会有不同程度的提升。桔柏古渡，处于白龙江、清江河、嘉陵江交汇之处，水急浪大，考验的就是修建渡船和驾驭渡船的水平。值得一提的是，有杜甫诗为证，在唐时摆渡使用的是浮桥。江宽水急，在此建浮桥，没有相当的技术水平是不行的。朝天峡（明月峡）古栈道的修建，对力学原理的使用、技巧的掌握，也达到了炉火纯青的地步。蜀道的科技水平有多高，广元“十古”中的古关、古渡、古栈道就是见证。

古树与蜀道：古树与蜀道的关系很值得研究，它与蜀人重视环境保护有很大的关系。一是对道路的保护。剑门关段的古官道两旁广植柏树，一直延伸到现在的绵阳市梓潼县和南充市阆中境内。有了树的保护、树根的加固，古道减少了雨水冲刷的侵蚀和泥土流失的威胁，得到有效保护，展示了古人的前瞻意识和环保意识，并通过古树得到了体现。二是人文精神的体现。蜀道难，行走就更难，但为了生存，为了发展，为了交往，还必须走，还必须经常走。剑门蜀道的筑路者首先想到的是如何为行人遮风挡雨，那就是栽树。于是，经过历代筑路者的努力，就有了今天剑门关“三百里程十万树”的翠云廊。即便在今天，走在翠云廊的古道上，那份用古树遮风挡雨的浓情厚谊还能体会到。

至于古驿、古城、古镇、古村、古街与蜀道的关系，更是密切而不可分。蜀道的开凿修建，首先是为蜀人的出行方便而产生，随着经济社会的发展，道路就成了进一步发展的基础。以路建房、以路成村，以路为镇为城，就成了首要的选择。蜀道沿途大大小小的古驿、古城、古镇、古村、古街，它们既是蜀道成长的产物，也是蜀道兴衰的见证。以昭化古城为例，最早兴建于西周，从已经发掘出来的西周城址及文物来看，当时已是蜀地与中原通商的集散地了，相当繁华。后又是蜀王之弟苴侯的封地。苴侯建城已有2300年，西周城址的发现，又将昭化的建城历史前推至3000年以上。3000年前就有如此规模之城，可见当时的蜀道金牛道有多通畅与发达。到了蜀汉时期，昭化既是蜀国征战魏国的战略中心、指挥中心，费祎任蜀汉臣相时，就在昭化立相府。晋、隋、唐、宋、元、清、民国，昭化古城又都是川、陕、甘接合部的中心城镇，是历朝历代设郡、设府、设县治所所在。

青川县的青溪古镇，是古阴平道上的一座重要城镇，有着1700多年的悠久历史。古城面积约300亩，历史上多次成为郡县的县衙。三国时，魏将邓艾就是从青溪古镇旁的摩天岭直奔江油、绵竹，偷袭成都，可见阴平古道军事战略地位的重要性。从周边出土的战国文物来看，有记载赋税方面的情况，也可见阴平古道的历史不仅早，而且沿途的农业和商贸等经济状况也很活跃。

另外，一些古地名虽然不在专家认定的“十古”之内，也能从一个侧面说明蜀道历史的悠久。广元市旺苍县有个叫苍王峡的风景区，由盐河峡、龙潭峡谷、龙潭瀑布、潜龙十八潭、潜龙洞等自然景观组成，核心区域达10平方公里。因龙潭峡谷上有一处由巨大岩层与18个水潭相连的世界罕见的地质奇观，因而又名“龙潭子”。旺苍有着神秘的“苍王”文化，传说黄帝为了纪念入蜀（在旺苍）的活动和他与仓颉的友谊，特封仓颉为“苍王”，“苍王峡”由此得名。黄帝和仓颉生活的时代离今天近3700年了，传说他们在旺苍活动的一带，正是蜀道的米仓道一段。

传说不是史实，但也自有其因果关系，无风不起浪，无源不成谣，也在一定程度上说明米仓道存在的历史已经很久远了。

“十古”在蜀道申遗中的作用

2015年初，四川省正式将“蜀道申遗”申报名称统一为“蜀道世界自然与文化遗产”，并初步确定申报区域面积为3700多平方公里，其中2000多平方公里在广元市境内；四条古蜀道中，又有三条经广元境内，而且均以剑门关为中心。2015年6月，国家旅游局正式命名剑门关为国家5A级景区。这说明，剑门蜀道在蜀道“双遗产”申遗中占有举足轻重的作用。

研究蜀道文化，申报世界“双遗产”，离不开剑门蜀道。蜀道的起兴，与剑门蜀道历史文化的发展息息相关。剑门关地区至今流传着“蜀山鸟道”的传说，以此类推，蜀道应该发迹于鸟道。今天剑门关风景区自编自创并放映的3D电影《神鸟》，就是这一传说的忠实纪录。“石牛屙金”“五丁开山”的传说故事，也起步于剑门蜀道的开发，从中可以看出蜀人与秦人共同开发蜀道的历史痕迹。

回顾华夏文明萌生的历史，可以看到，秦岭是几大基本文化区域相互联系的极大的天然障碍。可以说，穿越秦岭的蜀道，是中华民族显现出超凡创造精神、伟大智慧、豪迈勇力的历史纪念。

之后的2300多年间，以剑门山区为核心地段的蜀道，演绎出无数厚重而又精彩的历史故事：蜀国伐魏、李特抗朝、唐皇落难、李白抒情、蒙哥征战、李璧造林、红军攻克剑门关……

总之，剑门蜀道浓缩了3000多年的自然历史、道路历史、文明进步史、科技发展史、战争变迁史等丰富多彩的历史文化。

过去，在对剑门蜀道历史文化的研究上，针对局部的多、点式的多、线式的多，缺乏整体性研究。研究角度、研究对象、研究背景，大多也是就剑门蜀道而研究剑门蜀道，没有把剑门蜀道放在大蜀道文化、大历史文化这个背景去研究，弱化了剑门蜀道在中国、在四川、在广元的历史文化地位。比如，研究古蜀道中的金牛道、米仓道、阴平道，就不能不研究剑门关与它们密不可分的关联；研究昭化古城的前世今生，离不开剑门蜀道的发展变化；研究明月峡古栈道，离开剑门蜀道，它就没有了存在价值。因此，有必要重新审视剑门蜀道的历史文化，展示它独有的历史文化特征与内涵。

2015 年 4 月下旬，在文化研究上享有盛名的余秋雨先生游访剑门关后，留下了一段颇有启发性的话："我们现在有一个非常大的国家，就是与有很多很多的通道连在一起有关，而所有通道最有诗意的就是这个蜀道，就是这个剑门。"可以这样理解，蜀道在中国的版图上把中原与西南连接在了一起，实现了西南与中原的统一，因此剑门蜀道是一个极为重要的节点。也就是说，要用大蜀道历史文化、大剑门蜀道历史文化的理念来研究剑门蜀道的历史文化，赋予剑门蜀道以全新的内容、全新的视角。

所谓大剑门蜀道历史文化理念，说得简单一点，就是剑门蜀道历史文化，说得细致一点，就是以剑门关为核心，它的纵向可以包括金牛道、米仓道、阴平道、荔枝道等；它的横向可以从周朝文化、战国文化、三国文化、宋元战争文化、明清生态文化延伸到现代的抗日文化、红色文化；它的地域特色文化可以辐射至广元特色女性文化，广元境内的国家、省市级各类非物质文化遗产，具有广元地质地貌特点的自然文化与生态文化。用这样的眼光去发掘、认识剑门蜀道历史文化，就会有不一样的历史文化收获和认识。

剑门蜀道是蜀道的核心地段，剑门蜀道历史文化是蜀道历史文化不可分割的一部分。剑门蜀道历史文化包含"十古"，没有"十古"，就没有剑门蜀道历史文化的厚重与丰盛，也就没有蜀道历史文化的厚重与丰盛。

广元"十古"中的主要部分，与蜀道有着直接的联系。如古道中的金牛道、米仓道、阴平道，古关中的剑门关，古驿中的朝天驿、大木树驿，古渡中的桔柏渡，古树中的翠云廊等，是蜀道申遗的直接范例。而古城、古镇、古村等，是剑门蜀道历史文化的有机组成部分，更是蜀道这一线路文化的结晶，反映了蜀道文化的丰富多彩，反衬了蜀道线路的文化价值，是蜀道申遗不可缺失的有力佐证。如果离开广元“十古”去申遗，剑门蜀道的历史文化分量就不足，蜀道作为世界自然、文化双遗产的厚重度就会减轻，价值就会降低，影响力也会减弱。

“十古”是广元多元文化的标志

剑门蜀道是从成都到西安这条古蜀道上的璀璨明珠，至今有3000多年的历史，文化资源富庶。它是奴隶制国家苴所在地，是中国古栈道文化的集中展现地，是三国历史文化的核心走廊，又是武则天的家乡，也是红四方面军长征出发地、川陕苏区主战场。所以它的文化主要集中在剑门蜀道文化、三国文化、抗金抗元文化、特色女性文化、红色文化和川北民俗文化等方面。在广元“十古”中，就有这些多元文化的特征。

西周文化：2014年8月27日，四川省文物考古研究院宣布，在昭化古城的考古调查中首次发现了西周时期的古城遗址、古关口遗址和秦汉时期墓葬群。古城共发现三段城墙，其中125米的南城墙保存最好。四川省考古院考古队副队长陈卫东介绍，四川省考古院院长高大伦表示，这是四川先秦时期的夏商周考古最重要的发现，因为古蜀国的城址，如今除了三星堆，这是唯一一座。

先秦文化：同样是昭化，同一时间，考古人员在古城址西南侧的土基坝跑马梁发现了一片面积达3.5万平方米的秦汉时期墓地。从墓葬出土器物判断，这片墓地的时间跨度大约是战国至西汉时期。有意思的是，这片墓地与2018年上半年昭化发现的大坪子墓地隔河相望，而大坪子墓地的不少墓葬形态出现了秦文化的特点。两处墓地的相继发现，对全面认识秦灭巴蜀及秦移民提供了重要资料。

三国文化：广元的三国文化底蕴丰厚，是三国文化汇集之地，有140余处三国遗址遗迹，是三国魏蜀争战的主战场和诸葛亮六出祁山的主要通道。全市三国文化遗址如姜维城、钟会故垒、关索城、姜维墓、姜维祠、费祎墓、邓艾父子墓、鲍三娘墓、翠云廊、张飞庙、关羽庙、武侯祠、筹笔驿、明月峡、战胜坝、葭萌关、天雄关、白水关、石门关、北雄关、摩天岭、孔明碑等上百处，其中最重要的是昭化古城和剑门关，以及相关的古镇、古驿、古道、古中。

南宋抗战文化：南宋时期，今天的广元叫利州，南宋朝廷在此设置利州路。利州路是南宋十五路之一，统“三府十二州”。从南宋王朝诞生直至被元灭亡，利州始终是南宋抗金抗蒙的最前线。发生在广元地区的抗金抗蒙战斗，折射出中华民族不畏强暴、坚强不屈、团结协作、抗御外侮的决心和精神。所留下的战斗遗址，反映出南宋军民抗击侵略者的智慧和军事能力。比如古村寨中的李家将军寨、剑阁苦竹寨、苍溪大获城，就是因抗金抗元而留名的古村寨。

宗教文化：广元建市前，就有基督教、天主教、伊斯兰教，开放活动场所11处，其中天主教2处，基督教1处、伊斯兰教8处。建市后，市、县政府为全面落实党的宗教政策，满足各族信教群众宗教生活的需要，宗教文化又有了发展。广元宗教场所多集中修建于古蜀道主道——金牛道两侧，见证了古蜀道的繁华与兴衰。古崖中的千佛崖、剑阁鹤鸣山历史早，影响大，属于全国重点文物保护单位。另外，伊斯兰教、基督教、天主教的印记在广元境内也广为分布。古寺多，教堂多，成为广元一大文化特色。

特色女性文化：中国历史上唯一的女皇帝武则天诞生在广元，成为嘉陵江畔的千古绝唱。因为这朵女人花，广元有了皇泽寺；因为这朵女人花，广元有了正月二十三女儿游河湾赛凤舟的习俗；因为这朵女人花，广元诞生了“女儿节”；因为这朵女人花，广元女儿演绎出无数可歌可泣的悲欢故事。说到广元文化元素，不能不说广元特色女性文化。这一文化，因纪念武则天而起，千佛崖、皇泽寺供奉的武则天神像就是最好的证明。

红色文化：古城中有红军城，古渡中有红军渡，刻写在石壁上留在广元境内大大小小的红军标语，都见证了红色文化的魅力。从1932年12月到1935年4月，红四方面军创建了川陕革命根据地，广元是核心区域之一，又是后期首府，红四方面军在广元的时间长达两年零四个月。为了保护红军文化，传承弘扬红军精神，建起木门军事会议陈列馆、苍溪红军渡、红军文化园、红军塔、红军攻克剑门关纪念碑、中国红军城等。两年来，广元市又在革命遗址遗迹上新建了革命纪念堂、馆、碑、园等17处，如朝天的红军文化园、羊木坝战斗纪念碑、青川大石烈士陵园、赤水县苏维埃旧址等。

广元“十古”，可以说从不同的侧面展示了剑门蜀道文化的丰富内容与深刻内涵，为广元推动文化资源转化为文化产业做了进一步的铺垫，为丰富广元旅游元素、提升旅游品质提供进一步的资源支撑。

全国独有“十古”旅游价值：

古游的定位与发展概况

区别于名胜风光旅游，古游，或者叫古迹游，无论中外，无论文化背景，无论时代变迁，可以说永远处于一种热点状态，是一种呈可持续性发展的文化产业。人们到埃及，最想看的是金字塔；人们到巴黎，最想看的是巴黎圣母院和埃菲尔铁塔；人们到莫斯科，最想看的是克里姆林宫和红场；人们到印度，最想看的是佛教圣地蓝毗尼；人们到中国，最想看的是长城……

一个地方的历史文化古迹，就是这个地方的文化标志、文化灵魂，就是这个地方赖以生存发展的动力之源。饱受内乱与战火摧残的叙利亚，在2016年3月底收复被“伊斯兰国”占领的中部古城台德穆尔（又名帕尔米拉）的当天，就宣布尽快修复这里的文物古迹。台德穆尔古城位于叙首都大马士革东北约215公里处，是一座古罗马风格遗址，有2000多年历史，1980年被联合国教科文组织列入《世界遗产名录》。应该说，叙利亚经历战火七个年头，上百万难民流离失所，到处千疮百孔，百废待兴，民生和经济才是首要的大事。先拿钱修复古城，这就说明了文物古迹在叙利亚这个国家中的地位与价值。

国际古迹游方兴未艾，中国在旅游发展中更认识到古游的重要性。中国是世界四大文明古国之一，是世界文明发祥地之一。长城见证着中华民族的智慧与勇敢，火药、造纸术、指南针、活字印刷术影响和改变了世界文明进程。古丝绸之路、古蜀道、古运河、兵马俑等不凡的古迹昭告天下，了解中国文明史，请走进它们的怀抱。

2016年，结合“一带一路”建设，中国继续以“丝绸之路旅游年”为年度旅游主题，将古游推向深远。古游已经成为中国旅游国际化、世界化的重要渠道之一，古游的魅力凸显。2017年1月9日，国家旅游局发布了《2016年中国旅游发展报告》，数字显示，中国2016年入境旅游人数1.38亿人次，同比增长3.8%，其中外国人入境2814.2万人次，同比增长8.3%；国际旅游收入1200亿美元，同比增长5.6%。其中，相当多的入境游，是奔着我国著名的文化古迹而来，显示了中国古游市场的巨大潜力。

南锣鼓巷是北京最古老的街区之一，也是中外游客来京旅游的主要去处之一。南锣鼓巷位于北京中轴线东侧的交道口地区，北起鼓楼东大街，南至平安大街，全长786米，与元大都同期建成。因其地势中间高、南北低，如一驼背人，故名罗锅巷。到了清朝，乾隆十五年（1750年）绘制的《京城全图》改称南锣鼓巷。2016年4月，随着北京旅游旺季的来临，南锣鼓巷日均客流量超3万人次，周末超5万人次，节假日超10万人次，按照《景区最大承载量核定导则》的标准，南锣鼓巷景区的瞬时承载量为1.7万人，游客人数严重超出景区的承载能力。这就是“古迹游”的一个缩影。

四川的乐山大佛、都江堰、杜甫草堂、武侯祠，以及广元的剑门关和昭化古城，长期保持着很高的知名度，慕名而来的游客一直络绎不绝。为什么？相当一部分游客，并不是奔着风景美而来，而是奔着历史而来，奔着历史人物而来。从古游的心理而论，游客有对历史的仰慕，有以史为镜、借鉴明志，有在考古中增长历史知识，有在怀古之幽思中想让浮躁的灵魂得到休整与净化……从这个侧面可以看出，是“古游”的魅力在影响人、陶冶人。

再以剑门关旅游的现状看“古游”的旅游价值。随着蜀道申报世界遗产的步伐加快，与剑门蜀道剑门关旅游区国家5A级旅游景区形成叠加效应，其知名度和影响力持续增强，已成为四川北部旅游的金字招牌。仅2017年春节，据央视、《人民日报》等媒体报道，剑门蜀道剑门关景区共接待游客16.80万人次，同比增长3.6%，占全市主要旅游景区接待游客数量的20.52%；实现门票收入1282万元，同比增长4%，占全市主要旅游景区门票收入的58.81%，龙头景区地位进一步凸显。剑门关是古蜀道金牛道的重要关隘，是古蜀道保存最为完好的一部分。看剑门关知剑门蜀道，到剑门蜀道知蜀道之艰难。应该说，以“古游”为目的的旅游，在广元市旅游市场中占有绝对优势。

中国能影响世界的文物古迹无数，但在开发、宣传上却落后于发达国家。以古蜀道为例，有水道、鸟道、药道、栈道等蜀地通往中原的多种原生态路型，许多路线还是完整的遗存，是古代蜀民的智慧结晶，是古代交通科技集大成者。古蜀道至今已有3000多年的历史，是保存至今人类最早的大型交通遗存之一，比古罗马大道的历史更为悠久。有专家指出：古蜀道不仅是中国唯一，也是世界唯一。蜀道作为我国历史上中原沟通西北与西南地区的交通主网络，其沿线不仅以奇险著称于世，也以其悠久丰富的历史文化遗存、奇特珍贵的区域自然景观及珍稀野生动植物资源为海内外游客所向往。沿途的民俗文化也独具特色。这么壮观和伟大的人类文明结晶，却藏在深闺人未识，近两年才启动世遗申请的程序。

值得欣慰的是，国家已经把古游的开发纳入旅游发展的议题中。据了解，国务院公布的中国历史文化名城（基本上都为古城）超过百座；百年历史以上的古镇超过200座；古村上千座；古街道万余座；古道几十条；古关数十个。在此基础上形成的“六古”旅游，已经成为国内旅游界共同关注的课题。

2014年4月18日至19日，由全国休闲标准化技术委员会、中国旅游协会休闲度假分会主办“六古旅游同里汇”活动在江苏省吴江同里古镇举行，交流“六古”发展经验，探讨“六古”保护和开发的新路径。2015年6月30日，“遗产地、休闲游”——2015中国“六古旅游”汇剑门论坛，在“天下雄关剑门关、世界奇观翠云廊”的四川省广元市剑阁县举行，继续就如何保护和合理利用“六古”资源、寻求旅游发展新路径和新模式进行了交流与讨论。“六古”作为历史悠久又充满人文情怀的旅游资源，如今越来越被重视，“六古”旅游的可持续发展已成为全国旅游界共同关注、亟待解决的课题。

现状：广元为“六古”集大成者

第二次以“六古”旅游为重点的论坛之所以放在广元来办，一个重要原因，就是广元乃“六古”资源集大成者。从全国其他地区来看，“六古”虽有，但资源比较分散，往往是一个地区才占有“六古”中的一个或多个类别，而且其历史价值与知名度也并不高。而广元，从历史的悠久到全国的知名度，从古迹的遗存现状到古迹的保护，古城、古镇、古村、古街、古道、古关这“六古”在广元都相对集中，有史可查，有迹可循，而且与同类古迹相比，其知名度很高、影响力很大。

古道：以剑门蜀道为主。从时间久远

来看，有鸟道、药道、纤夫道、栈道等；从出入蜀地方向（汉中到成都）来分，有金牛道、阴平道、米仓道，除荔枝道外，古蜀道另外三条主道都在广元境内。从世界性线路的文化意义来讲，剑门蜀道比古罗马大道、古运河建造的时间还早，种类齐全，难度高，规模大，科技元素丰富，演绎出的文化附加值更是浩繁。蜀道申遗，从西安到汉中的褒斜道、子午道、陈仓道、傥骆道因保护问题，损毁严重，唯有广元境内的剑门蜀道保存完好，如剑门关、翠云廊、拦马墙、明月峡栈道等。

古关：剑门关是蜀道上最重要的关隘。这里山脉东西横亘百余公里，七十二峰绵延起伏，形若利剑，直插霄汉。连山绝险，独路如门。进入关内长约500米的幽深峡谷中，可见前人留下的“天下雄关”“第一关”“剑阁七十二峰”等碑刻。从地理位置、交通枢纽、军事要塞、险要程度、气势规模等考察，在留存至今的全国古关隘中，剑门关算得上首屈一指。

古城：当推昭化古城。昭化古城，一座中国建制的活化石之城。古城至今已有2300多年历史，随着昭化西周城墙的考古发现，古城的历史应该推移到3000年前，是中国古代最早推行郡县制管理的县治地之一，是名副其实的“巴蜀第一县”“蜀国第二都”。同时，昭化古城由战国时期的苴国都邑到秦汉、三国时蜀汉的重要郡县，到唐、宋、元、明、清川蜀古驿道上的重要郡县，再到民国、新中国时期的昭化县，在同一地方完整地经历了中国地方政权不断的建置历史，全国范围内也甚为罕见。

古镇：广元从苴国起，历朝历代在境内不同地方不断置县设郡，留下了不少古镇，如剑阁县剑门关镇、汉阳镇、武连镇，利州区三堆镇、工农镇，旺苍县嘉川镇、木门镇、普济镇；青川县青溪镇、沙州镇，朝天区中子镇、朝天镇，苍溪县陵江镇、歧坪镇等。在这些古镇中，青溪古镇是保护和开发得比较好的古镇之一，从布局到建筑风格，都具有古色古香的特点，特别是城墙的造型，攻防功能具备，颇具硝烟味和沧桑感，在全国众多的古镇中独具一格。

古村：广元主要的古村寨有苍溪县浙水乡三台村、东青镇东兴村、永宁镇桃花村，剑阁县羊岭镇钟鼓村、店子乡联盟村，昭化区梅树乡梅岭村、柏林沟镇向阳村、柳桥乡平乐寺村、张家乡刘庄村，利州区金洞乡清河村，朝天区麻柳乡石板村、曾家镇石鹰村、李家乡老林村、青林乡永宁寨、麻柳乡漫天寨等。其中，不缺历史悠久、至今有名的古村寨。这些古村，原址原貌，建筑古朴，有着浓郁的川北风情，有的村更依旧修旧，将传统村落变成现代新农村，可谓风景这边独好。

古街：有着4000多年历史文明的广元，全市有239个乡镇。广元市规划建设和住房保障局会同市文广新局，于2014年5月至2015年4月对全市历史文化村镇、街区、古村落及历史、乡土建筑进行了全面普查。按照《历史文化名城名镇名村保护条例》的有关规定，经过标准比对和综合评分，仅有剑阁县秀钟乡大路河场、剑阁县羊岭石城、旺苍县水磨乡场镇、朝天区李家乡场镇、昭化区大朝乡老街、昭化区柏林沟镇魁星街六个市级历史文化街区。

在国家公认的“六古”中，从全国的分布情况来看，基本上是分布广，区域性强，零散，单一性居多，集中于一市、集中一路（剑门蜀道），而且历史久远、原貌依旧、特色鲜明、知名度高，经专家集体考察认定，非广元莫属。

值得强调的是，古城、古镇、古村、古街、古道、古关这“六古”，与剑门蜀道高度融合。古道就是由金牛道、米仓道、阴平道组成的剑门蜀道。而古城、古镇、古村、古街、古关依附于古道而生、而存、而发展、而独步天下，成为历史节点，成为风景名胜。可以说“六古”在广元的历史性、富集性、厚重性、独特性、唯一性得到了专家的认同和推崇，值得认真研究和总结。

扩展：
广元“十古”为全国“独一份”

很有意思的是，专家不仅肯定和赞赏了广元的“六古”，他们在经过实地考察认证后，又将广元的“六古”扩展为“十古”，并指出其为全国的“独一份”，“古游”的品种增加了，范围扩大了，内涵更丰富了。广元“十古”的含金量有多高，不言而喻。先看看增加的“四古”：

古树：以翠云廊古柏群为主。从历史性、规模性、文物性来看，从世界范围内，规模如此宏大，很难找出第二家。另外，广元境内植物科占全国植物科的55.24%，属占全国植物属的29.86%，种占全国植物种的9.57%。物种有国家Ⅰ级重点保护野生植物苏铁、银杏、水杉、红豆杉、南方红豆杉、莼菜、珙桐、光叶珙桐、独叶草9种，属国家Ⅱ级重点保护的野生植物有台湾水青冈、巴山榧、香果树等10种，占被保护植物的5.09%。

古渡：嘉陵江上游的广元，境内河流众多，除嘉陵江外，还有源于甘肃的白龙江及清江河、东河（宋江）、南河等，它们分别在利州、昭化、苍溪等地汇入嘉陵江。其他小溪小沟，更是数不胜数。蜀道中的金牛道、米仓道、阴平道基本上是围绕嘉陵江和其支流展开的。古蜀道既然是蜀地通往中原的交通要道，渡口之多，是可以想象的。如昭化古城旁嘉陵江的桔柏渡，当年的繁忙程度可想而知，加上唐玄宗、杜甫、陆游、花蕊夫人等在此留有足迹和诗篇，它的知名度也可想而知。

古崖：充分利用悬崖峭壁来表达思想，留下历史，传递文化，这也是中华民族智慧的结晶，如在石壁上留下悬棺、悬空寺、石刻、石像、生活遗址等。广元的古崖，以摩崖造像为主，特别是佛教的佛像，如千佛崖、皇泽寺等。比较特别的是，广元是中国唯一女皇帝武则天的出生地，在皇泽寺供有武则天的塑像，有着1000多年的历史。再就是，道教的摩崖造像在全国不多见，但广元剑阁县鹤鸣山道教造像却很有名。1986年，这里的道教造像被选入《中国美术全集·四川石窟雕塑》卷，日本学者亦将这些造像编入《世界美术全集》里。广元还有因躲避战乱而修建的石窟洞居，如苍溪县的寻乐书岩，颇具个性。

古驿：广元境内的三条古蜀道，以金牛道最为著名，从秦灭蜀以后，就是西安经汉中通往蜀中成都的主要官道。唐代以前，其线路主要是从陕西勉县、宁强过白水关沿白龙江至剑门关通往成都；唐代以后，其线路主要是经宁强过七盘关、朝天驿，到昭化过剑门关到成都。这两条线路随朝代不同，沿途设立过不少驿站，如今白龙江沿岸的沙州、三堆、武连驿、问津驿等，沿老108国道的转斗铺、中子铺、五里铺、神宣驿、石柜驿、汉寿驿、望云铺、朝天驿等，都曾经是金牛道上重要的驿站。另外、米仓道上的竞城、普济、木门、柏林沟等，阴平道上的青溪等，都曾经作为驿站。

由“六古”到“十古”，种类增加了，品种更丰富了，新添的“四古”，与原先的“六古”相比，兼具自然的遗存与人文的印痕，内涵互为扩大。说历史，道价值，论名气，都是剑门蜀道上璀璨的明珠，在全国的文物古迹中都占有一席之地。

就说古树，广元的古树品种多，除稀有树木之外，以柏树、银杏、紫荆树、松树、青冈树、麻柳树居多，它们多则上千年，少则几百年。特别是剑门关地区的古树群，堪称世界一绝。据统计，剑门蜀道有古柏12351株，其中剑阁境内7886株，昭化境内144株，主体在广元境内。翠云廊的形成，历经2000余年，有过七次大规模的植树活动。最早当为秦朝所植。秦始皇统一中国后，下令以咸阳为中心，修筑通达全国的驰道，在道路两旁种上成排的松柏，用以显示天子的威仪，“道宽五十步，三丈而树”。人们把秦朝所植的树称为“皇柏”，所以这条道又名“皇柏大道”。据林业专家考证，现翠云廊沿线胸径2米以上、树龄2000多年的古柏，应为秦朝所植，这是迄今所知这条路最早的植树记录。古柏成林、成道，号称“三百里程十万树”，如此悠久、浩瀚、壮观的古树群，在世界范围内也难找出第二个。现在，以古柏为主的翠云廊景区，不仅是国家首批重点风景名胜区、全国重点文物保护单位剑门蜀道的核心景区之一，也是国家森林公园、国家4A级旅游景区。

古驿，自古有之。可留存至今的却不多，剑门蜀道却唯我独有。朝天的转斗铺、中子铺、朝天驿一线，只听地名，就知是当年官道金牛道上的重要驿站。再走一走明月峡古栈道，就可知这条驿站的重要性。都说蜀道之难，难于上青天。正因为蜀道难，才知驿站之重要。见到驿站，就有回到家的感觉。累了，有地方休息；饿了，有地方吃饭。蜀道上曾经林立的古驿，保留下来的遗址遗迹已不多见，依旧修旧的广元昭化大木树驿、基本保持原貌的高庙铺让人耳目一新。这里是清朝之前就有的驿站，古色古香，为驿路一道亮丽的风景线。

古渡中的桔柏古渡，作为剑门蜀道的必经之地、昭化古城的重要屏障，是蜀道上极为重要的交通节点之一，见证了从西周至今3000多年的蜀地与中原交往的历史。曾经的繁忙、曾经的兴衰、曾经的名人，都一一记录在此。这里曾是西周与蜀地经贸之地，还是古苴国之都，唐明皇在这里经过，杜甫在这里赋过诗，虽屡经战火洗礼，但站在这一嘉陵江边的渡口上，那厚重的历史依然会在眼前如电影般展现。

将新增的“四古”与已经认同的“六古”合为“十古”，成为广元“十古”，名副其实，目前全国还尚无第二个从种类、数量、内容到品质都能与之相比较的地区。广元“十古”，彰显出的名胜古迹资源的集中性、连片性、稀缺性、观赏性，毫无争辩地说明广元“十古”在全国“古游”中的龙头地位，应该引起旅游界的重视，加强调查研究，规范种类和内容，首先从学术价值上给予广泛的认可。

从现在起，对广元“十古”加以重视和保护，在保护中逐步开发其旅游价值，使之成为中国当之无愧的“古游天堂”。

（傅 尹）

后记

千年蜀道宛若中国内陆深处的马六甲海峡将太平洋与印度洋彼此相连一样，它通过嘉陵江和长江水道，让水陆分隔的“一带一路”畅通起来，在历史的长河中交融互进，书写中华文明史、道路交通史上的壮丽诗篇。地处蜀道核心地带的广元独有的古城、古镇、古村、古街、古道、古关、古树、古驿、古崖、古渡全十古资源，如同美丽的贝壳，静静地徜徉在历史长河中，饱经岁月的洗礼，在阳光下闪耀着光芒。为了不让广元“十古”这一中华文明的美丽贝壳沉寂和散落在历史的岁月中，广元市政协贯彻落实习近平总书记“要系统梳理传统文化资源，让收藏在禁宫里的文物、陈列在广阔大地上的遗产、书写在古籍里的文字都活起来”的指示精神，以让贝壳串成美丽的珠链、呈现精华于世的初衷，精心策划组织，历时两年，终于将展现广元全古精华的《广元十古》（广元市文史资料第二十三辑）出版付印，呈现给广大读者。

本书的成稿历程，是人民政协优势集中展现的过程。它聚焦发展，服务民生。发展是人类永恒的主题，只有不断向前发展，历史文化和文物古迹才能呈现其魅力和光芒。本书聚焦于人民群众对美好生活的向往，聚焦于文化这一人类的精神家园，服务于优秀文化传承这一民族生生不息的血脉流淌，以千年蜀道历史文化传承为着力点，致力于中国生态康养名市建设，挖掘广元丰富的全古资源，彰显广元这一“大蜀道国际旅游目的地中心城市”的独特魅力，为广元发展寻找文化支点，提供历史文化旅游发展的源泉和动力，助力蜀道文化传承和历史文化古迹旅游，助推广元加快建设川陕甘接合部区域中心城市和四川北向东出桥头堡。

它包容广泛、荟萃精华。正如魏小安先生说，广元十古资源丰富，是全古资源的集中地。本书上篇集中展现了广元古城、古镇、古村、古街、古道、古关、古树、古驿、古崖、古渡以及附属与延伸部分等 10 大类 49 个大项 61 小项的古迹资源；第二部分，对广元的古

牌坊、古楼、古寺庙、古院落、古墓葬、古塔、古桥梁、古战场、古祠堂、古历史遗址、红军文物遗存、其他文物建筑等12大类、132个小项的其他重点文物遗存予以介绍；附录部分，分析论述广元十古的文化价值、特质、开发，提出了编者对广元十古资源和利用的有益思考。全书展示文化典范，填补古游空白，拓展古游空间，具有文化性、史料性、学术性、实用性价值，是第一部详细介绍广元全古资源的百科全书。

它团结各界、凝聚合力。在广元市委的坚强领导和市人大常委会、市人民政府的支持下，市政协发挥团结和凝聚力量的优势，市政协党组、市政协主席会议高度重视，多次召开会议研究本书编纂工作，市政协文史资料和学习委员会精心组织、统筹协调，市城乡规划建设和住房保障局、市文化广电新闻出版局、市旅游发展委员会、市县区文物保护管理单位以及七个县区政协各司其职、各展其长，组织精干力量，广泛收集、整理广元丰富的十古文化资源。凝聚全市智慧，各界同心合力，终使本书能够谋于精心、行于精细、成于精彩。

它群贤集智、众星棒月。本书征稿过程中，除政协文史工作者、文物文化工作者主力担当外，广元市内市外的社会各界、各类人才积极踊跃参与。全书600余篇初稿，出自近百名热爱广元、熟悉广元、奉献广元的领导干部、专家学者、媒体记者、离退休干部、文学爱好者之手，可谓群英荟萃，精品汇聚。在编审过程中，一批学者、专家倾情关注，精心审核，逐句斟酌，字字把关。世界城市旅游联合会首席专家魏小安，中国文化遗产研究院原院长、研究员，中国文物学会副会长张廷皓亲自为本书作序并进行精心指导，名人大家出手，使本书增色出彩。79岁高龄的广元市文化局原副局长、广元市文联名誉主席、广元市历史学会顾问陈正鹏，写出近万字的审读报告并参加编审会议，对本书的史实与文字进行了大量修正；川北幼儿师范专科学校教授何国辉、广元市千佛崖博物馆研究员王剑平等专家数度修订书稿，提出宝贵意见；市政协副秘书长李国强参与征稿策划、亲自撰稿数篇并提出有益的审核意见；市摄影家协会赵辉、刘徽、刘文龙、曾正强先生等提供了精美图片，诸多广元赤子悉心帮助、勘正纰缪，在此一并表示感谢。

本书力求图文共茂，一景一图，共选图212幅，设计了《〈广元十古〉景点分布示意图》，选编了《广元市区位与风景名胜区、旅游景区分布示意图》《蜀道分布示意图》，既便于读者通过直观视觉了解广元全古、增强印象，也方便读者在本书的指引下到广元旅游观光、探古访今。

有数千年人类文明史的广元，历史悠久、文化厚重，但因岁月淘洗湮灭、地方史实资料残缺、专业人才不足，加之成书仓促、个别史料未及充分考证等因素，致本书难免挂一漏万，有疏漏、错误或争议之处在所难免，敬请广大读者谅解指正。

编者